Au-pair Grand-Mère in Peking

Au-pair Grand-Mère in Peking

Irmgard Irro

Bibliografische Information der Deutschen Nationalbibliothek:
Die Deutsche Nationalbibliothek verzeichnet diese Publikation in
der Deutschen Nationalbibliografie; detaillierte bibliografische
Daten sind im Internet über http://dnb.dnb.de abrufbar.

Verlag: BoD · Books on Demand GmbH, Überseering 33,
22297 Hamburg, bod@bod.de
Druck: Libri Plureos GmbH, Friedensallee 273, 22763 Hamburg

ISBN: 978-3-8192-2564-2

*„Du kannst tausend Tage zu Hause
in Frieden leben oder aus der Tür treten
und umgehend Scherereien bekommen."*

(altes chinesisches Sprichwort)

Ich fliege in ein Abenteuer!

25. April 2013, 19.50 Uhr

Das alte chinesische Sprichwort hätte ich vielleicht
bedenken sollen. Entfernung München – Peking 7717
km, Flugzeit ungefähr 10 Stunden. Ich sitze im
Lufthansa Airbus, Flug LH 722, Sitz 48 H und hoffe,
dass vor Aufregung mein Herz nicht stehenbleibt.
Mein erster Flug! Der Flugkapitän begrüßt seine
Gäste und sagt: „Wir haben günstige Winde, das
bedeutet, dass wir etwas eher in Peking landen
werden." Langsam rollt der große Flieger zur
Startbahn und bleibt am Startpunkt stehen. Die
Triebwerke heulen auf, der Airbus setzt sich in
Bewegung. Die Geschwindigkeit wird immer höher.
Das Flugzeug beschleunigt bis ungefähr 260 km/h.
Schräg in den Sitz gedrückt, sehe ich nach draußen,
sehe, wie wir von der Erde abheben und dem Himmel
entgegenfliegen. Wir steigen und steigen. Ein
erhebendes Gefühl ist in mir, sonst nichts. Mein Herz
schlägt weiter.

Ich sehe mich im Flugzeug um. Die Mehrheit der
Passagiere besteht aus Chinesen. Hinter mir sitzt eine
sympathisch aussehende, dunkelhaarige,
offensichtlich europäische Frau, etwas jünger als ich.
Als sich unsere Blicke treffen, lächeln wir uns zu, und
begrüßen uns. Überrascht merken wir, dass wir den
gleichen niederbayerischen Dialekt sprechen. Er ist

unverkennbar! „Woher kommen Sie?" frage ich. „Ich komme aus Passau." antwortet sie. Meine Augen werden feucht, so sehr freue ich mich darüber. Völlig unerwartet, auf dem Weg in eine ferne Welt, die einmal zu sehen außerhalb meiner Vorstellungskraft war, steht plötzlich jemand aus meiner Heimat vor mir. Soll das mein aufgeregtes Herz ein wenig beruhigen, mir zeigen, alles geht gut? Auf eine Antwort wartend sieht mich die Frau mit ihren schönen dunklen Augen fragend an. „Ich bin in Straubing geboren und im Gäuboden aufgewachsen." erkläre ich ihr. Da strahlt auch ihr Gesicht. Ich erzähle ihr, dass dies mein erster Flug ist. Sie lacht und stellt fest: „Da gibt es doch tatsächlich noch einen Menschen, der noch nie geflogen ist!" Dann fragt sie mich: „Was wollen Sie in Peking?" „Ich werde für etwa drei Monate eine Großmutterstelle in einer jungen deutsch-chinesischen Familie einnehmen", antworte ich. Der deutsche Mann ist ungefähr vierzig, seine Frau etwa dreißig, mit einer zweijährigen Tochter. Da lacht sie noch mehr. „Sie, eine Großmutter! Zu komisch!" Ich hätte gerne gefragt, was daran so komisch sei. Ich traue mich nicht. Wir unterhalten uns noch ein wenig, dann setzen wir uns wieder auf unsere Plätze.

Ich will keine Flugangst haben! Aber wenn ich mir bewusst mache, dass ich gerade mit geschätzten dreihundert Menschen in einem dünnen Metallbehältnis sitze, das nun mal die Form eines Flugzeuges hat und in 10.668 m Höhe mit einer

Geschwindigkeit von 921 km/h in Richtung Minsk fliegt, dann wird mir schlecht. Ich fasse es nicht! Trotzdem bin ich schwer beeindruckt und verfolge gebannt und hingerissen unseren Flug auf dem Monitor. Unbewusst, als ob ich mich vergewissern wollte, streife ich schnell mit meiner Hand über meinen linken Busen. Ein Glücksgefühl durchströmt mich und ich denke: „Wieder ganz Frau! Endlich wieder ganz Frau!"

26. April 2013, 0.10 Uhr

Unser Flugzeug erreicht das Ural–Gebirge, dessen südlichen Teil wir gerade überfliegen. Wie fühle ich mich jetzt, nachdem ich Europa verlassen habe und mich nun in Asien befinde, und dies noch dazu über den Wolken? Ich kann es nicht beschreiben. Ich hatte bisher nicht das Vergnügen eines solchen Gefühls. Aber sehr komisch ist mir schon zumute. Es ist, als würde sich eine Bruchstelle auftun zwischen meinem Leben hinter mir und dem vor mir. Eine Bruchstelle in doppeltem Sinne, denn mein Herz wurde mehrmals gebrochen.

Moskau liegt schon eine Weile hinter uns, nun der Ural, dann die geschichtsträchtige Stadt Jekaterinburg. Unwillkürlich denkt man an die Ermordung der Zarenfamilie im russischen

Bürgerkrieg. Was für ein grausames Verbrechen![1] Immer Richtung Osten überqueren wir das Westsibirische Tiefland in einer Höhe von 11.277 Meter und einer Geschwindigkeit von 883 km/h.

1.20 Uhr: Jetzt fliegen wir Richtung Novosibirsk, aus der Nachtzone heraus und der Sonne entgegen.

2.30 Uhr: Unter uns liegt das Sayan Gebirge. Wir sind über der Mongolei. Fasziniert verfolge ich unseren Flug Richtung Ulan Bator. Ich schließe die Augen, stelle mir die Wüste Gobi vor, die südlich davon liegt. Es ist dunkel im Flugzeug, nur die Monitore, welche eingeschaltet sind, geben etwas Licht ab. An allen Fenstern sind die Jalousien heruntergezogen. Neben mir auf dem Fensterplatz kämpft eine junge Chinesin mit ihrer Müdigkeit und ihrer Erkältung. Hoffentlich steckt sie mich nicht an! Ich sehe wieder auf den Bildschirm. Er zeigt die Namen der Städte Beijing (Peking), Seoul, Hongkong, Tokio, Harbin. Mir wird fast schwindlig im Kopf. Vielleicht träume ich das alles nur? Harbin, genannt „Paris des Fernen Ostens!" Über diese Stadt in der Mandschurei hatte ich erst vor kurzem etwas gelesen. Die Stadt entstand Ende 19. Jhdts. und war Knotenpunkt der Transsibirischen Eisenbahn. Es lebten in Harbin viele Juden aus Moskau, Odessa, Leningrad. Ab 1933 flohen viele jüdische Ärzte,

---

[1] Die Zarenfamilie wurde durch die Bolschewiki in der Nacht von 16. auf 17. Juli 1918 in Jekaterinburg ermordet. Von 1924 bis 1991 hieß die Stadt Swerdlowsk. Wikipedia, 10.11.24

Musiker und andere aus Deutschland und Österreich bis hierher ans Ende der Welt.[2]

4.30 auf meiner Uhr. Ich stelle sie **nicht** sieben Stunden, auf die Uhrzeit in Peking, vor. Noch nicht! Mein Bewusstsein hat noch Schwierigkeiten mit dem Übergang.

Bald werden wir landen. Ich bin in Asien! Was wird mich hier erwarten? Es beschleicht mich ein leicht mulmiges Gefühl. Da tauchen vor meinem inneren Auge die fünf Menschen auf, deren ernste Aussagen ich leichtfertig abtat: Frau Kristin Emmerinck von „Madame Grand-Mère" e.V., in Prien am Chiemsee, die mich vermittelte: „Wenn Sie irgendwelche Schwierigkeiten haben, bitte nehmen Sie sofort mit mir Kontakt auf." Meine gute Kameradin Luise: „Mein Sohn Stefan bittet dich, gleich bei ihm in Shanghai anzurufen, wenn Du dich in der Familie nicht wohl fühlst. Er ist mit einer Familie in Peking befreundet, die dich gerne aufnehmen will." Meine literarische Ratgeberin und Nachbarin Heidi: „Ja, diese Familie in Peking freut sich schon darauf, in dir eine billige Haushaltshilfe zu bekommen." Meine japanische Freundin Kosi: „Du musst wissen, die chinesischen Frauen sind ganz anders. Sie sind sehr selbstbewusst, treten auch so auf und fordern das ein, was sie sich vorstellen."

---

[2] Stern, Hellmut: SaITEN SPRÜNGE, TRANSIT Buchverlag, 1990 und 1997, ISBN 3-88747-117-2, Seite 44-61

Meine junge chinesische Nachbarin jedoch, die eine Zeit lang in Peking gelebt hat, schaute mich nur ernst an, sagte nichts. Ich hätte so manches in ihren Augen lesen können, aber ich kann nicht chinesisch lesen!

Der Kapitän sagt, er fliege jetzt um Peking eine Schleife. Ich sehe hinunter auf unseren ‚Blauen Planeten'. Mein Herz schlägt etwas schneller. Wir überfliegen ein Gebirge, so braun, so bucklig, so nackt und so menschenleer, und doch bezaubernd schön! Dieses Nordchinesische Bergland sieht ganz anders aus, als ich es von unseren Alpen gewohnt bin. Die Natur selbst ist doch die wundervollste Baumeisterin und Künstlerin! Mein Herz klopft gewaltig. Wir nähern uns Agrarland. Die Ackerflächen sind mit ihren geraden Linien fast geometrisch eingeteilt, was mir ‚chinesisch' vorkommt. Dazwischen fast nicht erkennbare einzelne Häusergruppen. Das Flugzeug beginnt den Sinkflug. Die Motoren werden leiser. Mutter Erde rückt immer näher und näher. China! Ich bin in China! Meine Gefühle sind überfordert. Schon sind wir über der Rollbahn. Ein kurzer Ruck und das Flugzeug hat aufgesetzt. Die Passagiere müssen noch bis zum Ausrollen angeschnallt sitzen bleiben. Mir ist fast übel. So fern der Heimat! Ich reiße mich zusammen und denke: Himmel, ich muss am Tag der Entscheidung nicht ganz bei Sinnen gewesen sein! Mein Entschluss als ‚Au pair Grand-Mère' nach China zu gehen, nimmt jetzt Gestalt an. Das Ganze ist ein Abenteuer! Ich wollte es doch so!

Endlich werden wir aufgefordert, das Flugzeug zu verlassen. Als ich mit den anderen Insassen in Richtung ‚EXIT' gehe, sehe ich, was und in welchen Mengen sie Abfall im Flieger hinterlassen. Ich bin entsetzt.

Zusammen mit meiner neuen netten Bekannten gehe ich zur Passkontrolle, zum Schalter ‚FOREIGNER'. „Was haben Sie da noch für einen Beleg?" frage ich sie erschreckt, „ich habe so einen nicht." „Sie müssen den im Flugzeug mit der Speisekarte bekommen haben", erhalte ich zur Antwort. Richtig, da war so ein Zettel, ich erinnere mich. Ich hatte mich aber nicht dafür interessiert! Wie konnte ich nur so dumm sein? Jetzt habe ich die Bescherung! Meine Bekannte zeigt mir, dass ein paar Schritte entfernt auf einem langen Schreibpult diese ‚ARRIVAL- und DEPARTURE CARDs' aufliegen. Sofort bin ich so nervös, dass mir die Hände zittern. Ich nehme einen Beleg, der zufälligerweise der für die Ankunft ist, und beginne ihn auszufüllen. Jedoch ist der Druck so klein, dass ich ihn ohne Brille fast nicht entziffern kann. Dann soll ich auch noch die Adresse angeben, wo ich mich in Peking aufhalten werde. O mein Gott, ich habe die Adresse im Koffer, und der Koffer ist irgendwo auf dem Flughafengelände unterwegs! Nein, doch nicht, ich habe die Adresse in der Handtasche. Ich merke, wie konfus ich bin. Dreimal beginne ich neu mit dem Ausfüllen. Meine Hände flattern inzwischen so, dass ich fast den Kugelschreiber nicht halten kann. In so einer erbärmlichen Verfassung war ich noch nie! Ich zwinge mich zur Ruhe, und schließlich gelingt es mir die Daten leserlich niederzuschreiben. Durch die Passkontrolle komme ich ohne Schwierigkeiten. Dann gehen wir zusammen zum Zug, einer Art S-Bahn, mit der man zehn Minuten lang zur Gepäckausgabe fahren muss. Ich fühle mich so unwirklich, so fremd mir selbst und kann fast nicht sprechen. Bin das wirklich ich, welche hier entlang geht? Bitte, lieber Gott, wenn das ein Traum ist, bitte lasse mich sofort aufwachen. Anhand unserer Flugnummer suchen wir das Fließband, auf dem die Koffer für die jeweiligen Reisenden kreisen. Es dauert nicht lange, da erscheint auch schon unser Gepäck. Am ‚EXIT' trennen wir uns. Herzlich verabschieden wir uns mit dem Vorsatz, in Deutschland Kontakt aufzunehmen. O Gott, wie verlassen und allein ich mich jetzt fühle! Wenn ich nicht abgeholt werde, was mache ich dann? Mir ist so elend!

Ich sehe über die Absperrung suchend hinweg. Geduldig stehen mehrere Menschen da, manche mit einem Täfelchen, auf dem der Name des anzukommenden Reisenden steht. Ich lasse meinen Blick über die Wartenden schweifen und erkenne sofort Herrn Hauser [3]. Dieser hatte mich schon eher entdeckt, mit meinen sehr kurzen grauen Haaren und einem weißen Schal als Erkennungszeichen. Geschafft! Ich fühle mich erleichtert. Die Anspannung fällt von mir ab. Wir begrüßen uns freundlich, und ich

---

[3] Alle Namen der Familie von der Autorin geändert.

spüre eine gewisse Verbundenheit, die typisch ist, wenn sich Menschen gleicher Nationalität im Ausland begegnen. Herr Hauser ist groß und schlank und ernst! Er holt zum ersten Mal eine ‚Au pair Grand-Mère' ab, und ich bin auch zum ersten Mal als eine ‚Au pair Grand-Mère' unterwegs. Beide wissen wir nicht, was auf uns zukommt. Ich habe wohl auch einen ernsten Gesichtsausdruck. Nach chinesischer Zeit ist es jetzt zwölf Uhr mittags. Auf dem Weg zum Taxi lasse ich meinen Blick auf dem Gelände des Flughafens umherschweifen. Meine Neugier erwacht. Alles ist sehr groß und sehr modern. Dieser Flughafentrakt wurde – so erfuhr ich später – aus Anlass der Olympiade 2008 neu gebaut.

Der Taxifahrer ist jung und sehr freundlich. Er fährt auf der Autobahn links und rechts an den Autos vorbei, wobei er jedes Mal laut hupt. Er ist aber nicht der Einzige, der gerne hupt, die anderen Fahrer tun es ebenso. Die Autobahn ist dreispurig und nicht stark befahren. Sie ist ziemlich neu und speziell für den Hauptterminal für internationale Flüge gebaut worden. Es gibt noch das alte Terminal, das vorrangig von einheimischen Fluglinien benutzt wird. Je weiter wir in die Stadt hineinfahren, umso dichter wird der Verkehr. Mir fällt auf, wie schnurgerade die Straßen sind. Ich hole meinen Fotoapparat aus der Tasche und fotografiere einfach drauf los. Da bleibt der Taxifahrer ungefragt am Seitenstreifen stehen, dreht sich lächelnd zu uns um und deutet mir an, ich könne jetzt ein paar Fotos von der Skyline Pekings machen.

Ich bin überrascht, wie freundlich er ist, danke ihm und schieße ein paar Fotos. Wir setzen unsere Fahrt fort. Ich staune nicht nur über die dicht stehenden Hochhäuser, die teilweise sechzig Stockwerke hoch sind, sondern auch über die Fahrzeugtypen, die die Stadtautobahn zunehmend füllen. Schwere neue Geländewagen von Mercedes und Audi, meist in weißem Lack, mischen sich mit Autos höherer Klasse von Volkswagen und Volvo sowie koreanischen und anderen Automarken. In dem riesigen Stadtzentrum drängen sich noch andere Fahrzeuge dazwischen, die in völligem Gegensatz zu den modernen stehen. Es sind die kleinen praktischen Mopeds mit Ladefläche hinten dran. Darauf wird alles gestapelt und befördert, was auf der Straße zum Verkauf angeboten oder einer anderen Verwertung zugeführt wird: Kleidung, Zimmerblumen, Obst, Pappkartons, Kunststoff- und Styroporplatte und andere eigentümliche Objekte. Alles ist so hoch angehäuft, dass man sich wundert, wie das überhaupt halten kann und nicht auseinanderfällt. Und wie als Beweis der Stabilität sitzt zuoberst, wie auf einem Thron, noch die Frau des Fahrers oder ein anderer Familienangehöriger. Aber wo sind die Radfahrer? Ich sehe keinen einzigen.

Wir kommen zu dem Hochhaus, in dem meine Gastfamilie im 29. Stock wohnt. Am Eingang des zum Bürgersteig hin mit einem hohen Eisenzaun abgeschlossenen Areals, sitzt in einem kleinen Glashäuschen ein junger Pförtner in dunkler Uniform.

Er beobachtet die Leute, die stetig aus- und eingehen und betätigt auch sofort den elektrischen Türöffner, wenn eine Person vor verschlossener Türe steht. Im Hochhaus gehen wir durch ein weiträumiges Foyer zu den drei Aufzügen. Das Foyer und der Flur sind getrennt durch eine verschlossene Glastüre, die nur mit einem Chip zu öffnen ist. Im Aufzug sehe ich auf dem Display, dass dieser Wohnturm (die Hochhäuser werden hier Wohntürme genannt) 38 Stockwerke hat. Herr Hauser weist mich darauf hin, dass auf dem Display die Zahl 13 fehlt, sowie alle Zahlen mit der Ziffer vier. Diese Zahlen brächten Unglück. Diesbezüglich sind die Chinesen sehr abergläubisch. Ich muss mich an die Größenordnungen gewöhnen. Die Straßen, die Bauten, die Räumlichkeiten; alles hat bedingt durch die Menschenmassen ganz andere Dimensionen. Meine Gastfamilie wohnt aufgrund des chinesischen Aberglaubens im 29. Stock, in Wirklichkeit aber nur im 25sten.

Wir treten in die Wohnung ein. Die Diele und das Wohnzimmer bilden eine Einheit, von der die Türen zum Bad, meinem Zimmer, dem Schlafzimmer und der Küche abgehen. Die Wohnung hat einen winzigen Balkon, der im Sommer zum Grillen dient, ansonsten aber ein reiner Abstellplatz ist. Ehefrau Yini (Bedeutung des Namens: charmant, trügerisch, betörend), Tochter Xiao Ai (Bedeutung des Namens: Liebe) und die Schwiegermutter warten schon auf uns. Aller Augen richten sich neugierig auf mich, bin ich doch die erste ‚Grand-Mère‘, die von ihnen aufgenommen wird. Wir begrüßen uns freundlich, und ich habe das Gefühl, die nächsten zwölf Wochen könnten gut werden. Herr Hauser zeigt mir mein Zimmer, das von einem großen Fenster, einem sehr großen Bett und einer kleinen Bücherwand dominiert wird. Ich stelle darin gleich meinen kleinen Trolli und meine Reisetasche ab. Dann gehe ich wieder in den offenen Wohnraum. Im Stehen unterhalten wir uns ein wenig und nähern uns an. Dann bittet mich die Familie zu Tisch. Auf dem an die Wand angelehnten Esstisch stehen ein paar Schüsseln mit grünem Gemüse und eine große Schüssel mit Reis. Ich probiere die Selleriestangen, den Chinakohl, ein etwas kleineres dickeres Blattgemüse, das ich nicht kenne, alles blanchiert, sowie mir fremden Salat, der bei oberflächlichem Hinsehen wie Gras aussieht. Dazu esse ich Reis. Bei dem Gemüse bin ich gezwungen, es ungewohnt lange zu kauen, da es noch ziemlich roh ist. Aber ich denke mir, gesund ist das Essen auf jeden Fall. Ob das mein Magen in den nächsten zwölf Wochen ebenso sieht? Ich bewundere meine Gastgeber, wie geschickt sie mit den Stäbchen umgehen können. Ob ich das jemals lernen werde?

Die Unterhaltung ist mühsam, weil wir ein wenig ‚fremdeln‘. Auch mein Englisch geht mir trotz jahrelangen theoretischen Übens nicht locker von der Zunge. Das Ehepaar unterhält sich grundsätzlich nur in englischer Sprache. Herr Hauser nimmt zwar schon seit längerem Chinesisch-Unterricht, spricht aber lieber mit seiner Frau englisch. Die süße kleine Xiao Ai spricht mit ihren gut zwei Jahren schon ganze Sätze in Chinesisch, versteht aber auch Englisch und Deutsch. Der Papa redet mit seiner Tochter immer deutsch, aber da der Papa die meiste Zeit im Büro sitzt, ist der Grad der Deutschkenntnisse bei Xiao Ai nicht sehr hoch. Dafür bin nun ich da. Yinis Mutter spricht nur chinesisch.

Wir sind mit dem Essen fertig. Und da wir uns momentan nichts zu sagen haben, gehe ich in mein Zimmer und hole meine Geschenke. Für Xiao Ai habe ich zwei Malbücher, ein Buch mit deutschen Kinderliedern und eines mit Gutenachtgeschichten. Für Yini habe ich ein Kochbuch sowie auf Wunsch einige Packungen Milchpulver[4] mitgebracht. Herr Hauser geht leer aus, da mir in Deutschland kein Geschenk für ihn eingefallen ist, seine Schwiegermutter ebenso, da ich nicht mit ihr gerechnet hatte. Auch die zwei Wohnungskatzen (eine hat ein langes weißes Fell, die andere sitzt irgendwo versteckt) bekommen leider nichts. Wie ich von Yini erfahre, lebten ihre Eltern seit Mitte ihrer Schwangerschaft bis jetzt mit in der Wohnung. Ihr Vater war vor meiner Ankunft nach Hause gefahren, da ja das Bett bzw. das Zimmer für mich freigemacht werden musste. Yini erzählt mir weiter, dass die Chinesen es lieben, mit ihren Eltern

---

[4] Aufgrund immer wieder publik werdender Lebensmittelskandale misstrauen chinesische Mütter dem Milchpulver, das sie im eigenen Land zu kaufen bekommen.

zusammenzuleben. Ihre Mutter habe sich auch um das Aufziehen ihres Kindes bemüht, als wäre es ihr eigenes. Diese Information stimmt mich etwas nachdenklich. Was wird da wohl auf mich zukommen?

Da ich nicht müde bin, und Herr Hauser sich für den heutigen und den morgigen Tag Urlaub genommen hat, schlägt mir das Ehepaar vor, mir das Viertel zu zeigen, in dem sie leben. Unten, unterwegs auf den Bürgersteigen und Straßen, empfinde ich das Klima als sehr angenehm. „Es ist noch nicht Sommer", sagt Herr Hauser. „Auch gehe heute ein leichter Wind, so dass es wenig Smog gibt. Ab Anfang Mai wird es aber täglich wärmer und bald wird es unerträglich heiß sein." Vor der Hitze graut es mich ein wenig, denn ich vertrage Sonne schlecht. Aber noch ist es ja nicht so weit. Mein erster Eindruck von Peking befremdet mich ein wenig. Bin ich wirklich in China? Wohin das Auge schaut, Wohntürme aus Stahl, Beton und Glas. In der Nähe ein Supermarkt und ein teures nobles Einkaufszentrum. Dazwischen die schnurgeraden bis zu vierspurigen Straßen und Stadtautobahnen voller Autos. Die äußere rechte Spur wird hauptsächlich von Elektrorollern, illegalen Mopedtaxis, die mit ihrem Blechaufsatz sehr komisch und witzig aussehen und Zulieferfahrzeugen aller Art befahren. Die Bürgersteige sind vorwiegend von jungen Menschen dicht bevölkert. Die Frauen sind durchwegs klein und zierlich, sehr schlank und alle sehr hübsch; die Männer etwas größer und ebenfalls schlank. Hin und wieder erscheinen im Straßenbild aber auch relativ große Männer und Frauen. Diese stechen dann ungewohnt aus der Menge hervor.

All diese jungen Leute sind westlich gekleidet, die Männer meist in schwarzen Anzügen und hellen Hemden. Die Frauen stöckeln sicheren Trittes häufig in schwarzen Minis auf ihren high heels den Gehsteig entlang. Mir erscheint dadurch das Straßenbild hier nicht so bunt, dafür aber viel belebter als in Deutschland.

Wir kommen an erlesenen Boutiquen vorbei, die internationale Marken in ihrem Sortiment führen. Ich staune über die edle und geschmackvolle Kleidung im westlichen Stil. Die Preise sind höher als in Deutschland. Ich sehe Schuhe, die über 1000 Euro kosten. Wie mir Herr Hauser erzählt, fliegen viele Chinesen nach Deutschland, um dort diese Luxusartikel billiger einzukaufen. Jetzt habe ich die Erklärung dafür, dass im Flugzeug die Passagiere fast alle Chinesen waren. „Können sie sich das denn leisten?" frage ich zurück. „Ja, in China haben in den Megastädten sehr viele Männer, aber auch Frauen, schon im Alter von dreißig Jahren eine steile Karriere hinter sich und sind dann auch entsprechend reich. Sie haben eine tolle große moderne Wohnung, ein tolles großes Auto mit einem großen Kofferraum, ein Kind, das auf jeden Fall schon im Alter von drei Jahren mit dem Erlernen von Englisch und Klavier bzw. Violine beginnt. Viele haben die Eltern mit in der Wohnung, sowie eine Köchin, eine Putz-, Wasch- und

Bügelfrau. Eine Karrierefrau hat für das Kind eine Frau vom Land und/oder noch die eigene Mutter dazu." Etwas verwundert frage ich: „Und wer sind diese Menschen hier auf den Bürgersteigen, die Kartons falten und zu einem hohen Haufen stapeln, die Kunststoff und Styropor aufschichten, die es sich daneben auf dem Boden bequem gemacht haben, sogar darauf oder auf der Ladefläche ihres uralten Radtransporters schlafen?" „Sie kommen vom Land und suchen nach Arbeit in der Stadt. Die meisten sind illegal hier. Es sind aber auch welche, deren Dörfer in den Randbezirken der Stadt niedergewalzt wurden. Diese, ihrer Existenz beraubten Menschen, meist Bauern, denen man ihre Felder wegnahm, um darauf ganze Stadtteile neu zu errichten, werden dann in Wohnungen gesteckt, wo sie vom Staat, aber ohne Arbeit leben; völlig überfordert mit ihrer neuen Situation", erklärt mir Herr Hauser.

Yini, die das Kind inzwischen ihrem Mann zum Tragen überlassen hat, weist uns immer wieder darauf hin, doch auf den Verkehr zu achten. Die Elektroroller, die so lautlos sind, dass man sie nicht hört, wenn sie sich nähern, sind wirklich eine Gefahr. Und es gibt deren sehr viele. Sie fahren auf dem Seitenstreifen der Straße und können einen, wenn man die Straße überqueren will, fürchterlich erschrecken. Während wir an der Fußgängerampel auf Grün warten, erzählt Yini, sie wäre erst vor kurzem mit Kind von einem Auto überfahren worden, wenn sie nicht im letzten Moment in die

Buchsrabatte neben dem Bürgersteig gesprungen wäre. Und das wäre hier ganz in der Nähe gewesen. Einmal habe sie ein Autofahrer an der Ampel übersehen und angefahren, so dass ihre Verletzungen im Krankenhaus behandelt werden mussten. Ich schaue sie etwas ungläubig an. Ich kann das fast nicht glauben. Dann wende ich meinen Blick wieder zur Ampelanlage. Sie wechselt gerade auf Grün. Ich gehe los. Da passiert es auch schon. Ich höre das Quietschen einer Bremse und dann lautes Brüllen. Ich schaue, woher das Geschrei kommt und sehe, wie mein Gastgeber, das Kind auf dem Arm, wütend einen Rollerfahrer beschimpft. Yini wirkt sehr erschreckt und der Rollerfahrer schaut betroffen und schuldbewusst drein. Eine peinliche Situation war wie aus dem Nichts entstanden. Ich fühle mich vollkommen verunsichert und mein Puls rast. Ich vertrage kein unbeherrschtes wütendes Männergeschrei; mir tritt sofort der Angstschweiß aus allen Poren. Ich hätte Herrn Hauser, der bis jetzt einen sehr ruhigen und ausgeglichenen Eindruck auf mich gemacht hat, nicht so einen Zornesausbruch zugetraut. Ich frage mich unwillkürlich, wie er sich wohl in den nächsten Wochen zu mir verhalten wird? Mir ist nicht mehr wohl in meiner Haut! Auf den Schreck hin lädt uns Herr Hauser auf einen Cappuccino ein. Cappuccino? Ich hätte in China eigentlich eine Einladung zum Tee erwartet. Später erfahre ich, dass es dafür spezielle Teehäuser gibt. Ich sehe mir das Ambiente des Cafés an. Für einen Bruchteil der Sekunde ist mir, als wäre ich in einem

Café in München. Über den Vorfall reden wir nicht. Irgendwie ist er uns dreien sehr unangenehm. Ich betrachte die Leute, die vorübergehen. Manche haben einen Mundschutz um. Als ich darüber verwundert bin, da meiner Meinung nach die Luft doch gar nicht so schlecht sei, sagt Herr Hauser: „Das Gift, das in der Luft liegt, kann man nicht immer riechen."

Wieder zurück in der Wohnung, versuche ich behutsam zu dem kleinen Kind Kontakt aufzunehmen. Bis jetzt hat das Mädchen nichts mit mir gesprochen, mich aber immer wieder prüfend angeschaut. Mein Gesicht, das für die Kleine ganz anders aussieht wie alle anderen Gesichter, ausgenommen das von seinem Papa, irritiert sie. Ich merke, ich muss Xiao Ai viel Zeit lassen. Spät am Abend unterhalte ich mich ein wenig mit den Eltern. Ich erfahre von Yini, dass viele alte Leute ein Haustier haben. Ich denke an einen Hund, aber sie sagt, es sei keineswegs ein Hund, sondern eine Heuschrecke. Man könne diese auf dem Markt kaufen. In der Wohnung werden diese Insekten dann in einem kleinen Käfig gehalten. Das Zirpen dieser Tiere lieben die Chinesen sehr.

Dann erzählt Yini mir, dass in den Städten viele kleine Kinder geraubt werden. Diese Kriminellen wenden folgende Taktik an: sie bitten die Person mit Kind, oft ist es die Großmutter, von ihr fotografiert zu werden. Wenn sie sich darauf einlässt, bekommt sie einen mit Gift präparierten Fotoapparat. Wird dann der Auslöser betätigt, wird das Gift versprüht und benebelt den ‚Fotografen' so, dass er nicht reagieren kann, wenn ihm das Kind entrissen wird. Von der Umgebung wird das kaum bemerkt, denn die Chinesen kümmern sich nicht um andere. „Warum tun diese Leute das?" frage ich. Da erklärt mir Roland, dem ich inzwischen das „Du" angeboten habe, dass oft verheiratete Ehepaare, wenn sie nicht gleich ein Kind bekommen, von den Eltern des Ehemannes sehr unter Druck gesetzt werden. Diese wollen Großeltern werden. Dabei legen sie Wert darauf, dass es ein Enkelsohn ist. Und je länger sie warten müssen, umso fordernder werden sie. Wenn sich der Kinderwunsch nicht erfüllt, drängen sie sogar auf Scheidung des jungen Ehepaares. Manch junge Eltern sehen keinen anderen Ausweg mehr, als ein Kind zu rauben. Es werden auch gezielt kleine Mädchen entführt, die weit ins Landesinnere gebracht werden. In oft schwer zugänglichen Dörfern gibt es nur Söhne. Wenn sie im heiratsfähigen Alter sind, finden sie keine Ehefrau. Diesem Problem hatte sich die Mutter des jeweiligen Sohnes schon beizeiten angenommen. Sie hatte ein Mädchen von diesen Kriminellen gekauft, das dann wie eine Gefangene in der neuen Familie heranwuchs. Noch in sehr jungem Alter wird es dann mit dem jungen Mann zwangsverheiratet.

27. April 2013, Samstag

Ich habe die ganze Nacht fest geschlafen und bin erst um neun Uhr aufgestanden. Einen Jetlag habe ich nicht, und bis jetzt auch keinen Kulturschock. Die Fernsehsendungen, die ich in den letzten Jahren sah, haben wohl schon viel Vorarbeit geleistet. Es stimmt schon, dass die Luft hier mit der Luft in Bayern nicht zu vergleichen ist. Aber ich sage mir, es bleibt mir nichts anderes übrig, ich muss ja atmen. Und in diesen knapp drei Monaten wird meine Gesundheit schon keinen Schaden nehmen. Die weiße Angorakatze Mi-Mi lag die ganze Nacht am Fußende auf meinem Bett.

Ich muss mich heute bei den Behörden anmelden. Roland und Yini gehen mit mir zur zuständigen Meldestelle. Yini verhandelt lange mit dem Angestellten, denn dieser will eine Kopie vom Personalausweis des Vermieters meiner Gastgeber haben. Yini ruft den Vermieter an. Dieser sieht die Forderung des Beamten als unsinnig an und gibt den Rat, doch gleich zur größeren Polizeidienststelle für dieses Stadtviertel zu gehen. Auf der Polizeidienststelle gibt es kein Problem mehr. Ich muss meinen Pass vorzeigen, die Beamtin hält die Daten fest und verlangt eine Unterschrift von mir. Alles bestens, wir können wieder gehen. Auf der Straße versucht Roland ein Taxi heranzuwinken. Wir haben kein Glück, alle fahren vorbei. Mittlerweile ist es so, dass sich viele Pekinger ein Taxi leisten können, so dass der Bedarf nicht mehr gedeckt werden kann.

Wir gehen also zur Bushaltestelle. Schon beim Einsteigen dringt mir eine scharfe Frauenstimme unangenehm ins Ohr: Es ist die Schaffnerin, die die Leute zur Eile drängt. Der breite Bus ist hauptsächlich von Männern besetzt, die teilnahmslos vor sich hinblicken. Nach ungefähr zehn Minuten steigen wir aus und gehen zur Hausverwaltung, um mich dort anzumelden. Anschließend geht Roland alleine wieder zur Polizeidienststelle, um die beiden Meldezettel abzugeben.

Yini und ich holen Xiao Ai daheim aus der Obhut der Großmutter ab und gehen in die ,Early Education', eine Art Kita mit Unterricht. Heute spielt sie nur mit anderen Kindern. In dem großen, mit Teppich ausgelegten Raum, gibt es für die Kinder ein Trampolin, ein großes Becken mit vielen Kunststoffbällen, eine Holzleiterwand, eine Rutsche, ein kleines Kunststoffhaus, auf dem man herumklettern kann und verschiedene Spielsachen. An anderen Tagen haben die Kinder hier Unterricht in Musik, Sport und Kunst. Für 100 Stunden müssen 2.500 Euro (umgerechnet in unsere Währung) im Voraus bezahlt werden.

Als wir zurückkommen und ich in mein Zimmer gehe, verschlägt es mir den Atem. Es stinkt gewaltig. Eine der beiden Katzen hat mein Bett als Katzenklo benutzt und einen großen braunen Haufen darauf platziert, den sie rundum noch mit Katzenpipi umkränzte. Ich hole Yini, zeige ihr die Bescherung und sage, dass ich das nicht sauber machen werde. Yini ist das sehr peinlich und sie sagt: „Das habe sie (Katze) ja noch nie gemacht!" Es war wohl die Katze Shou-Shou, die sich dafür rächte, weil Mi-Mi sie nicht in meinem Bett hatte schlafen lassen. Es kann aber auch sein, dass mich eine der beiden Katzen als Eindringling in ihr Reich empfunden hat und so ihr Missfallen ausdrücken wollte. Yini beseitigt die Bescherung, leider aber nur oberflächlich. Abends im Bett umweht mich neben dem Abgasgeruch von draußen noch ein ‚Parfüm' von Katzendreck und Katzenpipi und setzt sich widerlich in meiner Nase fest. Ich versuche dieses Ereignis zu deuten. Bringt Katzendreck Glück?

28. April 2013, Sonntag

Da ich die erste Nacht in dem ungelüfteten Zimmer verbrachte, bat ich Roland am gestrigen Abend, mir das große Fenster zu öffnen. Ich hatte es selbst versucht, brachte es aber nicht auf. Yini riet davon ab. Der Lärm wäre zu laut und außerdem käme schlechte und schädliche Luft in den Raum. Ich gebe ihr Recht, aber ich will das Fenster trotzdem geöffnet haben. Mir graust es vor einem ungelüfteten Zimmer. Rundherum stehen die Hochhäuser sehr eng beieinander. Autolärm und Abgasgestank können nur, wie in einem Trichter, nach oben ausweichen. Was ich ab jetzt täglich in meinem Zimmer erleben werde ist so, als würde ich in Deutschland neben einer Autobahn wohnen und schlafen.

Der Tag in dieser Familie beginnt spät; eigentlich erst, wenn Xiao Ai ausgeschlafen hat, und das war bis jetzt nicht vor halb elf Uhr. Ich bin schon sehr früh wach, stehe aber erst um acht Uhr auf, mache mir Tee und esse Knäckebrot mit Butter und Käse. Dann gehe ich duschen. Nach dem Duschen bin ich heute so müde, dass ich mich wieder ins Bett lege. Ich döse so vor mich hin, da klopft jemand an meiner Tür. Es gibt Mittagessen. Yinis Mutter hat gekocht und sich viel Mühe gemacht. Es stehen mehrere Gerichte auf dem Tisch: gebratene kleine Fische in Knoblauchsoße, eine Schüssel mit Nudeln, dazu ein frisch zubereitetes Sesampüree und eine Soße mit mir unbekannten Zutaten und Pilzen, dann ein großer Teller mit Salaten (Chinakohl, Blaukraut, Karotten, Gurken, Blattsalat), dann mehrere am Vortag gebackene Maisbrote und eine Schüssel mit Tofu. In der großen Kanne ist ein warmes Gebräu aus verschiedenen Körnern und Datteln, das sie Porridge (nicht das englische!) nennen. Ich esse alles, und es schmeckt mir überraschend gut.

Nachmittags gehen Yini, Xiao Ai und ich in ein Hochhaus nebenan. Dort wohnt eine Freundin, die einen Sohn in Xiao Ais Alter hat. Die Freundin empfängt uns freundlich. Sie versucht ein Gespräch mit mir in Gang zu bringen, das aber bald ein Ende findet, da ihr Englisch noch schlechter ist als meines. So sitze ich ziemlich lange mit der Mutter der Freundin schweigend auf dem Sofa. Der Bub, ein bildhübscher kleiner Kerl, mag mich gar nicht anschauen, so verschreckt ist er. Daher gehen die beiden Mütter mit ihren Kindern in einen Nebenraum. Ich gewinne immer mehr den Eindruck, dass die chinesischen Mütter ganz hingerissen von ihren Kindern sind. Sie behandeln sie wie kleine Prinzen und Prinzessinnen. Die kleinen Mädchen haben demzufolge rosarote Tüllkleidchen an und die kleinen Buben bekommen oftmals wohl noch einen zusätzlichen Nachtisch zum Essen, was sich mit der Zeit in der Körperfülle bemerkbar macht.

Die Wohnung der Freundin ist ungewöhnlich groß. Ein weiß gefliester Boden in einem Aufenthaltsraum von ungefähr vierzig Quadratmetern dominiert den ganzen Raum. In der Nähe der Küche steht ein Esstisch mit Stühlen, über Eck zwischen den beiden großen Fenstern eine große Sitzgruppe, an einer Wand ein großer Glasschrank mit chinesischen und japanischen Ziergefäßen. Der Rest des Raumes ist kindgemäß eingerichtet. Sämtliche Sitzmöglichkeiten und Spielvorrichtungen für das Kind sind in kräftigen bunten Farben. Mich erschreckt, dass fast alles aus Kunststoff ist. Im Raum stehen noch zwei Wäscheständer, auf der Kinderwäsche trocknet.

Ich sitze auf dem Sofa, blättere in dem mir angebotenen Fotoalbum des Buben und höre, wie sich nebenan Yini und ihre Freundin unterhalten. Sie sprechen sehr schnell Mandarin und dies klingt für mich wie ein einziger Singsang. Unerwartet erscheint plötzlich der Ehemann der Freundin aus dem

Schlafzimmer. Er ist sehr groß, höflich und strahlt Souveränität aus. Da er fließend Englisch spricht, unterhalten wir uns eine Zeitlang, dann geht er wieder schlafen. Wie ich später von Yini erfahre, ist er ein sehr beschäftigter Mann, habe eine eigene Firma und komme deshalb zu sehr wenig Schlaf.

Roland erzählt mir am Abend über die ‚Ein-Kind-Politik' und das Sozialwesen des Staates: „Wenn beide Elternteile Einzelkinder sind, dürfen sie ein zweites Kind haben. Ist das nicht der Fall, und sie bekommen trotzdem ein weiteres Kind, werden die Eltern mit hohen Geldstrafen belegt, so im Jahr 2010 umgerechnet € 25.000,– Strafe. Oder die Mutter wird gezwungen, das Kind abzutreiben, auch wenn die Schwangerschaft schon weit fortgeschritten ist. Millionenfach werden Frauen so zur Abtreibung gezwungen. Wegen der übertriebenen Wertschätzung eines Sohnes werden überdies noch unzählige weibliche Föten abgetrieben.

Jetzt im Jahr 2013 herrscht immer noch rigorose Familienpolitik. Reiche Eltern in der Stadt, die ein zweites Kind haben wollen, können Bestechungsgeld zahlen. Diese Zahlungen werden erneut fällig, wenn das zweite Kind in öffentlichen Einrichtungen, wie Kindergarten, Schulen etc. untergebracht werden muss. Die Ausbildung des Kindes hat bei den Eltern oberste Priorität. Arme Eltern sehen sich dadurch jahrelang mit Problemen konfrontiert. Diese ‚Ein-Kind-Politik', die die Regierung den Familien vorschreibt, wurde im Jahr 1979 eingeführt.

Mittlerweile merkt der Staat, dass der Männerüberschuss ein aktuelles Problem ist, denn in China gibt es mittlerweile siebenunddreißig Millionen mehr Männer als Frauen."[5]

Roland berichtet mir weiter: „Auch beginne die Gesellschaft zu überaltern. Die Alten werden oft von ihren Familien verstoßen. Es gibt im Staat kein soziales Netz, das sie auffängt. Wenn sie Glück haben, landen sie in Heimen, die ihren Unterhalt mit Spenden aus dem Ausland finanzieren. Der Staat habe aber jetzt begonnen, ganze Stadtteile neu zu bauen, in denen dann nur ‚Alte' leben sollen. Es wurde jetzt auch ein Gesetz erlassen, dass sich ein Sohn oder eine Tochter um die Eltern kümmern muss. Wird ein Elternteil krank, so habe der Sohn die Pflicht seine Arbeitsstelle zu kündigen und zurück zu seinen Eltern gehen. Dort muss er sich dann eine neue Arbeitsstelle suchen.

In soziale Einrichtungen investiert der Staat wenig. Stark betroffen sind davon die Krankenhäuser. Es fehlen Ärzte und den angestellten Ärzten mangelt es zunehmend an Idealismus und Verantwortung, da sie schlecht bezahlt werden. Ärzte, die freiberuflich praktizieren, gibt es nicht. Erste Hilfe ist nur in Krankenhäusern zu bekommen. So liegt Vieles im argen, denn China hat sich in den letzten dreißig

---

[5] Ende Oktober 2015 wurde die Ein-Kind-Politik in China abgeschafft. Seit 2016 dürfen Paare zwei Kinder bekommen. Wikipedia, Informationen zur Quelle: Bundeszentrale für politische Bildung, 28.10.2020

Jahren selbst überholt. Die bäuerliche Kultur musste der städtischen weichen. Der neue Staats- und Parteichef Xi Jinping hat bereits einige Reformen versprochen."

29. April 2013

Ich habe heute Nacht wieder sehr gut geschlafen. Dies ist meine dritte Nacht. Da ich das Fenster dauernd einen Spalt geöffnet habe, kommt genügend Luft ins Zimmer. Das breite Bett ist sehr bequem. Der Stauraum darunter ist ausgefüllt mit Schachteln aller Art. Es darf mich nicht interessieren, auf was ich wohl schlafe? Es muss zwischen fünf und sechs Uhr gewesen sein, als ich kurz aufwachte und einen Blick aus dem Fenster warf. Über den Wohntürmen wölbte sich ein zartrosa Himmel. Eigentlich hätte ich aufstehen sollen, um das Morgenrot zu genießen, aber ich war zu müde. So habe ich auch verpasst, mit Yinis Mutter zum großen Markt zu gehen. Vielleicht hätte sie mich mitgenommen. Xiao Ai sagt „Grandma" zu ihrer Großmutter, und ich werde „Oma" genannt. Ich kann mich an diese Bezeichnung absolut nicht gewöhnen, denn ich fühle mich einfach noch nicht alt. Mit Yinis Mutter komme ich leider nicht ins Gespräch, sie ist auch um einige Jahre jünger als ich.

Vormittags passiert mir am Tisch ein Missgeschick, das uns alle sehr belustigt, Roland aber nicht so toll findet. Rolands volles großes Teeglas wird Opfer meiner schwungvollen Geste und der Inhalt ergießt sich über seine Hose und sein T-Shirt. Der Tee tropft an ihm herunter auf den Holzboden und seine Kleidung ist voller unzähliger winziger Teeblätter. Der Tee wird üblicherweise nicht abgeseiht. Ich springe vom Tisch auf um ein Geschirrtuch zum Abwischen seiner Hose zu holen. Roland sagt nichts und lacht auch nicht. Aber wie ich bis jetzt schon feststellen konnte, zeigt Roland kaum Emotionen. Ich entschuldige mich einige Male bei ihm. Mir ist mein Missgeschick sehr peinlich.

Um halb eins gibt es wieder ein reichhaltiges Essen. Gemäß chinesischer Sitte sollen immer sechs bis sieben verschiedene Speisen auf dem Tisch stehen. Und diese sollen so beschaffen sein, dass sie Medizin für den Körper sind. Heute serviert Grandma eine Schüssel Brühe mit Tofu, Eiern und Chinakohl darin, eine Schüssel Sojasprossen, eine Schüssel grünen Salat mit Knoblauch, eine Schüssel grünen Paprika und Zwiebeln, alles leicht im WOK angebraten, eine Schüssel mit gebratenen kleinen Fischen und eine große Schüssel mit Reis. Roland isst heute von dem reich gedeckten Tisch nichts, er kocht sich Nudeln mit einer Käsesoße, die aus Deutschland kommt. Er misstraut den chinesischen Lebensmitteln. Als er sich mit seiner Mahlzeit zu uns an den Tisch setzt, verlangt Yini nach seinem Teller und isst diesen fast leer. Roland sagt kein Wort. Als ich merke, dass ich diese Szene mit aufgerissenen Augen verfolge, kommt mir plötzlich in den Sinn, hoffentlich sieht Yini mir nicht an, was ich jetzt denke.

Nach dem Essen widme ich mich Xiao Ai. Ich mache ihr Dehn- und Streckübungen vor, mit der Überlegung, dass vor allem ich selbst sie nötig habe. Xiao Ai hat großen Spaß daran und macht jede Bewegung nach. Dann kommen Grandma und ihre Mama hinzu, und wir singen „Hänschen klein", „Alle meine Entchen", „Häschen in der Grube". Diese Lieder kennt die Kleine von ihrem Papa. Sie ist von unserem Gesang so begeistert, dass sie zu tanzen anfängt. Zu sehen, wie dieses zarte Geschöpf diese typisch chinesischen Dreh- und Armbewegungen macht, weich, langsam und fließend, bringt mich zum Staunen.

Yini bittet mich, ein Abendessen für ihre Tochter vorzukochen, ein deutsches. O je, was soll ich denn kochen? Was habe ich hier für Zutaten zur Verfügung? Und außerdem soll es dem Kind ja auch schmecken! Ich sehe Kartoffel, Karotten, Zwiebeln und Ingwer sind vorhanden. Also schneide ich sie in kleine Würfel, schwitze sie mit Olivenöl an und gebe dann etwas Wasser und Salz hinzu. Die kleine Prinzessin darf mal probieren, ob es ihr schmeckt? Es schmeckt!

Nachmittags brechen wir auf, um im nächstgelegenen Park einen von Rolands Arbeitskollegen mit dessen Familie zu treffen. Die Sonne brennt heute unangenehm vom Himmel. Ich werde mir bald einen Sonnenhut kaufen müssen. Einen großen Sonnenhut zu tragen, ist für die Chinesinnen selbstverständlich. Viele gehen mit einem Regenschirm oder einem etwas kleineren Sonnenschirm nach draußen. Diese Sonnenschirme sind oftmals kleine Kunstwerke. Sie sind immer mit farbigen Spitzen verziert und sehr aufwendig gearbeitet. Die chinesischen Frauen sind sehr bedacht darauf, eine helle Haut zu haben. So enthalten fast alle Gesichtscremes einen Aufheller. Auf dem Weg zur Bushaltestelle kommen wir an einem großen modernen Hotel vorbei. Hinter dessen Eisenzaun verläuft parallel dazu eine Reihe Kunstbäume, ungefähr drei Meter hoch. Die nackten Äste strecken sich üppig ausladend und sind mit vielen roten und blauen Wachsblüten verziert. Dass diese in der Hitze nicht schmelzen, ist mir ein Rätsel. Wir gehen noch ein Stück weiter und steigen dann in einen Bus. Den Park betreten wir durch ein hohes, breites, bunt bemaltes Holztor. Plötzlich sind wir in einer anderen Welt, fernab von Großstadtgeräuschen. Unter schattenspendenden Bäumen schlendern wir an großzügigen, farbenprächtigen Blumenbeeten entlang. Die Wege schlängeln sich romantisch dahin.

An einem kleinen See treffen wir auf die befreundete Familie. Der sympathisch wirkende Mann, er stellt sich mir mit Rupert vor, und seine charmante französische Frau begrüßen mich so offen und herzlich, dass es eine Freude ist. Das Ehepaar hat zwei Kinder. Das quirlige und hübsche Mädchen, das mir höflich die Hand zur Begrüßung reicht, ist etwas älter als Xiao Ai. Der kleine Sohn hält gerade einen kleinen Mittagsschlaf in seinem Buggy. Während wir zum ‚Bayerischen Biergarten' schlendern, erzählt mir Rupert, dass die ersten drei Monate, die man in einem fremden Land mit einer völlig anderen Kultur verbringt, sehr interessant und ansprechend sind. Dann aber bekomme man ein Gefühl der Aversion, das monatelang dauern kann, bis man soweit ist, diese fremdartige Kultur zu akzeptieren. Ich frage ihn, woher er komme. Er erzählt mir, dass er Engländer sei, aber in Pakistan geboren wurde und dort bis zum 18. Lebensjahr aufgewachsen ist. Sein Vater war dort Missionar. In seiner Kindheit und Jugend hatte er engen Kontakt mit einer pakistanischen Familie, die neun Kinder hatte. Dies war immer abenteuerlich und interessant für ihn. In seiner eigenen Familie wurde englisch gesprochen, er lernte aber auch von den anderen Kindern Urdu. Was ihm nicht gefiel war, dass er nie alleine das Haus verlassen durfte. Ob in die Schule oder aus einem sonstigen Grund, immer war ein Bediensteter als Beschützer dabei.

Im Biergarten haben wir Glück und bekommen einen großen Tisch. Da Grandma auch dabei ist, sind wir neun Personen. Zusammen mit Roland lese ich die Speisekarte. Ich entscheide mich für Currywurst mit Pommes frites. Die Unterhaltung am Tisch ist schwierig, denn die Kinder fordern ständig die Aufmerksamkeit der Eltern. Mit Grandma begebe ich mich zur Toilette. Erschrocken merke ich, dass es nur Hocktoiletten gibt. Auf die kann ich gerne verzichten und drehe auf der Stelle um. Grandma zeigt jedoch keine Bedenken und ist es sicher gewohnt, diese Art von stillen Örtchen zu benutzen.

Nach einer längeren Wartezeit werden alle bestellten Gerichte serviert. Während alle schon essen, sitze ich noch vor einem leeren Platz. Meine Gastfamilie bemerkt dies schließlich, und es ist ihr sehr peinlich, als sie feststellt, dass Roland vergessen hatte, für mich zu bestellen. Mir ist es ebenso peinlich. So etwas dürfte nicht passieren. Ich bin von meiner ostpreußischen Mutter in der Art geprägt, dass einem Gast immer besondere Aufmerksamkeit gewidmet wird. Mir kommt das wie ein schlechtes Omen für die kommenden Wochen vor. Yini und Roland bieten mir ihre Teller an, von denen sie schon gegessen haben. Ich setze eine freundliche Miene auf und lehne ab. Nach einer langen Wartezeit bekomme ich meine Currywurst mit Pommes frites, worauf ich jetzt gut verzichten könnte.

Wieder daheim fängt Xiao Ai ohne ersichtlichen Grund zu weinen an und will sich gar nicht beruhigen. Yini sagt: „Das Kind ist sehr verwirrt. Es hat heute zu viele Sprachen gehört." Welche? Wir hatten doch alle nur Englisch gesprochen, und diese Sprache ist das Kind von ihren Eltern gewöhnt. Yini sagt das in einem Ton, als ob sie in mir Schuldgefühle wecken wolle. Ich wende mich Roland zu, um zu sehen, wie er reagiert. Aber ich kann in seinem Gesicht keine Betroffenheit feststellen. Er sagt nur: „Da muss sie durch!" Gibt es da etwas, was ich nicht wissen soll? Yinis Tonfall verursacht mir oft eine leichte Gänsehaut. Zu sehen, wie sie ihren deutschen Ehemann wegen jeder Kleinigkeit in der Wohnung herumscheucht, macht sie mir zunehmend unsympathischer. Ich kann nicht verstehen, dass Roland sich nicht ein einziges Mal gegen ihre Ansprüche verwahrt. Ich denke an meine japanische Freundin, die mich schon in Deutschland darauf aufmerksam machte, dass die Art, wie die Chinesinnen sprechen, sich für uns Europäer immer fordernd und vorwurfsvoll anhöre. Also müsste ich mir darüber gar keine Gedanken machen. Trotzdem steigt in mir mehr und mehr eine Aversion auf, und ich bin nicht geneigt, meiner Freundin recht zu geben.

Am Abend informiert mich Yini darüber, dass ihre Mutter bald abreise. Mir wird schlagartig bewusst, dass ich die Arbeit der Mutter ersetzen muss. Gut, ist in Ordnung. Ich will ja nicht wie ein Kuckuck hier im Nest sitzen und mich füttern lassen. Mein Vorsatz ist: ich nehme fünfzig Prozent an Leistung von den Gastgebern an, und ich gebe dafür fünfzig Prozent meiner Leistung. Zu mehr bin ich eigentlich nicht bereit. Mich irritiert aber, dass ich spüre, dass etwas nicht in Ordnung ist. Vielleicht ist dies aber auch ganz normal, wenn man in so einer fremdartigen Kultur lebt. Die Kleine ist sehr auf ihre Mutter fixiert. Ich ahne, dass es so einfach, wie ich es mir in Deutschland vorgestellt hatte, wohl nicht werden wird. Obwohl ich in den letzten Tagen auch immer für ein lustiges Zusammensein mit dem Kind sorgte, konnte ich leider immer nur für wenige Minuten seine Aufmerksamkeit gewinnen. Dann wollte es wieder zu seiner Mama, und wenn möglich, in einem Tuch auf ihrem Rücken sitzen. Ich habe auch den Eindruck gewonnen, dass es sich nicht lange auf ein Spiel oder ein Spielzeug konzentrieren kann.

30. April 2013

Manchmal tun sich einem Wege auf, die man nicht vorhatte zu gehen. Doch können sich Lebensumstände so verändern, dass man neue Wege, wie von höherer Macht geschoben, ohne viel nachzudenken einschlägt. Man kann alles zurücklassen, denn all das, woran man einmal hing, trägt man nun im Herzen.

Ich liebäugelte zuerst mit der türkischen Stadt Izmir. Wie mir Frau Emmerinck von der vermittelnden Agentur erzählte, würden die dortigen Gastgeber ihre Grandmas immer sehr verwöhnen. Leider war aber dieser Platz schon besetzt. Peking war frei! Also entschied ich mich für Peking. Ob das mit Mut etwas zu tun hatte? Ich weiß es nicht. Ich war innerlich ganz unabhängig geworden, also konnte ich nichts mehr verlieren, sondern nur gewinnen.

Hier in meiner chinesischen Familie passiert vormittags nicht viel. Der Tag beginnt erst, wenn

Mutter und Kind aufwachen. Bis zum Mittagessen spiele ich mit der Kleinen mit Bauklötzen. Roland schaut uns zu, Grandma deckt den Tisch. Wir essen die Reste vom Vortag, auch frische Gurken, Frühlingszwiebeln, gewaschenen Löwenzahn und selbstgebackenes Fladenbrot. Ich achte auf die Familie, wie sie isst. Ich drücke mit drei Fingern etwas Löwenzahn zu einem Knäuel, tauche diesen dann in eine scharfe Sesamsoße und stecke mir das Ganze in den Mund. Roland rührt nichts davon an, verschwindet in der Küche um sich selbst etwas zuzubereiten.

Nach einer kurzen Mittagspause beginne ich mich mit den Arbeiten, die auf mich zukommen, vertraut zu machen. Ich wasche das Geschirr ab und kehre den Küchenboden. Die Schaufel ist unten zum langen Stiel hin abgeknickt, so dass man sich beim Aufkehren des Schmutzes nicht bücken muss. Leider muss ich meinen Rücken aber trotzdem krumm machen, da sie für chinesische Größen gemacht ist. Danach gehe ich in mein Zimmer und suche im Beijing-Reiseführer nach Sehenswürdigkeiten.

Am Nachmittag möchte Yini zu einem großen und sehr noblen Kaufhaus gehen, um für Xiao Ai eine biologisch hergestellte Knetmasse, die auch essbar ist, zu kaufen. Roland muss mit. Durch ein riesiges Schuhparadies schlendern wir zum Aufzug. Als er endlich kommt, finden wir drei gerade noch Platz darin. Ein Aufzugboy sorgt für Ordnung und Beförderung. Im 3. Stock, in der Spielwaren- und

Kinderbekleidungsabteilung betrachte ich mit Muße das Publikum. Die Mütter und ihre Kinder sind auf das Feinste gekleidet, so, als würden sie zu einer Abendvorstellung gehen. Fast alle haben im Schlepptau die Grandma mit dabei. Nachdem Yini fündig geworden ist, kehren wir wieder zur Wohnung zurück. Yini beabsichtigte das Kind bei ihrer Mutter, die noch da ist, abzugeben, um mit Roland und mir zu einem großen Lebensmittelsupermarkt zu fahren.

Ein Taxi bringt uns dorthin. Leider ist der Supermarkt nicht mehr vorhanden. Stattdessen gähnt uns ein Riesenloch in einer Riesenbaustelle entgegen. Roland und Yini schütteln verwundert den Kopf. „Wir waren erst vor kurzem hier, da stand der Supermarkt noch", klären sie mich auf. Sie sagen mir, dass hier unglaublich schnell etwas abgerissen wird, um etwas Neuem, Modernerem Platz zu machen. Auf der anderen Straßenseite gibt es einen Obstladen, wir gehen hinein, um einzukaufen. Papaya, Avocado, Bananen, Orangen, Äpfel kenne ich; Dragon Fruit, Dragon Eye, Shanzhu und Pipa kenne ich nicht.

Dieser Stadtteil LIANGMAOIAO ist mit seinen Gebäuden etwa zehn bis zwanzig Jahre alt. Will man hier eine Wohnung kaufen, so kostet der Quadratmeter Wohnfläche ungefähr vierzigtausend RMB, das sind zum jetzigen Währungsstand ungefähr fünftausend Euro. Wir gehen den Bürgersteig entlang, vorbei an ein paar jungen schwarzweiß gekleideten Männern und einer Frau, die diese Wohnungen mit Plakaten anpreisen, und vorbei an winzigen, hüttenartigen Läden, die dicht an dicht stehen und dadurch natürlich keine Fenster haben. Ein kleines, einfach gehaltenes Minirestaurant verführt uns, dort etwas zu essen. Roland und Yini waren schon öfters hier. Ich nehme wie sie einen großen Teller und suche mir aus dem Regal verschiedene Speisen: zwei Algenspieße, zwei rohe Kartoffelspieße, einen Spieß mit unbekannten runden braunen Bällchen und einen Spieß mit unbekannten quadratischen weißen Bällchen. Den Teller geben wir an der Theke ab, wo die Verkäufer die Holzstäbchen entfernen und die Lebensmittel in einer heißen Suppe kochen. Nach ungefähr fünf Minuten bekommen wir den aufgefüllten Teller wieder zurück, zusammen mit einer scharfen Soße und Stäbchen. Nun, hier muss ich wohl mit Stäbchen essen. Mit etwas Mühe und dem Gesicht dicht über dem Teller gelingt es mir, dass Essen langsam in den Mund zu schieben. Wenn ich auch dabei nicht auffalle, da alle so essen, fühle ich mich dabei nicht gut. Obwohl mir die chinesische Essenskultur vom Hörensagen bekannt war, kann ich keinen Gefallen daran finden. Mit dem Taxi fahren wir wieder auf der „Third Ring Road" zurück. Die Stadtautobahn ist sehr dicht befahren. Ich staune über die modernen dicht gedrängten Hochhäuser, deren spiegelverglasten Außenwände, oft in einem geometrischen Muster, schwarz glänzen.

1. Mai 2013

Es geht mir wirklich sehr gut! Das viele Grün beim Essen bekommt mir ausgezeichnet. Bin neugierig, ob sich bei meinem Aussehen mit der Zeit etwas verändert, denn soviel Grün esse ich sonst nicht. Heute ist ein Feiertag, und ich höre in meinem Zimmer deutlich weniger Verkehrsgeräusche. Es erscheint mir auch die Zimmerluft etwas besser. Aber ehrlich gesagt: „Es stinkt immer irgendwie!" Es ist immer ein Gemisch von Abgasen und Katzenklo. Sicher hat es sich schon in meine Kleidung und in Haut und Haaren eingeschlichen und verfestigt. Grandma ist noch da und macht auf meinen Wunsch ihr „Tai Chi". Ich schaue ihr zu, wie sie nach ihrer mitgebrachten Musikkassette ihre sanften, weich und langsam fließenden Bewegungen macht. Ich verstehe nichts davon, sehe aber, dass das sehr professionell ist. Grandma hat ihren Blick dabei in die Ferne, in ein Nichts, gerichtet. Xiao Ai will auch mitmachen und ahmt ein paar Bewegungen ihrer Großmutter nach. Plötzlich hält sie abrupt inne, bekommt einen mürrischen Gesichtsausdruck, geht zu ihrem Kunststoffauto und zieht es energisch heran. Dann drückt sie triumphierend auf einen größeren Knopf, und das Fahrzeug brüllt los mit einer ohrenbetäubenden schrecklichen Musik. Was für ein Kontrast! Grandma macht ungestört weiter. Yini hält sich raus. Xiao Ai darf es! Nur der Papa wagt ein leises „Pst!" auszusprechen.

Kurz vor zwölf Uhr brechen wir in den „RITAN–Park" auf, den ich ja mit dem Biergarten unangenehm in Erinnerung habe. Da Grandma auch mit dabei ist, wollen wir mit dem Bus fahren. Dieser kommt nicht. Da das lange Warten für Xiao Ai in der Hitze langweilig wird, versucht Roland ein Taxi heranzuwinken. Es gelingt ihm trotz mehrmaliger Versuche nicht. Die nicht besetzten Taxis fahren einfach vorbei. Einmal kann er sich nicht beherrschen, rennt in die Fahrbahn und beschimpft einen vorbeifahrenden Taxifahrer und zeigt ihm den Stinkefinger. „Das ist ein Punkt hier in Peking", sagt Roland, „der mich ziemlich ärgert. Von A nach B zu kommen wird immer mehr zu einer harten Geduldsprobe. Die Taxifahrer nehmen fast nie Personen mit Kindern mit. Das ist ihnen viel zu risikovoll." Kein Wunder, denke ich mir, wie hier die Kinder vergöttert werden. Wenn da einem Taxifahrer etwas passiert, da möchte ich auch nicht in seiner Haut stecken.

Endlich kommt ein Bus. Er ist voll besetzt. Die Schaffnerin fordert rigoros einen jüngeren Fahrgast auf, den Platz für Yini und das Kind freizumachen. Ich stehe neben ihnen und halte mich an einem Sitz fest. Der Stinkefinger von Roland geht mir nicht aus dem Kopf. Irgendwie passt diese Reaktion nicht zu ihm. Als der Bus an einer roten Ampel warten muss, werde ich von meinen Gedanken abgelenkt. Vor uns überqueren ungefähr vierzehn Wachsoldaten mit strammem Stechschritt die Straße. Der Bus fährt weiter, vorbei an einer anderen Gruppe Wachsoldaten, die auf dem Bürgersteig entlang marschieren. Wir sind hier im Stadtviertel der Botschaften. Botschaften aus der ganzen Welt reihen sich hier zu beiden Straßenseiten in herrschaftlichen, tipp-top aussehenden Villen aneinander. Wir verbringen sehr angenehm den Nachmittag im schattigen Park. Wieder auf dem Weg zurück, diesmal zu Fuß, steigt Grandma nach halber Strecke in einen Bus ein. Nicht aus Müdigkeit, sondern weil sie in der Küche etwas zum Essen vorbereiten will. Grandma ist neunundfünfzig Jahre alt. Wie ich im Park beobachten konnte, waren Grandma und ich so ziemlich die ältesten Frauen. Ja, Grandma und ich würden uns gut verstehen, aber leider können wir uns nicht unterhalten. Ich finde das sehr schade.

Am Abend erzählt mir Roland, was er gerade im Internet gelesen habe: *„Top-Militärs gönnen sich Porsche und Maserati als Dienstwägen. Chinas Militär fährt Bentley und Maserati."*

Roland ist zum Reden aufgelegt, und erzählt mir weiter: „Was in Deutschland das ‚Y' ist, sind in China die weißen Nummernschilder in Bezug auf das Militär. Doch nun tauchen immer mehr Luxusschlitten mit diesen weißen Nummernschildern auf. Was hat es mit diesen mysteriösen ‚Edel-Panzern' wohl auf sich? Und dies, obwohl Staats- und Parteichef Xi Jinping eigentlich der Verschwendung den Kampf angesagt hat." Roland weckt mein

Interesse in Bezug auf Autos. Und er erzählt mir unter Vorbehalt:

Erst seit 2004 bzw. 2005 können Privatleute ein Auto kaufen. Ein Auto zu kriegen ist keine Schwierigkeit, aber ohne Nummernschild dürfe man es nicht fahren. Und die Nummernschilder unterliegen einem Losverfahren. Hat also ein Käufer in dieser Art ‚Glücksspiel' kein Glück, muss er lange warten: Möglicherweise ist ihm das Glück nie hold.

In SHANGHAI produziert seit etwa 1984 die Autofirma VW. In einem deutsch-chinesischen Joint-Venture-Gemeinschaftsunternehmen lief hier als erstes das Auto ‚Santana' vom Band, dann folgte ‚Skoda', auch eine Marke von VW. In CHANG CHUN; im Nordosten Chinas, entstand aus einem alten, wahrscheinlich mit den Russen aufgebauten Automobilwerk ein Hauptwerk. Ebenfalls in einem deutsch-chinesischen Joint-Venture-Gemeinschaftsunternehmen begann man hier 1991 mit der Produktion von ‚VW Jetta' und ‚Audi 100'. Die Verhandlungen dazu begannen bereits 1988. In SHENYANG, auch im Nordosten Chinas, folgte 2003 dann die Produktion von BMW: In PEKING wurde erst im September 2006 ein Werk eröffnet. Mercedes hatte diese Option irgendwie verschlafen.[6]

---

[6] *Inzwischen hat China als weltgrößter Autohersteller die entscheidende Führung übernommen. Die fünf größten Automobilhersteller in China sind: SAIC Motor Corp Ltd.; China FAW Group Co Ltd.; BAIC Motor Corporation Ltd.;*

2. Mai 2013

Grandma und ich gehen schon um sieben Uhr zum Supermarkt. Da Grandma heute abreist, soll ich noch eine Art Schnellkurs in Bezug auf Einkaufen und Gemüse erhalten. Wir fahren mit der Rolltreppe in das Untergeschoß. Es herrscht schon reges Treiben. Hauptsächlich sind es ältere Leute, die diese Morgenstunden zum Einkaufen nützen. Wir nehmen einen Einkaufswagen und betreten die sehr große Verkaufsfläche des Supermarkts. In Massen, aber sehr einheitlich und übersichtlich, liegen oder stehen die Waren, auf oder in Stellagen, äußerst sauber und korrekt für den Kunden bereit. In dem großen Gemüsebereich staune ich über Berge von Gemüsesorten, alle in sehr frischem Zustand. Wir nehmen acht kleine Gurken, einen Blumenkohl, ein Kilogramm Kartoffel, einen kleinen Suppenkürbis, zwei Stangensellerie, zwei Packungen Grünzeug (Mini-Salat) und Spinat. Mit dem Gemüse gehen wir dann zu einem Tisch, auf dem eine Frau alles abwiegt und mit Preisen versieht. Der Gemüsebereich geht über in den Fisch- und Fleischbereich. Grandma sucht sich aus dem Berg von Spar-rips die besten heraus. Mit der Menge von ungefähr einem Kilo gehen wir zur Fleischtheke, wo sie klein gehackt, gewogen und

---

BYD Co Ltd.; Dongfeng Motor Group Co Ltd.; BYD verkaufte im Jahr 2024 die meisten Fahrzeuge in China. Mit rund 4,3 Millionen abgesetzten Fahrzeugen lag der chinesische Hersteller deutlich vor Volkswagen, das mit seinen Joint Ventures mit FAW und SAIC viele Jahre Marktführer in China war. Internet, zitiert 28.02.2025.

ebenfalls mit einem Preis versehen werden. Da Grandma nichts anderes mehr benötigt, streben wir zu einer der vielen Kassen. Es sind mindestens dreißig Kassen, die in einer langen Reihe stehen. An jeder Kasse warten schon mehrere Kunden. Wir stellen uns an, und Grandma zahlt für alles einundsiebzig Yuan, das sind umgerechnet knapp neun Euro. Wir gehen wieder zur Wohnung zurück. Hier die Straße überqueren, dann gleich nach rechts und auch die Straße überqueren. Dann würde ich ohne Grandma nicht mehr genau wissen, wohin? Alle Ecken, Straßen und Wohntürme schauen sich sehr ähnlich! Ich wäre geradeaus gegangen. Wir müssen aber nach links. Dann ungefähr zweihundert Meter geradeaus, die Straße überqueren und dann rechts. Nach ungefähr zweihundert Metern stehen wir wieder vor dem Pförtnerhäuschen.

Grandma beginnt gleich mit dem Kochen. Ich schaue ihr zu. Die in kleine Stücke gehackten Sparrips werden ins kochende Wasser gegeben und zehn Minuten gekocht. Dann nimmt sie diese wieder heraus. In den WOK gibt Grandma Olivenöl und lässt darin einen Löffel Zucker braun werden. Nun gibt sie die Spar rips hinzu und wendet diese solange, bis sie etwas braun geworden sind. Nun kommt das Fleisch in den Schnellkochtopf. Den WOK spült sie zweimal mit Wasser aus, das sie in den Topf schüttet. Dazu kommen acht große Knoblauchzehen, etwas klein geschnittene Frühlingszwiebeln, sechs Scheibchen frischen Ingwer, Sojasoße und vier bis fünf Löffelchen

Salz. Im Schnellkochtopf muss das Ganze nun noch zwanzig Minuten garen.

Die Küche ist sehr klein. Vor dem Gasherd mit seinen drei großen Flammen habe ich Respekt. Noch mehr Respekt habe ich vor dem Messer, das kein Messer ist, sondern ein Beil. Holt man zu einem Schwung aus, und lässt es dann herunter auf das Fleisch oder das Gemüse sausen, kann man sich damit leicht einen Finger abhacken. Grandma ist eine Meisterin im Umgang mit dem Beil, und welch Wunder, sie hat noch alle Finger! Die Arbeitsfläche ist sehr klein. Das Becken zum Waschen des Geschirrs etwas größer. Wie soll man da arbeiten? Die ganzen Tage konnte ich schon beobachten, dass man den Fußboden als Ablage mit dazu benützt. Das Gemüse wird mindestens dreimal gewaschen und dann noch etwa zwanzig Minuten gewässert. Die Chinesen wissen also um die Pestizide. Die Küche wird auch noch von anderen Lebewesen bewohnt. Es sind dies die Küchenschaben, die ganz schön groß sind. Flink krabbeln sie davon, wenn man ihrer ansichtig wird. Yini sagt, sie könnten nichts dagegen machen, denn diese Tierchen gibt es im ganzen Hochhaus.

Um kurz vor elf Uhr bricht Grandma auf. Sie fährt mit dem Zug zu sich nach Hause, wo schon ihr Ehemann auf sie wartet. Die Fahrt zu dieser nördlich gelegenen Stadt dauert ungefähr eineinhalb Stunden. Die Luft in dieser Stadt ist nicht so schlecht wie hier in Peking. Die Eltern von Yini sind nicht arm. Sie besitzen ein typisches chinesisches Hofhaus, das sie vermietet haben und eine Eigentumswohnung mit Garten. Der Abschied fällt kurz und bündig aus. Keine großen Gesten, keine Umarmung, kein Händedruck. Typisch für die Chinesen.

Da Mittagszeit ist, bittet mich Yini zwei Eier zu kochen. Ich wage mich an das Gas. Drücken und drehen, schon ist die Flamme da. Dann soll ich Kartoffelstücke im WOK kochen, und wenn sie gar sind, in den Topf zu den Spar-rips geben und etwas durchziehen lassen. Wir essen jetzt noch nicht, denn zuerst muss Xiao Ai ihr Essen bekommen. Das dauert sehr lange. Das Kind bekommt eigens zubereitete Speisen. Yini macht sich damit sehr viel Mühe. Es würde nicht alles vertragen, sagt sie mir. Dann essen wir und es schmeckt wirklich vorzüglich. Danach wasche und wässere ich das restliche Grünzeug für das Abendessen. Ich blanchiere es noch und lege es in die Schüsseln.

Da ich meine Briefe zur Post bringen will, begleitet mich Yini mit dem Kind, um mir das Postgebäude zu zeigen. Anschließend gehen wir zum Kinderspielplatz, der hinter dem Postgebäude liegt und setzen uns auf eine Bank. Xiao Ai setzt sich in den feinen Sand und spielt mit den mitgebrachten kleinen Kuchenformen. Nach einer Weile geht sie zu den Klettergerüsten. Yini folgt ihr und hilft ihr beim Herumklettern. Ich bleibe sitzen und betrachte das bunte Treiben. Richtig süß sehen sie aus, diese kleinen chinesischen Kinder mit ihren schwarzen Haaren und ihren schwarzen Augen. Wie ich sehe, werden sie alle sehr konzentriert von Großmüttern oder Babysittern beaufsichtigt.

Auf dem Nachhauseweg trifft Yini eine junge ausländische Mutter mit drei kleinen Kindern. So viele eigene Kinder, das ist ungewöhnlich. Yini unterhält sich angeregt mit ihr in Chinesisch. Als wir weitergehen erfahre ich, dass diese junge Frau eine Italienerin ist. Eine temperamentvolle und witzige Person, sehr locker im Gespräch. Menschen aus der ganzen Welt arbeiten und leben hier mit ihren Familien, aber sie verlieren sich in der großen Menschenmenge.

3. Mai 2013

Eine Woche bin ich nun schon in China. Die Stadt wirkt so westlich auf mich, dass ich immer wieder aufs Neue enttäuscht bin. Wo ist das echte China? Werde ich irgendwann damit in Kontakt treten? Was ich bis jetzt gesehen habe sind Wohntürme aus Stahl, Beton und Glas, eine einzige typische chinesische Straße mit einer Reihe von winzigen Schnellküchen und winzigen Geschäften, sehr kleine grüne Parkflächen zwischen den Hochhäusern, manche Bürgersteige mit hohen Bäumen, Straßen voller Autos und Menschenmassen.

Nach dem Frühstück würde ich gerne einen Fußmarsch, einfach nur geradeaus, machen. Da ich aber gestern Abend nicht Bescheid gesagt hatte und mein Schlüssel nicht immer beim Aufsperren der Wohnungstüre funktioniert, lasse ich es. Ich mache ein wenig Ordnung in der Wohnung. Nach Xiao Ais Frühstück, inzwischen ist es schon Mittag, gehen wir zusammen nach draußen. Im Schneckentempo kommen wir vorwärts, bummeln in der Grünanlage auf der Rückseite des Hochhauses.

Nachmittags habe ich Lust alleine in den Supermarkt zu gehen. Es reizt mich, mein Orientierungsvermögen zu testen. Als ich Yini über mein Vorhaben informiere, hört Xiao Ai mit. Kurz entschlossen holt sie ihre Schuhe aus dem Regal, denn sie will auch zum Supermarkt. Und was Xiao Ai will, das wird gemacht. Also gehen wir zu dritt. Yini trägt das Kind im Schultergurt, was sie sehr anstrengt. Im Supermarkt würde ich jetzt schon alleine zurechtkommen. Neben dem Riesenangebot an Fleisch sehe ich daneben auch ein Riesenangebot an Eiern. Soviel verschiedene Größen und in solch abweichenden Farben! Ich sehe Eier von einer Größe, die unglaublich ist. Welches Tier legt solche Eier? Und sind das wirklich nur Eier von Geflügeltieren? Wir kaufen Fleisch, denn ich muss heute etwas Deutsches kochen. Und da Yini gerne Fleisch isst, habe ich mich für ‚Reisfleisch' (ein Rezept meiner böhmischen Schwiegermutter) entschieden. An der Kasse wundere ich mich wieder einmal, wie billig hier die Lebensmittel sind.

4. Mai 2013, Samstag

Die Morgensonne scheint von ungefähr halb sechs Uhr bis halb sieben Uhr in mein Zimmer. Ich bleibe noch im Bett bis sie hinter der Mauerkante verschwindet und genieße das helle Licht. Dann stehe ich auf und mache bei geöffneter Balkontüre in der Küche Frühstück. Draußen ist die Luft noch sehr kühl. Der Balkon wird hauptsächlich zur Aufbewahrung von Kartoffeln, Zwiebeln und Yam benutzt. Yam ist eine gerade, schmale, braune Wurzel. Wenn man sie mit dem Gemüseschäler schält, ist das Innere weiß und glitschig. Im Winter ist der Balkon ein zusätzlicher Kühlschrank. Im Sommer wird darauf gegrillt. Was man in der Wohnung nicht haben will, steht auf dem Balkon. So bleibt kein Platz für Tisch und Stühle. Aber der Autolärm, das ständige Hupen, erlaubt sowieso keine Mußestunde. Nach dem Frühstück gehe ich spazieren. Es sind noch nicht viele Leute unterwegs, so kann ich flott dahin marschieren. Die ‚Third Ring Road' ist jetzt um halb acht Uhr sehr stark befahren. Ich würde sie gerne auf der Fußgängerbrücke überqueren, um einfach nur durch das Treppensteigen Gymnastik für meine Beine zu haben. Den Smog, der über der Brücke steht, sehe und rieche ich schon von weitem. Ich überlege, ob ich meiner Lunge diesen ‚Dreck' antun soll? Dann lasse ich es. Es ist besser, ich warte noch so lange, bis ich eine Atemschutzmaske habe. Peking/Beijing hat ein sehr großes Autobahnnetz.

Wieder zurück in der Wohnung beschäftige ich mich mit dem Stadtplan und dem Peking-Führer. Meine Gastfamilie schläft noch, so habe ich Zeit. Der ‚Jingtong Expressway' geht durch das Zentrum der Stadt. Von Ost nach West sind die Subway-Stationen: SIHUI; GUOMAO; DAWANGLU (Das ist die Station meiner Gastfamilie.), YONG'ANLI; JIANGUOMEN; DONGDAN; WANGFUJING; TIAN'ANMEN EAST; TIAN'ANMEN WEST; XIDAN; FUXINGMEN usw. Zwischen TIAN'ANMEN EAST und TIAN'ANMEN WEST liegt die „Verbotene Stadt" (THE FORBIDDEN CITY). Laut „Insider's Guide to Beijing 2007", from (Adam Pillsbury) Immersion Guides General Enquiries: 5820 7100 editor@immersionguides.com, ISBN 7–116–05004–3/F.232 steht folgender Text:

„FORBIDDEN CITY": *"This Ming dynasty masterpiece was built as the political and cosmic centerpiece of the Celestial Empire. The high walls surrounding its grandiose courtyards and ceremonial halls belittle all who enter. At the northern end, where the imperial family lived and relaxed, the imposing grandeur dissolves into intimate private palaces and gardens. The entire complex is 900 meters long, 750 meters wide and contains more than 8700 rooms (though a poetic legend puts the number at 9999.5). It was built by tens of thousands of people, and took 12 years and 32 million bricks to complete. usw.*

Nachmittags gehe ich mit der Gastfamilie in die Grünanlage und zum Spielplatz um die Ecke. Diese kleinen Chinesenkinder sind wirklich erstaunlich schöne Persönchen. Xiao Ai geht auf alle sehr freundlich zu, sucht den Kontakt mit ihnen. Doch manche dieser Kinder merken, dass Xiao Ai etwas anders aussieht und ziehen sich zurück. Für ihre zwei Jahre und zwei Monate ist sie auch noch größer als der chinesische Durchschnitt, das machen Papas Gene.

Wieder in der Wohnung ziehe ich mich in mein Zimmer zurück. Ich will die Familienidylle nicht stören. Meine Vorstellung ist, dass das Ehepaar vielleicht auch einmal alleine für sich sein möchte, nachdem sie ja zweieinhalb Jahre lang zusammen mit Yinis Eltern in der Wohnung lebten. Im Großen und Ganzen fühle ich mich wohl. Ich verfolge mein Ziel, ein Buch über den Aufenthalt als ‚Au pair Grand-Mère in Peking' zu schreiben, um mir noch ein zusätzliches Einkommen zu meiner Rente zu schaffen. Bin ich doch ein Musterbeispiel der Frauen meiner Generation. Ich bin auf dem Land aufgewachsen, und nach Meinung der Eltern und Lehrer würde ich sowieso früh heiraten. Wozu also in eine höhere Schule übertreten? So dachte man im letzten Jahrhundert in den 60er und 70er Jahren. Und es traf auch zu. Ich heiratete früh und bekam auch sofort ein Kind. Da mein Ehemann ein gutes Einkommen hat, glaubte ich mich bis zu meinem Lebensende gut versorgt. Dass man diese Abhängigkeit mit zunehmendem Alter immer schwerer erträgt, das hätte ich nie gedacht.

5. Mai 2013, Sonntag

Zum Frühstück esse ich heute zwei ‚Manton-Brote'. Sie haben die Form einer bayerischen Semmel, sind aber schneeweiß, schwer und speckig. Sie schmecken sehr gut. Ich esse sie mit Butter und Käse und trinke schwarzen Tee dazu. Ich empfinde das chinesische Essen als sehr gesund. Anfangs spürte ich zwar ein leichtes Unbehagen im Magen und in meinem Bauch, aber dann beruhigten sich die Organe.

Nach dem Frühstück, alle schlafen noch, ziehe ich los. Ich will die ‚Subway' suchen. Nachdem mir Roland gestern den Weg schilderte, finde ich sie ohne Schwierigkeiten. Ich fahre zwei Rolltreppen hinunter in das 2. Untergeschoss und gehe den Menschen nach. Der U-Bahn-Bereich wirkt viel größer und weiträumiger, als ich den von München her gewohnt bin. An einem der Ticketautomaten postiere ich mich und sehe zu, wie die Fahrgäste diesen bedienen. Als dann einer frei wird, versuche ich mein Glück. Ich wähle die Sprache Englisch. Ich raffe meine ganze Logik zusammen und siehe da, nach ein paar Versuchen weiß ich, wie er funktioniert. Dieses Erfolgserlebnis verschafft mir ein gutes Gefühl und steigert meine Abenteuerlust. Ich richte mein Augenmerk auf die Menschen, die schon ein Ticket haben. Diese stellen sich an der Schlange an, geben das Gepäck auf ein kurzes Fließband, das es in einen Röntgenapparat transportiert. Vis-à-vis der Sicherheitskraft (Polizei oder Militär?) am Röntgenapparat steht ebenfalls einer, der bei einer

Auffälligkeit Personenkontrolle macht. Ist man hier durch, geht man zur Eingangssperre, legt dort das Ticket auf ein Display und kann dann, wenn sich die Sperre öffnet, hindurchgehen. Dann geht es noch mal eine Rolltreppe hinunter. Wie ich auf dem Display des Ticketautomaten sehen kann, fährt hier die ‚Linie‘ von Osten nach Westen und umgekehrt. Nach der zweiten Station JIANGUOMEN kann man schon in die ‚Linie 2‘ umsteigen. Ich überlege, ob ich gleich mal eine Runde fahren soll. Ich lasse den Gedanken wieder fallen. Meine Gastfamilie würde sich wegen meines langen Ausbleibens sicher Sorgen machen. Vor dem Ticketschalter stelle ich mich an der Schlange an. Ich möchte einen ‚Subway-Plan‘ haben. Leider ist keiner vorrätig. Mit dem sicheren Gefühl, nun Bescheid zu wissen, fahre ich mit der Rolltreppe wieder ans Tageslicht und gehe in den Supermarkt. Dort kaufe ich mir einige Kleidungsstücke für den täglichen Gebrauch. Sie sind um einiges billiger als in Deutschland.

Auf dem Nachhauseweg bin ich in bester Stimmung. Ich will Fotos von den Chinesen machen, die mir begegnen. Ich frage einen Mann in seinem Fahrradtransporter und eine alte Frau, die eine typische chinesische Einheitskleidung, wie zu Maos Zeiten (Hose und Jacke) trägt. Sie erlauben es und lächeln sehr freundlich in die Kamera.

Um elf Uhr bin ich wieder zurück in der Wohnung. Alle sind schon wach. Xiao Ai freut sich, mich zu sehen. Ungewohnt ist die Sitte hier zu essen.

Roland geht ohne Frühstück ins Büro. Yini isst kein Frühstück. Xiao Ai muss zuerst eine Babyflasche voll Wasser trinken. Ich bin wohl hier die Einzige, die frühstückt. Wie ich erfahre, wird Yini an den Tagen, an denen ich mittags nicht koche, telefonisch Essen bestellen, das an die Türe geliefert wird. „Das ist billiger, als selber zu kochen. Und bei großer Hitze kochen ist sehr strapaziös. Die Menschen sind es gewohnt, auswärts zu essen. Nur reiche Leute essen Zuhause. Sie haben eine Köchin und andere Bedienstete", informiert mich Yini über die Lebensweise in Städten. Was das Abendessen betrifft, werde ich dem Ehepaar sagen, dass ich mir schon seit ein paar Jahren angewöhnt habe, spätestens ab fünfzehn Uhr nichts mehr zu essen, und ab achtzehn Uhr nichts mehr zu trinken. Nur so fühle ich mich richtig wohl und gesund. Roland und Yini werden wohl weiterhin frühestens ab zweiundzwanzig Uhr ihr Abendessen einnehmen, wenn Xiao Ai endlich im Bett ist und schläft.

Nachmittags verlassen wir die Wohnung. Es ist unangenehm schwül darin. Wir nehmen den Hinterausgang und gehen in die kleine Grünanlage. Plötzlich riecht es sehr eigenartig. Roland glaubt, dass dies Pflanzengift sei, das sie hier auf die Sträucher und Bäume gespritzt haben. Yini hastet mit dem Kind davon. Wir hinterher. Wir schlendern zum Café, bestellen dort Kaffee und Kuchen. Dann gehen wir shoppen. Die Geschäfte haben in China jeden Tag bis halb elf Uhr nachts geöffnet. Es gibt kein

Wochenende. Nur spät abends oder am Wochenende haben die Menschen hier Zeit einzukaufen. In den anderen Zeiten arbeiten sie.

Wieder zurück in der Wohnung, essen wir Sushi und Fisch. Ich mache noch mal eine Ausnahme und esse mit, obwohl ich sicher weiß, dass ich morgen Früh mit Kopfschmerzen aufwachen werde. Dann füttere ich die beiden Katzen, wasche das Geschirr ab und nehme mir dann wieder Zeit für mich.

6. Mai 2013

Manchmal frage ich mich: „Ist das hier ein Traum? Bin ich wirklich in Peking?" Wenn ich früher das Wort „Peking" hörte, und auf der Landkarte sah, wie unendlich weit weg diese Stadt war, mutete mich das sehr fremdartig an. Bei dem Wort „China", diesem riesigen Reich im Fernen Osten, diesem ‚Reich der Mitte' hatte ich sogar immer ein etwas unheimliches Gefühl. Ich assoziierte dieses Wort immer mit der Volksbewegung, die mit den Studentenprotesten im April 1989 friedlich begann, und mit dem ‚Pekinger Blutsonntag am 4. Juni 1989' auf dem ‚Tian`anmen– Platz' seinen schrecklichen Höhepunkt erreichte. An diesem Tag walzte das Militär mit Panzern viele Studenten und friedliche Bürger im Auftrag der Parteifunktionäre unter Deng Xiaoping – alle diese Parteifunktionäre waren alte Männer und stammten noch aus der Riege um Mao – brutal nieder.

Heute Nacht schlief ich nicht sehr gut, wachte erst um halb acht Uhr auf, zu spät, um spazieren zu gehen und die Stadt auszukundschaften. Unten auf den Straßen ist ‚Rush-Hour'. Ich rieche in meinem Zimmer deutlich die höhere Konzentration der Abgase. Es kratzt mich auch unangenehm in der Nase und im Rachen. Ich werde zukünftig doch einen Mundschutz tragen, wenn ich in der Stadt unterwegs bin. Ich schaue in die Tiefe (mittlerweile macht mir das nichts mehr aus) und sehe, dass die Autos Schlange stehen und nur schubweise vorwärtskommen. Ich beginne mit den mit Yini vereinbarten Arbeiten im Haushalt: Katzenhaare von der Couch abbürsten, die schwarzen Möbel abstauben, mit einer Art Schwammbesen die Böden in den Zimmern kehren, die Böden dann wischen (mache ich freiwillig), restliches Geschirr von der Nacht abwaschen, die getrocknete Wäsche vom Ständer abnehmen und zusammenlegen. Als ich Yini anbot, dass ich auch die Böden feucht wischen werde, antwortete sie, „Das brauchst Du nicht. Meine Mutter hat sie auch nicht gewischt. Die Arbeit ist zu schwer für alte Menschen." Nun, ihre Mutter ist erst achtundfünfzig Jahre alt, und schon zu alt? Ich gab ihr zu verstehen, dass wir Frauen in Deutschland uns erst mit achtzig Jahren alt fühlen! Das Bad, also Dusche, Toilette und Waschbecken, reinige ich nicht. Ich fühle mich dafür nicht zuständig, da wir mit den beiden Katzen, deren Katzenklo unter dem Waschbecken steht, zu sechst sind, die diesen Raum benutzen. Xiao Ai hat zusätzlich noch ein eigenes Bad.

Xiao Ai und ihre Mama sind wach. Ich warte noch, bis sie im Bad fertig sind und gehe dann zu ihnen in den Wohnraum. Beide sitzen schon auf der Couch. Xiao Ai ist dabei, unter den strengen Blicken ihrer Mama ihre Wasserflasche auszutrinken. Das muss sie jeden Morgen tun. Yini sagt, das sei ganz wichtig für die Gesundheit der Kleinen. Ich setze mich zu ihnen. Ich lasse meinen Blick auf dem willigen und stillen Persönchen ruhen und denke zurück an die Zeit, als meine Tochter so alt war. Da überfällt mich ein schlechtes Gewissen, denn ich kann mich nicht erinnern, meiner Tochter Wasser zum Trinken gegeben zu haben. Tee ja, aber Wasser? Ich weiß es nicht mehr. Die Stimmung ist, als hätten beide schlecht geschlafen. Ich warte ein wenig und frage dann, ob ich etwas für Xiao Ai zum Essen vorbereiten kann. Yini bittet mich, aus Apfel und Banane einen Brei zu pürieren.

Etwas später, als Xiao Ai das Obst isst, erzählt mir Yini, dass ihre Mutter bis zu ihrer Rente als Buchhalterin gearbeitet hat und ihr Vater in der Stadtverwaltung angestellt war. In China gehen die Frauen mit fünfundfünfzig Jahren in Rente. Frauen, die in einer chemischen Fabrik gearbeitet haben, also Giften ausgesetzt waren, können schon mit fünfzig in Rente gehen. Männer gehen mit sechzig in Rente.[7] Waren diese in ihrer Arbeit mit Giften konfrontiert, erhalten sie ihre Rente schon mit fünfundfünfzig. Die

---

[7] *Seit dem 1. Januar 2025 gehen Männer frühestens mit 63 in Rente.* (Internet 12.02.2025), zitiert 28.02.2025.

Höhe der Rente hängt vom Wohnort des jeweiligen Antragstellers ab. Es gibt kein einheitliches System. Jede Stadt bzw. jeder Bezirk entscheidet individuell. Stirbt der Mann, so bekommt seine Frau keine Rente von ihm. Das stürzt viele Frauen in bittere Armut. Dieser frühe Rentenbeginn und vielleicht eine andere Sichtweise, die mir unbekannt ist, bringt die Menschen dazu, die Rentner schon als „alt" anzusehen und die Rentner selbst, sich als „alt" zu fühlen. Ich schließe das daraus, da Yini mich und ihre Mutter schon als alt und deshalb zu schwach in Bezug des Bodenwischens einstuft.[8]

In den Tagen bis jetzt habe ich mich oft gewundert, dass Yini sich so überbesorgt um das Kind kümmert, es keine Sekunde aus den Augen lässt. Wie ,siamesische Zwillinge' hängen sie Tag und Nacht zusammen. Entfernt sich Yini doch mal für ein paar Sekunden, muss ich oder Roland, wenn er vom Büro zurück ist, sofort ein Auge auf das Kind werfen. Kaum ist Yini in der Küche und bereitet für Xiao Ai etwas zu, jammert die Kleine schon nach ihrer Mama und gibt keine Ruhe, bis sie auf ihrem Rücken sitzen darf. Es gelingt mir auch jetzt noch nicht, das Kind auf irgendeine Art und Weise an mich zu binden. Ich spreche diesen Punkt bei Yini an und erfahre etwas sehr Interessantes: „Wenn eine Frau ein Kind gebärt, hat sie nur noch diese einzige Aufgabe, sich ausschließlich um das Kind zu kümmern. Für den ganzen Haushalt ist jetzt der Mann verantwortlich,

---

[8] Stand 2013, Text bezüglich Rente von Yini geschildert.

d.h. der chinesische Durchschnittsmann geht seinem Beruf nach, kümmert sich, wenn er abends heimkommt um das Einkaufen, um das Kochen, um das Putzen, um die Wäsche, also um alles, was mit dem Alltag zu tun hat. Zu guter Letzt muss er auch noch sein verdientes Geld seiner Frau zur Verwaltung abliefern." Mir wird ganz warm ums Herz, soviel Mitleid habe ich jetzt mit diesen Männern in diesem Land!

Es klopft an der Türe. Yini bestellte in der Zwischenzeit telefonisch Essen für uns beide. Sie macht die Türe einen Spalt auf, nimmt die Mahlzeit entgegen und schließt dem Boy die Türe wieder vor der Nase zu. Sie kontrolliert die Ware, holt das Geld und reicht es wieder zur Türe hinaus. Wir essen zwei Hamburger und Reisnudeln mit Sojasprossen. Wasser aus der Leitung wird hier nicht getrunken. Es hat einen eigenartigen Beigeschmack. Im Vorratsraum neben der Küche steht ein Wasserbehälter auf einer Halterung, die auch einen Teil des Wassers aufheizen kann. Der ‚Wassermann' bringt auf Bestellung immer zwei Kanister Wasser von je fünfundzwanzig Litern.

Wenn es an der Türe klopft, macht Yini nicht auf, sondern fragt laut, wer draußen sei. Es kommen immer wieder Leute, die etwas verkaufen wollen. Obwohl der Pförtner über die Ein- und Austretenden wacht, mogeln sich immer welche hindurch, die nicht in diesem Tower wohnen oder arbeiten.

Letzten Sonntag öffnete ich am frühen Morgen als erste die Türe. Da fiel eine kleine Visitenkarte zu Boden. Ich hob sie auf und las: „Beautiful home service massage" „24 hour" Auf beiden Seiten waren sehr schöne, vollbusige Mädchen in verführerischer Pose abgebildet. Die eine wirkte im Gesicht sehr westlich. Wahrscheinlich hatte sie sich ihre Augen operieren lassen. Als mein Blick auf die gegenüberliegenden Zimmertüren fiel, sah ich, dass auch in deren Türritzen solche Kärtchen steckten. Prostitution ist in China verboten. Wie ist das zu verstehen? Diese Visitenkarten würden doch auch die Ehefrauen zu Gesicht bekommen? Ist dieser ‚Sexservice' ein offenes Geheimnis? Oder ist eine ‚Menage à troi' gang und gebe? Ach, es sollte mich nicht interessieren!

Es ist zwanzig Uhr. Draußen ist es schon Nacht. Ich gehe ans Fenster. Im Halbrund bietet sich mir wie jeden Abend ein wunderschöner überwältigender Anblick. In Tower 1, 2 und 3 und den anderen Hochhäusern strahlen unzählbare Fenster in unterschiedlich hellen bzw. leicht rötlichen Farben. Wieder habe ich das Gefühl in einem Raumschiff zu sitzen und zwischen den Sternen dahin zu fliegen. Dieses Gefühl beflügelt mich so, dass mein Herz aufgeregt schlägt.

7. Mai 2013

Ich wache um fünf Uhr dreißig auf und fühle mich fitt. Ich trinke ein großes Glas lauwarmes Wasser, esse eine Banane und schleiche mich aus der Wohnung. Auf dem Bürgersteig, auf dem noch nicht viele Menschen unterwegs sind, marschiere ich ziellos dahin. Die Luft ist diesig von den Abgasen. In einem langen Blumenbeet wagen dünne zartblaue Iris ihre sparsamen Blüten zu öffnen. Man sieht ihnen an, wie sehr sie unter den Schadstoffen leiden. Ich habe Mitleid mit ihnen. Die Menschen, die mir begegnen, sehen durch mich hindurch. Ich könnte Grimassen schneiden, Purzelbäume schlagen, hinfallen und mich verletzen, keinen würde das beeindrucken. Auf dem gegenüberliegenden Bürgersteig geht ein junger Mann flott rückwärts und pendelt seine Arme hin und her. Er mag den Frühsport so. Angeblich soll dies das Gehirn aktivieren. Mir fällt ein, ich könnte fotografieren. Ich suche nach ‚menschlichen' Motiven, Hochhäuser habe ich schon genug geknipst. An einem Kiosk stehen ein paar Leute zusammen. Ich frage einen von ihnen, ob ich ein Foto machen darf. Der Mann ist davon gleich so begeistert, dass er den anderen Anweisungen gibt, wie sie sich hinstellen sollen, damit sie gut auf das Bild kommen. So fotografiere ich einen Mann mit einem Schubkarren, einen anderen alten Mann in einer typischen Jacke wie zur Zeit Maos und ein Kind. Ein Stück weiter bitte ich eine Straßenkehrerin um ein Foto. Sie verneint und wendet sich abrupt ab. Nach einer Weile versuche ich es noch einmal bei einer anderen Straßenkehrerin, die ihr Gesicht bis auf die Augen mit einem weißen Tuch eingewickelt hat. Auch sie wendet sich sofort ab. Ich gebe es auf. Ich verstehe. Diese Frauen, und meist sind es Frauen und nicht Männer, haben trotz dieser abstoßenden Arbeit ihren Stolz. Sehr früh am Morgen beginnen sie mit ihrem Job und der ist wirklich alles andere als angenehm. Auf dem Bürgersteig findet sich da alles: Unrat jeglicher Art, wie z.B. erbrochene Speisereste, Urinlachen, schleimige Auswürfe der Männer und Hundekot. Die Bürgersteige werden am Tage unentwegt gekehrt. So wirkt die Stadt tagsüber doch sehr sauber. Ich gehe wieder zurück. Bevor Yini und das Kind aufstehen, möchte ich mit meinem Morgenjob in der Wohnung fertig sein.

Heute hat Xiao Ai keine Lust auf ihr Frühstück. Sie trinkt nur Wasser, mehr möchte sie nicht. Wir brechen auf, wollen auf den Kinderspielplatz hinter dem Postgebäude. Schon von weitem sehe ich, dass auf der freien Fläche daneben schon geschäftiges Treiben ist. Drei Frauenpaare und ein gemischtes Paar tanzen nach moderner chinesischer Discomusik aus dem Kassettenrekorder eine Art rock'n roll, nur viel langsamer und mit geschmeidigen Körper- und Armbewegungen. So etwas am frühen Vormittag begeistert mich. Ich würde am liebsten mittanzen. Leider muss ich auf Yinis Tasche aufpassen.

Mittags kehren wir in die Wohnung zurück. Vor dem Aufzug steht ein Essensausträger. Der Boy trägt einen großen Wärmekasten auf dem Rücken. Yini spricht mit ihm und bittet ihn, mit uns bis vor die Wohnungstüre zu kommen. Dort nimmt er zwei abgepackte Essen aus seinem Tornister, die umgerechnet knapp zwei Euro kosten. Das Essen schmeckt wirklich gut. Es besteht aus einer größeren Menge Reis, Kartoffelstücken mit Fleisch und Auberginenbrei. Ich esse das Fleisch und bemühe mich, nicht an den Fleischskandal zu denken, von dem mir Roland kürzlich berichtete. Im Südwesten von China fand man in mehreren Straßenimbissen Fleisch, das von Ratten und von Füchsen stammte.

Roland kommt heute Abend nicht nach Hause. Mit dem Flugzeug flog er dienstlich ins Landesinnere. Irgendwo in der Nähe der Seidenstraße soll wieder eine Retortenstadt in Windeseile aus dem Boden gestampft werden. Yini mag es gar nicht, wenn Roland nicht da ist. „Ich liebe ihn über alles", sagt sie, „wenn ich ihn verlieren würde, könnte ich ohne ihn nicht leben." Ich schaue sie an und möchte am liebsten meinen Zeigefinger als „Pst!" auf meine Lippen legen. Sprich es nicht laut aus, würde ich sie am liebsten warnen, die Götter könnten es hören und sehr neidisch auf eure Liebe werden. Stattdessen antworte ich ihr: „Ja, das verstehe ich." Ich sage ihr nicht, wie grausam das Schicksal im Leben sein kann. Wie oft habe ich es schon erlebt, dass gerade das, woran der Mensch einen Halt zu haben scheint oder auch die Grundsätze, die er felsenfest in sich verankert glaubt, vom Schicksal erschüttert und vernichtet worden sind. Außerdem können im Leben Dinge passieren, die einen in Schuld bringen, obwohl man sich nichts zuschulden hatte kommen lassen.

8. Mai 2013

Als ich aufwachte, schien die Sonne. Jetzt, um halb elf Uhr, ist sie von den Schadstoffen total verdeckt. Ich mache meinen Morgenjob und finde sogar noch Zeit, einen Brief zu schreiben. Plötzlich kracht es sehr laut in der Wohnung. Was kann das sein? Hoffentlich sind Yini und Xiao Ai nicht davon aufgewacht. Ich gehe in den Wohnraum und sehe, dass eine der Katzen den vollen Wasserkrug umgeworfen hat. Das Wasser rinnt über den Tisch und tropft auf den Holzboden hinunter. So eine Bescherung! Ich hole schnell ein Tuch aus der Küche und wische alles auf.

Gegen Mittag kocht Yini für uns das Essen. Ich helfe ihr, so gut ich kann. Es ist mühsam für sie, denn Xiao Ai will partout auf ihrem Rücken sitzen. Ich wäre als Mutter in dieser Beziehung strenger mit der Kleinen. Aber jeder Wunsch des Kindes wird erfüllt. Ich stelle Reis im Schnellkochtopf auf, schäle grünen Spargel, wasche zwei Tomaten. Yini brät Rührei im WOK und legt diese auf einem Teller beiseite. Dann gibt sie Olivenöl, Tomatenscheiben, Zwiebelringe, etwas getrocknete Schily, Zucker und Salz in den WOK. Unter Rühren schwitzt sie dies ungefähr drei Minuten an, gibt das Rührei wieder dazu und lässt das Ganze nochmals kurz durchziehen. Alles kommt in eine Schüssel und auf den Tisch. Dann dünstet Yini die Spargelstücke in Öl und Zwiebel ungefähr drei Minuten, was für meine Begriffe zu kurz ist. Diese kommen ebenfalls in eine Schüssel und auf den Tisch. Dazu noch eine große Schüssel Reis. Es ist wirklich alles sehr bekömmlich, wenn auch der Spargel arg bissfest ist.

Nachmittags gehe ich in den Supermarkt zum Einkaufen. Das Gemüse, das ich nicht kenne, schrieb mir Yini auf einen Zettel. „Sprich einfach eine Frau an und zeige ihr den Zettel", gab sie mir den Tipp. Als ich vor den vielen großen Haufen von verschiedenen Gemüsearten stehe, befolge ich ihren Rat. Ich sehe mir die Frauen an und spreche eine, die einen sehr sympathischen Gesichtsausdruck hat, an. Sie ist sehr hilfsbereit und sucht mir das Gewünschte zusammen, wobei sie auch noch darauf achtet, dass alles von guter Qualität ist.

Auf Wunsch von Yini wasche ich das Gemüse, das für Xiao Ais Abendessen bestimmt ist, sehr sorgfältig durch und lasse es noch zwanzig Minuten im Wasser ziehen. In der Zwischenzeit koche ich Yamstücke mit etwas Hühnerfleisch und püriere es zu einer Suppe. Als ich Yini wegen der momentan herrschenden Vogelgrippe anspreche, sagt sie. „Ich habe das Fleisch schon früher gekauft und dann eingefroren. Dieses ist in Ordnung." Danach blanchiere ich das gewässerte Gemüse und mixe es zu einem Brei. Als alles fertig ist, darf Xiao Ai endlich essen.

Auch heute Abend muss Yini das Kind ohne Roland zu Bett bringen. Beide freuen sich aber, dass der liebe Papa um Mitternacht wieder nach Hause kommt.

9. Mai 2013

Zu komisch, dass mir heute beim Aufwachen als Erstes die chinesische Sprache in den Sinn kommt. Nein! Ich werde nicht, wie ich es noch gestern Abend vorhatte, einige Redewendungen in Chinesisch auswendig lernen! Es ist ja nicht damit getan, dass man sie anzuwenden weiß. Es kommt auf die Betonung, auf den „Singsang" an! Und dieses Kreuz mit diesen feinen Unterschieden in der Betonung tue ich mir ganz gewiss nicht an, obwohl ich Sprachen liebe. Vor ein paar Tagen hatte ich, als ich alleine ins Café ging, beim Eintreten die zwei hübschen Damen an der Theke sehr freundlich mit „NIHAU" („Guten Tag") begrüßt. Darauf sahen sie mich mit einem Gesichtsausdruck an, der mich irritierte. Ich fasste mir ein Herz und grüßte noch einmal mit einer anderen Betonung. Nun, sie verstanden mich wieder nicht. Es reicht! „Ich haben fertig!"

Mit Elan schwinge ich mich aus dem breiten Bett, erledige meinen Morgenjob, esse mein Frühstück, vermumme mich mit meiner neuen Atemschutzmaske und meinem großen Sonnenhut wie ein Bankräuber und verlasse leise die Wohnung. Unten auf den Straßen ist noch ‚Rush-Hour'. Massen von Menschen strömen auf den Bürgersteigen dahin. Ich kann nur in dem Tempo gehen, wie alle anderen auch und weiche wie sie den Straßenhändlern aus. Ungefähr einen Kilometer halte ich mich geradeaus. Dann entferne ich mich von der Hauptrichtung, wohin die Menschen zu ihren Arbeitsstätten strömen. Ich nähere mich einem breiten Streifen mit Bäumen, deren Stämme in ungefähr vier Metern Höhe abgeschnitten sind. Aus ihnen sprießt zartes Grün. Der Gehweg schlängelt sich durch sie hindurch. Unerwartet treffe ich linkerhand auf einen Kanal, der von seinen beiden Seiten mit Wasserfontänen berieselt wird. Dahinter entdecke ich ein großes Fabrikgelände, womöglich ein Heizkraftwerk. Kein Wölkchen entsteigt dem hohen Kamin. Nach der Hälfte der Länge des Kanals ergießt sich eine Art Wasserfall in ihn. Das Wasser kommt aus dem Werksgelände. Ich gehe geradeaus weiter, entlang an Ginkgobäumen und stoße auf eine riesige Baustelle. Der Bau wurde noch nicht begonnen. Nur ein tiefes Riesenloch von ungefähr eintausend auf siebenhundert Meter klafft mir entgegen. Wurde hier ein altes Stück China abgerissen? Sicher! Ich frage einen Arbeiter, ob ich ihn fotografieren darf. Er bejaht, geht in die Hocke und lächelt bereitwillig in meine Kamera. Ich lächle dankend zurück, dann marschiere ich zügig den langen Weg wieder zurück.

Da ich noch nicht in die Wohnung gehen will, fahre ich die Rolltreppe zum Supermarkt hinunter. Ich habe Appetit auf eine große Portion Ananas. Ich nehme es in Kauf, wieder lange an einer der Kassen warten zu müssen. Mit der Packung Ananas setze ich mich seitlich des Abganges zur Tiefgarage bzw. in der Nähe der Rolltreppe an einen großen Tisch, an dem das ‚gemeine Volk' sitzt, das sich gerade das Essen im Supermarkt gekauft hat. Gegenüber dem großen Tisch gibt es zwei Schnellküchen. Eine bietet Sushi, gebratene Fische und undefinierbare Bällchen an, die andere viel frisches grünes unterschiedliches Gemüse, das nach Wahl in einer Suppe gekocht wird. Für die Kunden dieser Küchen stehen Tische und Stühle neben einem großen Tisch bereit, die sehr sauber sind. Der große Tisch sieht leider, trotz häufiger Reinigung, sehr unappetitlich aus. Die Esser haben ungeniert ihre Speisenreste und Verpackungen hinterlassen. Diese wegzuräumen? Dafür sind andere da! Es kostet mich Überwindung, meine Ananas an diesem Tisch zu essen. Ich mache es wie die Chinesen: ich schaue nicht hin.

Um dreizehn Uhr kommt Roland vom Büro heim und kocht sich selbst etwas zu Mittag. Er ist es gewohnt. Yini und ich bekommen wieder eine Lieferung an die Wohnungstüre und essen einen Topf voll Suppe mit Reisnudeln und einem gekochten großen Ei darin, sowie einem Algensalat. Das Ei ist sehr salzig und den harten Eidotter umgibt ein schwarzer Rand. Der weitere Tag verläuft wie der gestrige. Ich bleibe in der Wohnung, singe und spiele mit dem kleinen Schatz.

10. Mai 2013

Sehr früh aufgewacht, um halb vier Uhr, und putzmunter, nehme ich den „China Führer, Seite 654" zur Hand und lese über das größte literarische Werk, das jemals in China geschrieben wurde. Der Titel ist: „Hong Lou Meng", bekannt auch als „Story of the Stone (Shitou Ji) oder auch „Dream of the Red Chamber". Die berühmtesten Schriftsteller Chinas, im 20. Jhdt., ‚Zhang Ailing' und ‚Bai Xianyong' sollen erhebliche Inspiration von diesem Roman „The Story of the Stone" erhalten haben. Um 1750 wurde das Buch geschrieben und ist immer noch durch ‚seinen Fluss und Witz zeitlos'. Im englischen Text wird erklärt:

"The novel develops a large cast of characters and reflects poignantly on all aspects of growing up an being alive, tackling all aspects of life with humor and grace, including romance, tragedy, hedonism, ceremony, culinary arts, homosexuality, class, marriage and vengeance."

In dem Buch "MYSTERIEN DES OSTENS"[9] erfahre ich vom „Buch der Wandlungen – I Ging". Es ist ein Orakelbuch und zählt zu den wichtigsten Werken der Weltliteratur. Als „Das erste Buch unter dem Himmel" blickt es auf eine 5000 Jahre alte Geschichte zurück. Es ist eine Sammlung von Weisheiten und Orakelsprüchen.

---

[9] Verlag Knaur, Seite 58 und 59.

Um sechs Uhr breche ich zu einer Entdeckungstour in die Stadt auf. Die Sonne scheint schon sehr heiß vom Himmel. An der stark befahrenen Straße, an der ich gestern Richtung Osten ging, gehe ich heute Richtung Westen. Massen von Autos und Menschen sind schon unterwegs. Ich marschiere an Imbissbuden vorbei, in denen eine Art Pfannkuchen mit Grün und Sonstigem belegt gebacken werden, komme zu einer fliegenden Händlerin mit T-Shirts und Oberteilen, bei der zwei Frauen ungeniert um eine Bluse streiten und an der Bluse zerren, und nähere mich einem Geldbörsenverkäufer, der im Kofferraum seines Autos seine Ware ausliegen hat. Hier bleibe ich stehen, denn ich brauche dringend eine neue Geldbörse. Nach langem Suchen werde ich fündig; sie entspricht genau meiner Vorstellung. Er nennt mir den Preis. Da ich ihn nicht verstehe, zieht er die entsprechende Anzahl von Geldscheinen hervor. Ich sehe, die Börse kostet fünfundzwanzig Yuan, das sind ungefähr drei Euro. Ich kaufe sie und habe ein schlechtes Gewissen dabei, denn sie ist viel mehr wert. Ich gehe weiter. Die Autoabgase stinken gewaltig. Gut, dass ich meine Atemschutzmaske trage. Auf einem Straßenschild lese ich: „TIAN'ANMEN EAST 4,5 km". Schade, dass es doch noch so viele Kilometer sind. Ich wäre gerne hingelaufen, denn dort ist man ganz nahe der ‚Verbotenen Stadt'. Ich kehre wieder um. Die Sonne ist so stark, dass ich mir mit meiner neu erworbenen Geldbörse ein wenig Schatten verschaffe. Eine Ampel zeigt Grün für die Fußgänger. Ich trete auf die Straße, da pfeift mich der ‚Fußgängerhelfer' sehr lang, laut und barsch zurück. Ich schaue auf die Ampel. Sie ist rot. Er hat Recht. Ein Stück weiter fällt mein Blick auf einen herannahenden, vielleicht siebzigjährigen Mann, der aus der großen Masse heraussticht. Er hat ein mongolisches Aussehen. Sein Haar, das lang und grau ist, hat er im Nacken zu einem Pferdeschwanz gebunden. So ein schöner Mann! Wir kommen uns immer näher, ich starre ihm bewundernd entgegen. Er trägt einen langen, grauen, spitz zulaufenden Bart. Als er direkt vor mir ist, frage ich ihn, ob ich ihn fotografieren darf. Er verneint. Dann bitte ich ihn darum. Höflich und ernst verneint er wieder. Ich verhalte mich so, als würde ich weitergehen, wende mich aber dann schnell um, um ihn heimlich von der Seite zu fotografieren. Er muss es geahnt haben, denn er dreht sich ebenfalls um und winkt mit unverändertem Gesicht ab. Schade, schade! Dies wäre sicher mein bestes Bild geworden.

Ich bin früh genug wieder in der Wohnung zurück, so dass ich meinen Morgenjob in Ruhe erledigen und frühstücken kann. Inzwischen ist es halb elf Uhr, und ich höre, dass Mutter und Kind aufstehen. Yini will das Frühstück für das Kind zubereiten. Ich widme mich der Kleinen und kann sie mit Müh und Not eine Zeit lang ablenken. Xiao Ai hat eine Menge Kinderbücher, die meisten in Chinesisch. Ich bemühe mich, den Sinn der bunt gemalten Zeichnungen, die so ganz anders aussehen als ich es gewohnt bin, zu erraten. Als ich dann Xiao Ai schildere, was ich sehe, schüttelt sie nur den Kopf. Ausführlich erklärt sie mir dann in Chinesisch, um was es inhaltlich geht. Ja, wer liest jetzt da wem etwas vor? Die Zeichnungen sind für mein deutsches Verständnis wirklich sehr komisch! Es dauert nicht lange und Xiao Ai will wieder auf Mamas Rücken sitzen. Also helfe ich Yini, reiche ihr Mantonbrote, die noch gedämpft werden müssen, ein Ei, Sojasoße. Sie ist sehr gewissenhaft bei der Essenszubereitung für das Kind, und macht sich viel Arbeit damit. Alles, aber auch wirklich alles, muss äußerst sauber und steril sein. Sie will damit die Gifte für das Kind einschränken. Wer kann aber die Gifte messen, denen ein Kind hier durch die Umweltbelastung und dem täglichen Hautkontakt mit Kunststoff ausgesetzt ist? Kunststoff überall! Wie weit sich doch der Mensch schon von der Natur entfernt hat.

Wenn ich nur diese Stadt betrachte: Die Menschen leben hier wie in einem Kokon von Abgasen. Kein Mond ist zu sehen, keine Sterne! Die Sonne meist verdeckt von einem Schleier aus Abgasen der Autos und der Industrie im Umkreis der Stadt. Die Stadtplaner sind sich dieser Tatsache sichtlich bewusst, denn, wo es möglich ist, werden zwischen den Hochhäusern kleine Parks errichtet, wird fast jedes Plätzchen für Laubbäume und Sträucher genutzt. In meiner ersten Woche hier blühte der Flieder. Die Blütendolden waren aber so blass und mickrig, dass man direkt Mitleid mit dem

Strauch hatte. Ihr Duft erinnerte ein wenig an Flieder, mehr nicht. Zu schnell ist die Stadt im letzten Jahrzehnt gewachsen. Dem ökologischen Gleichgewicht in Bezug zur Infrastruktur, in der sich in rasantem Tempo eigendynamisch entwickelnden Stadt, wurde zu wenig Beachtung geschenkt.

Während Yini ihr Kind füttert, erzählt sie mir, dass sie in den zwei Jahren, in denen sie hier in der Wohnung lebt, schon dreimal einen Unfall mit einem Taxi hatte. Einmal wurde sie dabei so verletzt, dass man sie ins Krankenhaus bringen musste. Die Taxifahrer kommen meist vom Land und kennen daher die Stadt nicht sehr gut. Manchmal können sie sogar das Ziel nicht finden, das sie anfahren sollen. Peking sei auch eine Stadt, in der man schnell krank werden kann. Kein Wunder, es leben über zwanzig Millionen Menschen in dieser Stadt. In den vollbesetzten Bussen und U-Bahnen kann man sich die verschiedensten Krankheiten zuziehen. Logisch! Es muss ja nur so wimmeln von Viren und Bakterien, die sich in der sauerstoffarmen Luft rasch vermehren. Roland, der grundsätzlich einen Mundschutz ablehnt, zog sich in seinem ersten Jahr hier in Peking eine Krankheit nach der anderen zu. Auch Yinis Mutter war den ganzen letzten Winter über krank und hatte dauernd hohes Fieber.

Nachmittags gehe ich wieder zum Supermarkt. Das tägliche Konsumieren widerstrebt mir. Will man aber Obst und Gemüse immer frisch haben, ist es ratsam, jeden Tag einkaufen zu gehen. Bei diesem schwülen Wetter halten diese Lebensmittel nicht lange. Durch die Straßen und um die Ecken der Wohntürme zieht ein laues Lüftchen. Es ist jedoch viel zu schwach um den Smog zu vertreiben. Ich gehe jetzt immer mit Mundschutz und Sonnenhut aus der Wohnung. Damit schütze ich mich gegen etwaige Erkrankungen. Ich habe keine Angst krank zu werden, aber man weiß ja nie. In meinem Leben habe ich diesbezüglich schon einiges durchgestanden, was meinen Körper letztendlich sehr widerstandsfähig gemacht hat. Mich zu schützen ist mir vor allem wegen Yini und Xiao Ai wichtig. Würde nämlich das Kind krank werden, könnte dies ja durch mich geschehen sein. Und diese Schuld möchte ich nicht auf mich laden.

11. Mai 2013, Samstag

Um neun Uhr gehe ich zur Subway Station. Yini gab mir gestern einen qualitativ noch besseren Mundschutz und betonte noch einmal die Notwendigkeit, eine Atemschutzmaske zu tragen. Diese ist ziemlich groß. Mit ihr bin ich so vermummt, dass ich wie ein Räuber aussehe. Bei den billigeren Masken dehnt sich der Gummi über den Hinterkopf, was sich angenehm tragen lässt. Diese aber hat Gummilaschen, die man sich hinter die Ohren klemmt. Leider ist der Gummi so streng, so dass meine Ohren waagrecht abstehen. Hoffentlich wird er mit der Zeit etwas lockerer, sonst kann ich, statt mit dem Flugzeug, mit meinen Ohren nach Deutschland heim segeln!

Die Subway ist ein tolles Gefährt! Ich fahre heute das erste Mal mit ihr. Ich habe zwar schon oft die U-Bahn in München benützt, doch empfinde ich das Fahren hier ganz anders. Mit *gefühlten* 140 Sachen (laut Roland fährt die Subway höchstens 80 km/h) donnert sie im finsteren Tunnel dahin. Die Geschwindigkeit berauscht mich. In mir steigt ein angenehm prickelndes Gefühl auf, denn zu allem bekomme ich noch gratis eine fast nicht wahrnehmbare Hin- und Herschwingung. Ausgelöst wird sie wohl durch die Länge des Zuges und durch die Schwere der Masse der Menschen, die so dicht aneinander stehen, dass sie Hautkontakt haben. Ich winde meinen Arm um die Halterungsstange an der Türe, damit mich niemand wegdrücken kann (so wie ich es gerade mit einem Fahrgast gemacht hatte), und ich auch bestimmt an meiner Station wieder aus dem Zug hinauskomme. Außerdem kann ich so auf dem Display oberhalb der Türen gut mitverfolgen, welche Station die Subway gerade anfährt. Sie wird immer durch ein Aufleuchten angezeigt. Am ‚TIAN'ANMEN EAST' steige ich aus, gehe ohne zu Überlegen den Menschen nach. Dabei denke ich: Toll, es ist gar nicht schwer, sich hier im Untergrund zurechtzufinden. Ich schwimme einfach mit der Menschenmasse mit, dann komme ich automatisch dahin, wohin ich will. Irrtum! Ich komme genau da hin, wo ich nicht hin will. Eigentlich hatte ich als Ziel

‚The Forbidden City' angestrebt, lande aber vor dem ‚NATIONAL MUSEUM OF CHINA' am ‚TIAN'ANMEN SQUARE'. Hätte ich mich nach dem Aussteigen an den Richtungspfeilen orientiert, hätte ich sicher den richtigen Ausgang gefunden. Nun stehe ich da und schaue verdutzt auf die geschwungenen reizvollen gelben Palastdächer der ‚Verbotenen Stadt' in ungefähr fünfhundert Metern Entfernung. Ich nehme es, wie es kommt und entscheide mich für einen Besuch im ‚NATIONAL MUSEUM'.

Ein abgegrenzter Zugang führt zum Ticketbüro. Es sind nur ein paar Besucher vor mir, so komme ich gleich dran. Mit dem Durchreichen von einhundert Yuan verlange ich eine Eintrittskarte. Da fordert die Dame durchs Mikrofon meinen Pass. Verwundert schiebe ich diesen durch den Schalterschlitz. Sie wirft einen Blick hinein, gibt ihn mir wieder zurück und sagt, dass ich keinen Eintritt bezahlen muss. Zugleich höre ich einen Mann hinter mir sagen: „Madam, the entrance für foreigner is free." Ich drehe mich zu ihm um, bedanke mich und zeige durch ein freundlich nickendes Lächeln, dass mir seine Aufmerksamkeit angenehm ist. Schon einige Male hatte ich den Eindruck, dass sich manche Chinesen darüber freuen, einen Ausländer in ihrem Land zu sehen. Dieser freie Eintritt ist auch eine sehr noble Geste des chinesischen Staates gegenüber den Ausländern.

Das Museum ist ein prächtiges Gebäude, das an diesem ‚TIAN'ANMEN SQUARE' einen dominanten Platz einnimmt. Tritt man in die riesige und sehr hohe

Vorhalle ein, so steht man fast verloren in einer Weite, welche rundherum durch den weißen Marmor erhellt ist. Automatisch fällt der Blick auf einen großen Saal, von dem man wie magisch angezogen wird. Ich trete ein und bin erstaunt über die Dimensionen der Bilder, die an den Wänden hängen. Ich schätze so manche auf eine Länge von mindestens vierzig Metern. Jedes dieser Gemälde zeigt den großen ‚Volksführer Mao', immer in Kontakt mit seinem Volk oder im Gefolge mit seinen Mitstreitern. Ich erinnere mich an die Begriffe „Der große Marsch", „Der Sprung nach vorn" und „Die Kulturrevolution". Ich finde es schade, dass ich die Bilder nicht diesen Begriffen zuordnen kann, denn ihre Untertitel kann ich nicht entziffern. Eines davon beeindruckt mich. Es ist darauf eine kleine Gruppe bewaffneter Frauen in Soldatenuniform zu sehen, die in großer Verzweiflung einen breiten Fluss durchqueren. Eine Soldatin will ihre Kameradin vor dem Ertrinken retten, was ihr aber wegen der aufpeitschenden Wellen nicht gelingt.

Mit der Rolltreppe fahre ich in den ersten Stock. Irgendwie fühle ich mich nicht gut. Mao so verherrlicht zu sehen, ist mir zuwider. Ich will mir aber kein Urteil erlauben. Dieses chinesische Volk und diese chinesische Kultur sind für uns Europäer zu fremdartig. Ich erinnere mich an den Satz, den Rolands Arbeitskollege fallen ließ: „Ja, man glaubt sie (gemeint waren die chinesischen Arbeitskollegen) zu kennen und sie einzuschätzen, um dann überrascht feststellen zu müssen, man habe sich geirrt." Ich begreife, man kann hier nicht mit unseren europäischen Maßstäben messen. Ich gehe im oberen Bereich durch einen langen und geräumigen Korridor und komme zuerst in einen großen Ausstellungsraum mit vielen interessanten Buddha-Statuen. In verschiedenen Größen und symbolischen Darstellungen sind sie äußerst kreativ und künstlerisch in Messing gearbeitet. Ich staune nicht schlecht, so manchen Buddha im sitzenden Geschlechtsakt mit einer Göttin zu sehen. Der Buddhismus kam vor unserer Zeitrechnung über die Seidenstraße von Indien nach China.

In einem anderen Raum für Malerei hängen viele schmale Rollbilder mit Motiven von wunderschönen Landschaften Chinas. Einschnitte in Täler, an einem breiten, sich windenden Fluss, in denen sich ein bäuerliches chinesisches Haus einsam und lieblich hinter Bäumen (Zedern?) versteckt, sind so bezaubernd, dass ich mir wünsche, diese Gegenden doch einmal real sehen zu dürfen. Die filigrane Maltechnik in Tusche zeigt hohes künstlerisches Können. *„Sie ist ganz im Sinne der Konfuzianischen Tradition. Ruhe und Harmonie, ausgedrückt durch die Elemente Berg, Wasser und Wälder, symbolisieren die angestrebte innere Ordnung."*[10]

---

[10] KNAUR: „MYSTERIEN DES OSTENS"; Seite 52, 53.

Ein anderer Raum ist ganz der Kalligraphie gewidmet. Hier gehe ich schneller durch, denn davon verstehe ich nichts. Ich kann mir jedoch vorstellen, dass sehr viele Jahre an Ausbildung nötig sind, um sich die Weisheit an Wissen und diese Fertigkeit des Malens der Zeichen in schwarzer Tusche zu erarbeiten.

Ich setze mich auf eine Bank in den Seitengängen und verzehre meine mitgebrachte Brotzeit. Während ich raste, denke ich an die Exponate, die mir eine Ahnung davon geben, wie reich an Geschichte und Kultur doch dieses so fremdartige Land ist. Dann setze ich meinen Rundgang fort.

Staunend gehe ich in dem Raum für Jade-Schnitzerei umher. In Vitrinen liegen kostbare Schätze. Wie filigran doch diese Schnitztechnik ist. Wunderschön sind die kleinen Schmuckstücke, viele für das Haar und für die Kleidung von eleganten und reichen Frauen. *„Jade hat in China seit Jahrtausenden eine besondere Bedeutung, etwa als Material für religiöse Gegenstände oder Schmuck. Während der Kulturrevolution war das Material verpönt, es galt als elitär. Viele Jadekunstwerke wurden damals von den Roten Garden zerstört. Heute blüht die Jadekultur wieder, vor allem in der Stadt Shifosi in der Provinz Henan. 50.000 Menschen sollen hier in der Jade-Industrie arbeiten. Die Jade–Firmen verkaufen den*

Schmuck weltweit."[11] Henan ist die Wiege der chinesischen Kultur.

Als Letztes gehe ich in den großen Ausstellungssaal mit Exponaten aus Afrika. Ich halte den Atem an, als ich die Vielzahl dieser großen, wunderbar geschnitzten Skulpturen und Möbel sehe. Sie sind wunderschön! Langsam gehe ich von einem Kunstwerk zum anderen, lese, dass die Künstler aus verschiedenen Ländern Afrikas stammen. Fast alle Skulpturen sind aus einem Baumstamm herausgearbeitet. Es sind hauptsächlich Frauengestalten verschiedener afrikanischer Stämme, die wohl die Fruchtbarkeit versinnbildlichen. Diese stolzen, aufrechten, kraftvollen Körper, mit langen Beinen und langen Armen! Diese Brüste! Prall und sehr spitz! So sinnlich! Das Schönste einer jeden Frau!

Müde, aber mit etwas mehr Wissen von China, verlasse ich das Museum. Ich bedauere, dass ich mich in meinem bisherigen Leben wenig für China interessierte. Es war allein das Wort „Mao" das mich abschreckte. Ich hatte ein Vorurteil, ohne mir dessen bewusst zu sein. Ich gehe über die Straße und dann quer über den ‚TIAN'ANMEN-Platz' (‚Platz am Tor des Himmlischen Friedens') in Richtung ‚Verbotene Stadt'. Dieser Platz hat Symbolkraft. Ich spüre eine Ohnmacht, wenn ich daran denke, dass 1989 eine kleine politische Riege, die nur aus Greisen bestand, über die Massen von friedlich demonstrierenden

---

[11] „Zeit Online": 09.08.2013.

Bürgern und Studenten siegte. Die schrecklichen Nachrichten aus dieser Zeit sind mir noch in Erinnerung. Was litt doch dieses chinesische Volk schon vorher unter Mao! In unserer jüngeren Weltgeschichte finden sich auch noch die mörderischen Diktatoren Stalin und Hitler. Dieses unendliche Leid, dass diese Größenwahnsinnigen, diese skrupellosen Narren, verursachten. Unfassbar und unbegreiflich ist für mich nach wie vor, dass ein einzelner Mensch so seine Macht ausüben kann, dass es ihm gelingt, ganze Völker zuerst für sich zu begeistern, diese dann zu unterjochen und sie jahrzehntelang in Bann und Ohnmacht zu halten. Das muss wirklich „das Böse auf der Welt" sein. Dieser „Platz am Tor des Himmlischen Friedens", was für ein Widerspruch, wenn man an das Blut denkt, das hier geflossen ist. Es ist der *„größte innerstädtische Platz der Welt"*.[12]

Abends lese ich noch über den Buddhismus nach. Ich zitiere:

„Buddhismus" „Ethisch-religiöse Weltanschauung, deren ‚Mahayana' Version seit dem 1. Jahrhundert n. Chr. mit Mönchen aus Indien nach China gelangte. Sie war bis zum Ende des Kaiserreichs populär, wenn auch hauptsächlich Angelegenheit von Mönchen und Nonnen. Bestimmte Schulen des Buddhismus

---

[12] *Marco Polo: „Peking" Reisen mit Insider-Tips, 1. Auflage 1992.*

vermengten sich mit traditionellen Kulten, wie andererseits zahlreiche buddhistische Vorstellungen in die Volksreligion eingegangen sind."[13]

12 Mai 2013, Sonntag

Ich verzichte auf meine morgendliche Entdeckungstour. Vom gestrigen Laufen tun mir sämtliche Knochen weh. Ich erledige meinen Morgenjob und mache in meinem Zimmer Frühstück. Meine Gastfamilie schläft noch, so habe ich genügend Zeit, mich mit dem englischen Text ‚The Forbitten City' zu beschäftigen. Dieses märchenhafte ‚Bilderbuch' habe ich gestern im Museum erstanden.

Nachmittags bittet mich Yini einkaufen zu gehen. Ich könne dies besser als Roland, sagt sie. Im Supermarkt kaufe ich neben Obst und Gemüse zwei mit scharfer Soße und Grünzeug gefüllte Pfannkuchen, die an einer Theke frisch zubereitet werden. Diese werden Yini und ich gleich als Mittagessen verspeisen. Roland schmeckt so etwas nicht, er will sich selber etwas kochen. Ich mag alles, denn in erster Linie interessiert es mich, wie es schmeckt. Am späten Nachmittag wasche und blanchiere ich das Gemüse für Xiao Ai, das Yini am Abend für sie zubereiten will.

---

[13] Heft GEO EPOCHE Nr. 8, „DAS ALTE CHINA":

Abends gehe ich doch noch aus dem Haus. Ich will das Lichtermeer in dieser für mich so fremdartigen Stadt in allen Farben genießen. Ich habe keine Angst im Dunklen unterwegs zu sein, da es, wie Roland sagte, kaum Kriminalität gibt. Allerdings muss man in den U-Bahnen und Bussen aufpassen. Dort wird fleißig gestohlen. Auch ihm wurde schon einmal die Geldbörse entwendet, ohne dass er es merkte. Hinter dem sehr noblen Einkaufscenter setze ich mich auf eine Bank, die einen der Ahornbäume umrundet. Ich gebe mich der abendlichen Stimmung hin, verfolge an der gegenüberliegenden Hausfront die grünen Lichter, die in Intervallen ihre Formen wechseln. Es ist sehr laut. Allein die Autogeräusche würden genügen, aber die Fahrer hupen unentwegt. Es entspannt wohl ihre Nerven. Sie haben es nicht leicht, diese chinesischen Männer hier, denn sie haben eigentlich nichts zu sagen. Ihre Frauen sind die Machos! Ich gehe noch eine Weile spazieren, komme am ‚Hotel Ritz' vorbei. Einige junge europäisch aussehende Männer, in Begleitung von jungen hübschen Chinesinnen, flanieren mit verliebten Gesichtern. Ich denke an die älteren Ausländer, die in Begleitung ihrer chinesischen Frauen an der Supermarktkasse vor mir standen. Während des Wartens konnte ich sie in Ruhe beobachten. Sie sahen müde aus und in ihrer Mimik hatten sich bereits leidende Gesichtszüge eingegraben. Die Männer kümmerten sich um die Ware, die Frauen bezahlten.

13. Mai 2013

Von Zeit zu Zeit spüre ich ein kleines Aufflammen von Glück. Es kommt, wenn ich in der Stadt unterwegs bin, und ich mich ganz frei fühle. Manchmal hält es auch an, bis ich wieder in meinem Zimmer bin. Dann habe ich große Lust zu lesen, Sprachen zu lernen oder zu schreiben. In diesen Momenten finde ich das Leben interessant und wunderschön! In der ersten Woche schwankte ich ein wenig in meinen Empfindungen. Ich fühlte mich als alternde Ausländerin etwas deplatziert unter diesen Massen von jungen hübschen chinesischen Menschen. Das Gefühl, „was mache ich hier eigentlich?", beschlich mich fast jeden Tag. Mittlerweile habe ich darauf vergessen, finde es herrlich und abenteuerlich in dieser Stadt Peking herum zu rennen. Peking! China! Asien! Toll!

Ich verzichte heute Morgen auf meinen morgendlichen Spaziergang. Gestern Abend hing ich noch ein Heer von Socken auf den Trockenständer, die jetzt trocken sind und auf mich warten. Mir graut davor, die einzelnen zueinander zu finden und sie zusammenzulegen, denn sie sind voller Katzenhaare. Es sind siebenunddreißig Paar Socken, für die ich volle zwei Stunden benötige. Ich ertappe mich dabei mehrmals, dass ich während des Sortierens nicht gut auf die Katzen zu sprechen bin. Ich mag Tiere, aber sie sollten doch einigermaßen artgerecht gehalten werden. Hier in der Wohnung sind sie reine Luxusgeschöpfe, deren armes Leben nur aus Schlafen und Fressen besteht. Vor ein paar Tagen, als ich durch das Foyer ging, sah ich, wie eine Frau ihrem Hund erlaubte, an eine Marmorsäule zu pinkeln. Klar, für was sind denn auch die Putzfrauen da? Und klar, für was sind denn auch die Straßenkehrerinnen da? Ihre Lieblinge dürfen, wenn sie in Lederschühchen mit Frauchen Shopping oder zum Hundefriseur gehen, mitten auf den Bürgersteig kacken. Mir scheint, nach den Kindern werden gleich die Hunde verherrlicht. Ob es wohl schon eine „Ein-Hund-Politik" gibt? Etwas missmutig mache ich noch meinen Morgenjob und frühstücke.

Im Wohnzimmerregal steht ein sehr schönes Foto von meiner Gastfamilie. Einmal sagte ich zu Yini, dass ich dieses Foto gerne anschaue und jedes Mal bewundere. Sie erzählte mir dann, dass dieses Foto an dem Tag gemacht wurde, an dem Xiao Ai einhundert Tage alt war. „Hundert Tage alt sein" hat eine größere Bedeutung, als der Geburtstag selbst. Wenn die Babys hundert Tage geschafft haben, dann können sie hundert Jahre alt werden. Dies sei eine Überlieferung aus früheren Zeiten, als in diesen ersten hundert Tagen viele Babys starben. Jetzt, auf Grund der besseren medizinischen Versorgung und der besseren Ernährung, sei die Sterberate stark zurückgegangen.

Yini informiert sich jeden Tag im Internet, wie hoch der Grad der Luftverschmutzung ist. Es hatte in den letzten Tagen immer ca. 150 pm2.5 (pm2.5 ist die Dimension für die Höhe der Luftverschmutzung). 100

gelten als normal. Heute hat es 156 pm2.5. Yini spürt die Erhöhung an ihren gereizten und geschwollen Schleimhäuten. Bei 200 pm2.5 ist die Luftverschmutzung schon sehr hoch. Kleine Kinder bis zum vierten Lebensjahr und alte Menschen bekommen dann Atemprobleme. Die höchste Grenze liegt bei 450 pm2.5 und wird meist im Winter erreicht. Bei dieser Luftverschmutzung fordern die chinesischen Gesundheitsbehörden die Menschen auf, in ihren Wohnungen zu bleiben. Von den Behörden wird die höchste Smog-Alarmstufe, deren Luftindexwert um 400 liegt, mit „Rot" ausgerufen und die zweithöchste mit „Orange".

Die Mittagsstunden vergehen mit Yini und Xiao Ai so, wie sie immer vergehen. Da Xiao Ai heute nicht gleich lautstark protestiert, können Yini und ich uns ein wenig unterhalten. Sie fragt mich, ob mein Mann und ich mit unserer Tochter und deren Familie zusammenleben. Ich verneine. „Warum nicht?" möchte sie wissen. Ich erkläre, dass meine Tochter mit ihrer Familie etwas weiter weg wohne, ein sehr eigenständiges Leben führe und uns auch gar nicht brauche. Da schaut mich Yini mit großen Augen verständnislos und auch etwas misstrauisch an und sagt: „Das kann ich nicht verstehen! Wir junge Ehepaare lieben es mit unseren Eltern zusammenzuleben. Zuerst helfen die Eltern uns und wenn sie dann alt sind, helfen wir ihnen." Ich verzichte darauf, Yini zu erklären, dass in Deutschland die jungen Leute eben nicht mit ihren Eltern zusammenleben wollen. Ihr misstrauischer Blick sprach einen unmissverständlichen Verdacht aus: „Es kann nur an dir liegen, dass deine Tochter mit Familie nicht mit dir und deinem Mann leben will." Dieser Blick bringt mich dazu, dass ich keine Lust habe, mich zu rechtfertigen. Leider – es hat mir schon oft geschadet – findet sich in meinem Charakter ein Phlegma: Ich lasse die Leute denken, was sie wollen! Es kümmert mich nicht.

Am späten Nachmittag gehe ich in das Tourismusbüro, um mich nach einer Gruppenfahrt zur ‚Chinesischen Mauer', ‚The Great Wall', zu erkundigen. Es ist geschlossen. Da es nicht so heiß ist, bummele ich noch ein wenig herum und entdecke in einer typisch schmalen chinesischen Geschäftsstraße einen kleinen Laden für Pediküre und Maniküre. Kurz entschlossen trete ich ein, um meine Zehennägel pediküren zu lassen. Die Mädchen darin sind sehr zuvorkommend. Um sich mit mir in Englisch zu verständigen, benutzen sie ein I-Pad mit Sprachenübersetzung. Nachdem ich die Farbe des Nagellacks ausgesucht habe, beginnt das Verwöhnprogramm. Je mehr Zeit verstreicht, umso nervöser werde ich. Ich hatte Yini nicht Bescheid gesagt, dass ich möglicherweise länger unterwegs bin. Nach eineinhalb Stunden bin ich endlich fertig. Ich bezahle neunzig Yuan (ungefähr zehn Euro) und eile davon.

14. Mai 2013

Man wünsche sich nicht zu oft einen Rucksack, um damit die Welt zu bereisen. Sonst findet man sich eines Tages in Peking wieder. Peking im Jahre 2000 wäre vielleicht interessanter gewesen, als Peking 2013. Der Haupt- und Angelpunkt in dieser Stadt ist immer noch das große Ereignis der Olympiade 2008. Seitdem gibt es eine andere Zeitrechnung: „vor und nach der Olympiade". Meine ganz persönliche Zeitrechnung sind meine Magnesiumpillen. Sind diese zu Ende, ist auch mein Aufenthalt hier zu Ende. Noch aber ist die Schachtel voll, und ich weiß nicht so recht, ob ich darüber froh sein soll. Zum Glück bin ich keine verbissene Hausfrau, die jeden Tag bis zum äußersten, untersten und obersten Winkel alles in Schuss hält. Die Arbeiten hier in der Wohnung würden mich sonst morgens viel länger in Anspruch nehmen. So bleibt mir doch ein wenig persönliche Zeit, bis die Gastfamilie aufsteht.

Gestern überraschte mich Yini mit einem eigenartigen Kompliment. Sie sagte, sie sehe mich so, als wäre ich ihre Mutter. Ich schaute sie entgeistert an und wusste darauf keine Antwort. Sie meinte es lieb, sicher. Trotzdem mahnte mich ein unbestimmtes Gefühl zur Wachsamkeit. Es hielt mich zurück, dieses Kompliment zu kommentieren. Irgendwie gefällt es mir nicht, dass Yini an sechs Tagen in der Woche meine Anwesenheit in der Wohnung wünscht. Eine Mutter gibt einhundert Prozent von ihrer Zeit. Ich aber bin nur zu fünfzig

Prozent bereit. Die restlichen fünfzig Prozent gehören mir und nur mir ganz allein. Als Gegenleistung werde ich auch nur fünfzig Prozent Gastfreundschaft beanspruchen.

Gegen Mittag, nachdem ich mit Xiao Ai ausgiebig gespielt habe, mache mich mit dem Fotoapparat in der Tasche auf den Weg, um Obst und Gemüse einzukaufen. Dafür ist eine gefüllte Geldbörse auf dem Schränkchen im Flur deponiert. Wie schon einige Male sagt auch heute Yini zu mir: „Wenn Du im Supermarkt auf irgendetwas Appetit hast, dann kaufe es Dir." Diese Aufforderung, die sich verlockend anhört, widerstrebt mir jedes Mal aus einem nicht erkennbaren Grund und ist mir selbst ein Rätsel. Vielleicht zeigt sich des Rätsels Lösung irgendwann in den kommenden Wochen? Nun, ich bin eine sehr bescheidene Esserin, und ich kann auch nicht viel essen. Was mich aber immer anlacht, sind die frisch geschnittenen Ananasstücke. Diese kaufe ich mir öfters, aber immer von meinem Geld. Ich habe hier auch eigenes Geld. Ich streckte die Kosten von 811,34 Euro für Hin- und Rückflug, die Roland kulanterweise zu bezahlen bereit war, mit der Vereinbarung vor, von ihm in Peking das Geld in chinesischer Währung wieder zurück zu bekommen.

Zum Supermarkt kann ich verschiedene Wege gehen. Da es heute sehr heiß ist, wähle ich den, dessen Bürgersteig von dicht stehenden Bäumen voll überschattet ist. Jedes Mal, wenn ich diesen Weg einschlage, sehe ich nach ein paar Metern eine

Gruppe von Männern mittleren Alters sitzen, die begeistert Karten spielen. Auf dieser Strecke halten sich auch gerne fliegende Händler auf. Manche haben die Ladefläche ihres Fahrradtransporters voller Blumen, andere voller Obst. Oft ist auch am Randstein ein Auto geparkt, in dessen Kofferraum Ohrringe und Haarschmuck ausgelegt sind, die eine junge Frau anbietet. Ich nähere mich einem Fahrradtransporter, dessen Fahrer gemütlich schlafend auf seiner Ladefläche liegt. Er hat so einen friedlichen, glücklichen Gesichtsausdruck, dass ich vor ihm stehen bleibe. Ich möchte ihn fotografieren, ringe aber mit mir, da ich dies als ungehörig empfinde. Er spürt meinen Blick. Er blinzelt und öffnet langsam seine Augen. Ich lächle ihn an und frage, ob ich ein Bild von ihm machen dürfe. Er winkt verschlafen, aber freundlich ab. Da werfe ich den ganzen Charme meiner dreiundsechzig Jahre in die Schale und siehe da, es wirkt. Ich darf ihn, der so ganz zufrieden mit seinem Leben zu sein scheint, fotografieren. Im Display sehe ich, dass das Foto sehr schön geworden ist. Im Supermarkt stehe ich wieder etwas ratlos vor der Auslage mit soviel unbekanntem Gemüse. Ob ich es diesmal schaffe, wirklich einen Spinat mitzubringen und nicht etwas Grünes, was ich für Spinat halte?

Nachmittags, während Yini und ich das vom Serviceboy gebrachte Essen (grünes Gemüse, Reisnudeln und Sojasprossen) verzehren, frage ich sie, wann in Peking das letzte Mal die Erde bebte. Es war 2008, vor der Olympiade. Man kann hier immer ein Beben erwarten. Ich würde das gerne mal erleben. Um mein Leben habe ich nicht sehr große Angst. Natürlich will ich noch nicht sterben. Aber ich bin mir der Gnade bewusst, dass ich schon so alt werden durfte.

Abends brechen wir alle zusammen zum ‚Central–Park‘ auf. Xiai Ai geht ja erst um zweiundzwanzig Uhr zu Bett, bis dahin würden wir wieder zurück sein. Wir gehen an der ‚Guanghua Lu‘ entlang, die sehr stark befahren ist. Mir tut das Kind leid. In seinem Buggy, dessen Sitzfläche nur wenige Zentimeter über dem Boden ist, atmet es viel mehr Abgase ein als wir Erwachsenen. Eine Atemschutzmaske verweigert es. Weil das kleine Persönchen ja erst zwei Jahre und zwei Monate alt ist, ist es zu klein, um die Notwendigkeit einzusehen. Wir marschieren flott knapp zwei Kilometer dahin, dann sind wir da. Der Park liegt in einer besseren Wohnanlage. Die Attraktion ist ein ungefähr einhundert Meter langes Kino, das auf einer großen freien Fläche über den Köpfen, auf einer Leinwand in etwa zwanzig bis dreißig Metern Höhe, läuft. Gerade zeigt es in einer phantastischen Farbenpracht die Unterwasserwelt, dann die verschiedenen Länder auf Mutter Erde mit ihren typischen Landschaften und danach das Universum. Während ich so stehe und mir den Hals verrenke, spricht mich ein Mann meines Alters an und fragt, woher ich komme. Wir beginnen ein Gespräch, und ich erfahre von ihm, dass er

Amerikaner ist und aus New York stamme. Sein Beruf als ‚Seefood-Händler' bringe ihn nicht nur nach Peking, sondern in die ganze Welt. Ich erzähle ihm, dass ich Deutsche bin und knapp drei Monate in Peking wohnen werde. Da kommt sein Partner, und wir verabschieden uns. Wie einfach es doch ist, Menschen aus der ganzen Welt hier anzutreffen und mit ihnen ins Gespräch zu kommen.

Da unser aller Genick vom Hochschauen schon ganz steif ist, haben wir auf mehr Kino keine Lust mehr. Wir schlendern ein wenig auf dem großen Platz herum. Roland lädt uns nach einiger Zeit in ein japanisches Restaurant ein. Ich kann meine Soja-Bratlinge, mit grünem Gemüse und Reis, mit den Stäbchen nicht essen. Ich will es auch nicht mehr lernen. Ich selektiere schon seit längerem, was in Zukunft für mich noch von Wichtigkeit ist. Vermutlich schon eine heranschleichende Alterserscheinung! Roland holt mir einen Dessertlöffel.

Beim Heimgehen amüsieren mich zum wiederholten Male die Moped-Taxis. Sie sehen wirklich sehr bescheuert aus. Über das Moped ist ein kleines Gehäuse aus Aluminium gebaut, das dem Fahrer und dem Fahrgast nur soviel Platz bietet, wie sie benötigen. Sie fahren so verwegen im Straßenverkehr mit, dass es eine Freude ist, ihnen zuzuschauen. Ich sage zu Yini: „Ich habe große Lust, einmal so ein Taxi für eine kleine Rundfahrt zu mieten." Sie schaut mich erschreckt an: „Mach das nicht", warnt sie mich, „diese Fahrer haben keine

Lizenz. Sie fahren schwarz. Von Zeit zu Zeit macht die Polizei eine Razzia auf sie, die zu einer Verfolgungsfahrt ausartet. Sie fahren wie die Henker! Rückt ihnen die Polizei dann zu sehr auf den Pelz, springen sie mitten im Verkehr vom Moped herunter und rennen davon. Meist fällt dann das Fahrzeug samt dem Fahrgast um." Oh, oh, gerade dies würde mich sehr reizen!

15. Mai 2013

Irgendwie spüre ich schon am Morgen, dass der heutige Tag mir nichts Besonderes bieten wird. Wieder ein Tag mit sehr viel Smog! Solche Tage erinnern mich an neblige Novembertage bei uns in Deutschland. Ich sehe bloß die Wohntürme, die uns direkt gegenüberstehen. Die etwas weiteren dahinter sind nur schemenhaft zu erkennen.

Als am späten Vormittag Yini und Xiao Ai aufstehen, klagt Yini darüber, dass ihre Nase sehr verstopft sei. Sie informiert sich im Internet über die Höhe der Schadstoffbelastung und sagt, es wären heute 172 pm2.5. Heute verstehe ich, im Gegensatz zu den vergangenen Tagen, warum sie nach dem Aufstehen immer wenig mit mir spricht. Schon allein meine stete Frage „Kann ich etwas für dich tun?" erscheint mir als aufdringlich. Sie verneint oft. Ich gehe dann in mein Zimmer, da ich im Glauben bin, dass sie ungestört mit ihrem Kind auf der Couch sitzen will, während es mühsam eine Babyflasche mit Wasser leer trinken muss.

Es vergehen die üblichen Stunden des Tages. Außer Arbeiten im Haushalt und Einkaufen tut sich sonst nichts. Zwischendurch widme ich mich Xiao Ai, so wie jeden Tag. Singe mit ihr, lese mit ihr und mache Blödsinn mit ihr. Ich kann sie aber nur zu einem Beisammensein von vielleicht einer halben Stunde, und dies in Abständen, an mich binden. Plötzlich erinnert sie sich an ihre Mami, und dann ist es egal, was ich mir einfallen lasse, es nützt nichts. Sie will zu ihrer Mami. Ich verstehe das, denn mit ihren zwei Jahren und jetzt drei Monaten ist sie noch recht klein. Bis jetzt ist sie nur ihre Eltern und ihre Großeltern gewöhnt.

Gerne würde ich das Klavierspiel, das jeden Tag durch die dünnen Betonwände dringt, genießen. Es sind aber immer die gleichen Übungsstücke. Wenn es wenigstens Etüden wären! Roland erzählte mir, dass Lehrer, die Klavier und Englisch unterrichten können, in Peking sehr gefragt sind. Man könne davon gut leben.

16. Mai 2013

Nach getanem Morgenjob sitze ich auf meinem Bett, das mir ja nicht nur zum Schlafen dient, und mache Frühstück. Plötzlich höre ich neben den Autogeräuschen viele laute Stimmen, die gleichzeitig etwas rufen. Demonstrieren da Menschen? Das muss ich sehen. In Windeseile ziehe ich mich an. Da der Aufzug ewig nicht kommt, laufe ich schnell alle fünfundzwanzig Stockwerke hinunter (es dauert länger als ich vermutet habe) und eile hinaus auf die Straße. Dort bleibe ich stehen, warte um mich zu orientieren und stelle fest, es ist unmöglich, hier auf den Straßen außer dem Autolärm noch etwas anderes zu hören. Etwas enttäuscht fahre ich mit dem Aufzug wieder hinauf in die Wohnung. Es hat keinen Sinn, in der Gegend kreuz und quer zu laufen, um diese Menschen zu finden.

Zurück in meinem Zimmer fühle ich mich so aufgeputscht, dass ich Lust auf Gymnastik habe. Meist bin ich zu faul dazu. Ich schnappe mir das schmale Holzrollergerät, das seitlich an dem Bücherregal hängt und rolle mindestens einhundertfünfzig Mal über mein schlaffes Doppelkinn. (Es ist wirklich nicht lustig alt zu werden!) Das hätte ich lieber nicht tun sollen. Als ich mich im Spiegel anschaue, ob diese Massage vielleicht schon gewirkt hat, bin ich entsetzt. Ein breiter Streifen von roten Striemen zieht sich quer über meinen Hals. Ich sehe aus, als hätte jemand versucht, mich umzubringen.

Ich höre, dass Yini und Xiao Ai aufstehen. Ich warte, bis die beiden im Bad mit der Morgentoilette fertig sind und gehe dann zu ihnen. Meine übliche Frage an Yini, ob ich irgendetwas für sie tun könne, verneint sie. Irgendetwas liegt in der Luft. Ich bemerke das schon seit Tagen. Ich tat es immer mit der Feststellung ab, dass viele Menschen nach dem Aufstehen Morgenmuffel sind, und es am besten ist, wenn man ihnen aus dem Weg geht.

Nachmittags muss ich wieder in den Supermarkt, um Gemüse einzukaufen. Ich, die ich immer eine Abscheu vor dem Konsumieren hatte, tue momentan nichts anderes. Ich kann, außer Samstag, auch nichts anderes unternehmen. In den ersten Tagen, nachdem Yinis Mutter abgereist war, fragte ich sie, wie sie sich das mit mir vorstelle, welche Erwartungen sie an mich habe. Sie antwortete: „Man kann das Kind keine Minute unbeaufsichtigt lassen, d.h. Du musst für die Kleine da sein, wenn ich koche oder etwas anderes mache." Ein wenig war ich pikiert, denn mich so an die Wohnung zu binden, gefiel mir nicht. Ich gab ihr zu verstehen, dass ich das Wochenende, also Samstag und Sonntag für mich haben will, um mir Sehenswürdigkeiten anschauen zu können. Da bat sie mich, doch auf den Sonntag zu verzichten. Ich war leicht verwundert darüber, denn sonntags war doch Roland in der Wohnung zugegen. Wieso brauchte man mich dann auch noch? Etwas angesäuert dachte ich mir darauf hin: „Das werden wir schon sehen, ob ich das mache!"

Meine roten Striemen am Hals belustigen mich. Zum Glück bin ich scheinbar unsichtbar, denn die Menschen, die mir draußen begegnen, schauen mit fernem Blick durch mich hindurch, also fallen sie nicht auf. Ich will mir heute eine Freude machen und gehe im Supermarkt zu den Regalen mit der Unterwäsche. Oh la la, was es da alles gibt! Ich entscheide mich für zwei schwarze, aus Spitze gefertigte BHs und drei Slips, die sehr sexy sind! Hui, was ist mit mir los, wo ich doch immer so fürs Praktische bin? Ja, ja, ich freue mich jeden Morgen beim Anziehen und jeden Abend beim Ausziehen über meinen Busen. Seit einem halben Jahr bin ich wieder „ganz Frau"! Vorher, achtundzwanzig Jahre lag, fühlte ich mich nicht so. Im Alter von fünfunddreißig Jahren hatte ich Brustkrebs und der Chirurg amputierte mir die Hälfte von den beiden schönsten Attributen, die eine Frau besitzt. Damit zu leben, war nicht einfach.

Nun aber wieder schnell zurück in die Wohnung. Wie mit Yini abgesprochen, bereite ich den Gemüsebrei für Xiao Ai vor: ein Teil Kürbis, ein Teil Karotte, ein Teil Apfel und ein Teil Yam. Ich koche alles mit etwas Wasser und einem halben Suppenlöffel Olivenöl ungefähr fünfundzwanzig Minuten lang. Dann püriere ich es mit dem Mixer. Als Yini mit dem Kind von der Spielgruppe zurückkommt, beschäftige ich mich mit der Kleinen. Ich muss mir immer etwas Lustiges einfallen lassen, damit es nicht auf die Idee kommt, nach der Mama zu verlangen. Diese kocht inzwischen noch ein paar Gänge für die kleine Prinzessin.

Es ist zwanzig Uhr und schon Nacht draußen. Ich liege auf dem Bett und lese, da klopft es an meine Türe. Yini fragt, ob ich mit ihr und Xiao Ai mitgehen möchte, sie würden den Papa im Büro abholen. Natürlich will ich da mit! Der Bürokomplex liegt auf halbem Weg zum Supermarkt.

Wir betreten eine weiträumige, leere, total mit Marmor ausgekleidete Eingangshalle in einem mit dunklem Spiegelglas verkleideten Hochhaus und fahren mit dem Aufzug hinauf zu Rolands Büro. Dort wartet er schon vor dem Eingangsbereich auf uns, denn ohne ihn könnten wir nicht das Großraumbüro betreten. Im Mitteltrakt stehen viele Reihen Schreibtische, einer dicht an dem anderen. An einigen sitzen noch Angestellte vor ihrem Computer. Roland hat seinen Schreibtisch an der Außenwand. Er wird hier „director" genannt. Seine Team-Leiterin sitzt ihm mit ihrem Schreibtisch gegenüber. Xiao Ai ist ganz begeistert, den Papa heute hier anzutreffen und setzt sich gleich auf seinen Drehstuhl. Papa hat hier eine ganz andere Aura, die mir viel besser gefällt. Zuhause ist seine Ehefrau der „director", und es gibt manchmal Situationen, die für einen chinesischen Mann normal sind, einen deutschen Mann aber ganz schön seelisch erschüttern würden. Oder habe ich vielleicht noch eine Denkweise, die genau der Generation der Frauen entspricht, in die ich hineingeboren wurde?

17. Mai 2013

Wie mir doch die Freiheit gut tut! Wie mir doch dieses ‚Nicht abhängig sein' gut tut! Wie mir doch diese ‚Selbstbestimmung' gut tut! Als ich ging, fragte ich mich nicht: „Ist es für immer?" Ich ging einfach. Jetzt sehe ich das Gehen so, dass mein Ich als Frau, das endlich einmal stark genug war sich selbst wahrzunehmen, eine Auszeit einforderte. Eine Auszeit von den vielen Rollen, die eine Frau im Laufe des Lebens zwangsläufig zu spielen hat. Die Rolle der Tochter, der Schwiegertochter, der Ehefrau, der Mutter, der Großmutter, der Haus- und Putzfrau usw. Wann, bitteschön, darf sie einmal sie selbst sein? Die Emanzipation der Frau, dass ich nicht lache! Noch heute wird sie bei gleichem Status, bei gleicher Arbeitsleistung geringer bezahlt als der Mann. Die Tarifverträge unterscheiden zwischen Mann und Frau! Und wenn sie nur Hausfrau und Mutter ist, verdient sie gar nichts. Sichert der Ehemann sie nicht vorsorgend ab, steht sie im Alter oft mit leeren Händen da. Deutschland, dieser wunderbare demokratischste Staat auf der ganzen Welt, lässt diese Misere ganz bewusst unberücksichtigt. Ich könnte wütend darüber werden!

Abends im Zimmer weiß ich, mit solch grüblerischen Gedanken kann ich nicht einschlafen. Ich krame meine gestern erstandenen BHs hervor und sofort bin ich glücklich und übermütig. Ich ziehe zuerst den einen und dann den anderen an. Mein Dekolleté ist umwerfend schön! Ich setze mich auf das Bett und freue mich, seit gut einem halben Jahr wieder ‚ganz Frau' zu sein. Durch die Spitze sieht man zwar die lange Narbe, die sich quer über den

Brustansatz zieht; aber das macht nichts, mit der Zeit wird sie sich der umgebenden Haut mehr und mehr angleichen. Ich sehe meinen sehr sympathischen Dr. Frank Busse vor mir, der Arzt, Plastischer & Ästhetischer Chirurg ist und eine Praxis in der RoMed- Klinik Wasserburg hat. Schon im ersten Gespräch konnte er mir durch seine sicheren und kompetenten Erklärungen in Bezug auf die OP all meine Sorgen abnehmen. Die Operation dauerte sieben Stunden. Mein kleiner Speckbauch hatte in diesen Stunden einen neuen, viel schöneren Platz auf meinem Brustkorb bekommen. Als ich am nächsten Tag erfuhr, dass Dr. Busse nach der OP die ganze Nacht in der Klinik geblieben war um meinen Zustand zu kontrollieren, war ich ganz gerührt. Denke ich an ihn, dann füllt sich mein Herz mit sehr großer Dankbarkeit.

18. Mai 2013, Samstag

Eigentlich wollte ich heute zur ‚Chinesischen Mauer' fahren. Obwohl ich es mir fest vorgenommen hatte, waren die häuslichen Umstände so, dass ich mich auf diese Tour nicht vorbereiten konnte. Aber ich muss dort hin, bevor es richtig heiß wird. Und ich will diese Fahrt, von der Roland sagte „So einfach ist das nicht!" hinter mich bringen. Alle anderen ‚Sightseeings' werden mir nicht soviel an Mut und Anstrengung abverlangen. So habe ich mich heute für die Besichtigung von der ‚Verbotenen Stadt' entschieden.

Ich erledige meinen Morgenjob, frühstücke und steuere auf den Supermarkt zu, um mir Proviant zu kaufen. Als ich um die Ecke biege, höre ich Stimmen. Ist das eine Demonstration? Nein! Als ich näherkomme, sehe ich, wie eine kleine Gruppe von jungen Menschen mit dem Blick zum Eingang ihrer Arbeitsstätte, einem Büro, steht. Alle sind sie gleich gekleidet. Die Männer in schwarzen Hosen und weißen Hemden, die Frauen in schwarzen Röcken und weißen Blusen. Alle Frauen haben schwarze Strumpfhosen und high heels an. Sie rufen in Abständen Parolen, und es hört sich genauso wie vor zwei Tagen an, als ich eine Demonstration vermutete. Dies sind also die Menschen, die ich bis hinauf in den 29. Stock hörte, ungefähr vierhundert Meter Luftlinie entfernt. Ein Mann steht vor ihnen und stößt enthusiastisch eine Lobpreisung aus, ich vermute auf die Arbeit, auf den Arbeitgeber, auf die chinesische Regierung und weiß Gott, auf wen noch alles. Jeder Satz wird von der Gruppe in gleichem Ton mit gleichem Enthusiasmus wiederholt. Als der Vorsprecher seine laute Parole beendet, wahrscheinlich weil ihm nichts mehr einfällt, tritt ein anderer hervor und das Spiel beginnt von neuem. Nun ist auch dieser fertig. Die jungen Leute bleiben noch eine Weile schweigend stehen. Da ertönt plötzlich laute Discomusik. Wie auf Kommando beginnen alle mit Gymnastikübungen, die sie exakt aufeinander abgestimmt abarbeiten. Ob ihnen das in der Hitze Spaß macht? Ich schaue noch einige Minuten zu, sehe, dass ich die Einzige bin die ‚gafft' und stelle fest, dass geht wohl noch eine Weile so weiter.

Nach dem Einkauf im Supermarkt marschiere ich, animiert von den Gymnastikübungen der jungen Leute, beschwingt zur Subway. Die Erwartung, wieder mit der U-Bahn in dem finsteren Tunnel dahin zu donnern, beflügelt mich. Ich bin ja nicht in München, ich bin in China! Erst heute bemerke ich, dass auf dem Boden des Bahnsteigs Pfeile aufgezeichnet sind, die der Orientierung zum Einstieg in den Zug dienen. Zwei schräge, in gemessenem Abstand zur U-Bahn hin, und ein gerader, in der Mitte davon, weg. Die U-Bahn bleibt mit ihren Türen exakt vor diesen Pfeilen stehen. Sie ist heute um neun Uhr nicht proppenvoll. Als ich am ‚TIAN'ANMEN EAST' wieder ans Tageslicht komme, erschrecke ich vor der großen Masse von Menschen, die sich langsam in Richtung ‚The Forbidden City' vorwärts wälzt.

Im Nu bin ich mittendrin, schwimme in ihr zum palastartigen, sehr wuchtigen Eingangstor, zur ‚WUMEN, the Meridian Gate', über die Brücken ‚JINSHUIQIAO, the Golden River Bridges' zum ‚TAIHEMEN, the Gate of Supreme Harmony'. Der erste, große Platz ist durchschritten. Weiter geht es durch ‚The Outer Court', das ebenfalls ein großer Platz ist. Dann erreiche ich ‚TAIHEDIAN, the Hall of Supreme Harmony'. Es kommt wieder ein großer Platz, auch genannt ‚The Outer Court'. Ich durchquere es, komme durch 'ZHONGHEDIAN, the Hall of Central Harmony', und dann 'BAOHEDIAN, the

Hall of Preserving Harmon'". Endlich bin ich an der Menschenschlange vor dem Ticketschalter angelangt und reihe mich ein. Das Ticket kostet sechzig Yuan, ungefähr sieben Euro fünfzig. Ich folge den Menschen zu einem palastartigen Torgebäude, ‚QIANQINGMEN, the Gate of Heavenly Purity', in dem das Ticket von Kontrolleuren geprüft wird. Zugleich muss ich meine Tasche auf das Förderband der Röntgenschleuse legen, welche langsam hindurch gezogen wird. Jetzt kann ich in ‚The Inner Court', und die Besichtigung einer märchenhaften Welt aus ‚Alter Kaiserlicher Zeit' beginnt. Ich bin verzaubert von der Architektur und der Farbenpracht der ‚Kaiserlichen Paläste' der „Ming-Dynastie (1368–1644) und Qing-Dynastie (1643–1911). Soviel Schönheit! Unfassbar! Ich mache ein Foto nach dem anderen. Diese ‚Kaiserliche Stadt' zu beschreiben, überfordert mich in der Ausdrucksweise. Zur näheren Erklärung zitiere ich aus „SCALA THE FORBIDDEN CITY GREAT WALL PUBLISHING HOUSE" (erstanden in einem kleinen Shop in einem der Paläste:

„…The residential area was reserved for the emperor, his empress, consorts, concubines, eunuchs and palace maids. The imperial household alone consisted of upwards of 6,000 members and there was a palace guard of 36 battalions, or up to 6,000 men. And at the height of power, the eunuchs who increasingly came to control and abuse all aspects of the administration of government, numbered no fewer than 70,000."

Unermüdlich laufe ich in dem Gassengewirr zwischen den Palästen herum und steige viele Steinstufen rauf und runter. Ich kann mich nicht satt sehen an der umwerfend schönen Architektur der Bauten, mit dem herrlichen Rot der Tempelaußenwände und der Säulen. In voller Harmonie stehen dazu die ergänzenden Farben von Gold bzw. Gelb, Grün und Blau. Ich presse mein Gesicht an die Fensterscheiben und schaue in die Innenräume. Ich bewundere die gelben, geschwungenen Dächer mit ihren symbolischen Tierfiguren (Drachen, Phoenix, Löwen) auf ihren Firsten. Vor dem ‚Palace of Heavenly Purity' bleiben meine Blicke hängen an großen goldenen Löwen und schneeweißen Marmorbalustraden. Im Inneren des ‚Palace of Heavenly Purity' staune ich über den wunderbar geschnitzten, goldenen Thron des Kaisers. Alles ist unbeschreiblich schön! Viele enge, geradwinkelige Gassen führen durch diese herrlichen hölzernen Bauwerke.

In einer langen engen Gasse setze ich mich auf eine Bank. Nachdem ich meinen Proviant verschlungen habe, will ich mich noch ein wenig ausruhen. Ich schließe die Augen und stelle mir das Leben in dieser ‚Kaiserlichen Märchenwelt' vor. Wie fühlte sich der Kaiser, der ‚*Himmel und Erde zusammenhält*'?[14] Ich versetze mich in die Lage einer Kaiserin. Was war ihr Aufgabenbereich, und wie mochte sie sich fühlen in Konkurrenz mit den vielen

---

[14] zitiert aus Geo Epoche Nr. 8, Seite 100.

Konkubinen ihres kaiserlichen Gemahls? Was für ein Leben führten die Konkubinen? Waren sie im Wettstreit um des Kaisers Gunst von Neid und Eifersucht beherrscht? Freuten sie sich darauf, wenn der Kaiser sie auswählte, auf Knien zu seinem Bett zu rutschen und dann an seinem Fußende zu ihm unter die Decke zu schlüpfen? Welches Leben führten die Hofdamen in ihren edlen Seidengewändern, mit Blütenschmuck oder Pfauenfedern im Haar? Sicher waren sie den Launen der Kaiserin ausgeliefert. Alle auf diesem ‚Kaiserlichen Hof' hinter sehr dicken hohen Mauern, waren umgeben von einer Vielzahl von Eunuchen, den heimlich Mächtigen in diesem ‚Kaiserlichen Imperium'. Ich öffne die Augen und bin froh, in der heutigen Zeit zu leben. Ermordet kann ich zwar auch werden, aber nicht so schnell und nicht so grausam, wie zur damaligen Zeit.

Den verwunschen ‚Imperial Garden', mit seinem exotischen Baumbestand, durchschreite ich schnell. Ich muss auf die Toilette und hoffe, sie außerhalb der Mauern zu finden. Im Vorbeigehen werfe ich einen Blick auf einen künstlich aufgeschichteten Berg aus löchrigen Felsbrocken (Tuffsteine?), auf dem ein farbenfroher, beeindruckender, kaiserlicher Pavillon thront. Einen Moment verharre ich vor einem dicken, mit rauer und aufgerissener Rinde überzogenen Stamm eines vielen Jahrhunderte alten Zedernbaumes. Draußen finde ich die gewünschte Toilette. Als ich wieder zurück in den ‚Kaiserlichen Garten' will, um mich dort ein wenig länger aufzuhalten, gelingt mir das nicht. Ein Pulk von Menschen wälzt sich mir in einer unglaublich dichten Wand entgegen, dass es mir nicht möglich ist, sie zu durchdringen. Ich drehe mich wieder um und schwimme mit ihnen in Richtung Subway-Station. Ein langer, langer Weg! Mindestens drei bis vier Kilometer lang. Ich könnte ein Taxi nehmen. Aber ich misstraue den Taxifahrern. Mit dem Bus zu fahren, ist noch zu schwierig für mich. Also gehe ich.

In der U-Bahn spüre ich leichte Beinkrämpfe. Da ich mich darauf konzentriere, dem Schmerz Herr zu werden, achte ich in der DAWANGLU Station nicht darauf, den richtigen Treppenaufgang zum Ausgang zu nehmen. Ich gehe den nächstbesten hoch und bin oben im Tageslicht in einer mir total fremden Umgebung. Nun weiß ich nicht, in welche Richtung ich mich wenden muss. Ich steige die Treppen wieder hinunter zur Subway-Sperre und suche einen anderen Ausgang. Ich probiere diesen. Oben angekommen, ist mir wieder alles fremd. Das ist doch nicht möglich! Ich bin leicht irritiert, aber nicht ängstlich, da ich dessen sicher bin, an der richtigen Station ausgestiegen zu sein. Ich gehe wieder in den Untergrund und finde einen Ausgang, auf dem unter anderem der Name ‚Hotel Ritz' steht. Das kenne ich. Beim letzten abendlichen Spaziergang kam ich daran vorbei. Ich steige die Treppen hinauf, wieder ist mir alles fremd. Aber irgendwo muss es doch zum ‚Hotel Ritz' gehen? Ich gehe kurze Strecken in verschiedene Richtungen. Da erkenne ich plötzlich die Örtlichkeit.

Gott sei Dank, jetzt weiß ich den Weg zu meiner Gastfamilie.

Als ich am Pförtnerhäuschen des Hochhauses ankomme, habe ich trotz den schmerzenden Füßen noch keine Lust, in die Wohnung hinauf zu gehen. Ich gehe daran vorbei. Ich möchte mich in einem Café bei einer Tasse Kaffee von den Strapazen erholen, möchte noch ein wenig allein sein. Dort sitze ich dann, trinke eine Tasse Mokka und starre vor Erschöpfung Löcher in die Luft.

19. Mai 2013, Sonntag

Gestern Abend legte ich mich schon um halb neun Uhr ins Bett, so kaputt war ich. Als im Hinüberdämmern die märchenhaften Bilder der ‚KAISERLICHEN STADT‘ vor meinem inneren Auge vorbeizogen, tauchten plötzlich Bilder des Heimweges auf, die mich sehr erschütterten und mich lange nicht einschlafen ließen. Ich erinnere mich:

Ich gehe auf dem schmalen, betonierten Pfad neben dem Wassergraben, der die ‚Verbotene Stadt‘ umringt, da höre ich Musik. Eine schöne Männerstimme singt ein trauriges Lied. Ich sehe hinüber zum Bürgersteig, der sehr breit und einer Allee sehr ähnlich ist, da an seinen Seiten große Laubbäume stehen und Schatten spenden. Dort steht ein altes Ehepaar. Der Mann mit einer alten chinesischen Geige, die Frau mit einer Schüssel, mit der sie sehr fordernd die Fußgänger um Geld anbettelt. Ich achte genauer auf den Mann und stelle fest, er ist es nicht, der singt. Ich gehe ein Stück weiter, da fällt mein Blick auf eine Erscheinung, die mich irritiert. Ja, es ist ein Arm, eine Hand mit Mikrofon vor einem sich bewegenden Mund. Aber was ist das Andere? Eine dicke, unförmige, nicht sehr große Schaufensterpuppe? Ich bleibe stehen, will wissen, was das ist, was ich noch nie in meinem Leben gesehen habe. Ja, dieses traurige Lied kommt aus diesem Mund. Ich beginne zu erkennen. Es ist der Torso von einem lebendigen Menschen, einem Mann. Sein linker Arm fehlt, auch das Fleisch an seiner linken Körperseite. Sein sonst dicklicher Körper ist eine einzige verschrumpelte Narbenlandschaft. Sein dicker Kopf, ohne Haare, total vernarbt. Ich kann kein Gesicht erkennen. Was ist diesem menschlichen Wesen, das aussieht wie ein Alien, in seinem Leben passiert? Man hätte ihn besser sterben lassen sollen, als ihm so ein Leben aufzubürden. Ein einziger tierischer Schrei muss es gewesen sein, als er sich im Spiegelbild sah. Und wie oft noch schreit es in ihm? Er zeigt sich. Er bettelt. Wird er nicht vom Chinesischen Staat versorgt? Wenn er nicht versorgt wird, die Angehörigen sich nicht um ihn kümmern, da sie sich von ihm abgestoßen fühlen, dann kann ich es mir vorstellen, dass er bettelt. Sonst aber fällt es mir schwer, dieses ‚sich zur Schau stellen‘ zu verstehen. Aber habe ich das Recht, auch nur gedanklich mein Urteil über ihn zu fällen? Um ‚sich‘ auszuhalten, hat er vielleicht alle menschlichen Regungen und Empfindungen in sich abgetötet? Ich gehe weiter, voller Mitleid für dieses arme Geschöpf. Da sitzt wieder ein Mann auf der Straße, wieder ohne linken Arm, sonst aber unversehrt. Auch er bettelt. Ein Stück weiter wieder ein Mann im Schneidersitz. Sein linkes verkrüppeltes Bein, steht, enganliegend am Körper, im steilen Winkel nach oben. Auch er bettelt. Ich wende mich ab und richte meinen Blick auf das Wasser. Es ist zuviel für mich. Mir laufen Tränen über das Gesicht.

Ich bin noch immer sehr erschüttert. Was das Schicksal diesen Männern doch für ein übermenschlich hartes Leben aufbürdet! Obwohl ich ihren seelischen Schmerz über ihre Behinderung sicher nicht in ganzem Umfang nachfühlen kann, habe ich eine Ahnung davon, welch innerliches Leid sie tragen. Siebenundzwanzig Jahre lang, an jedem Morgen und an jedem Abend, legte sich ein Hauch von Trauer auf meinen Busen, wenn ich diesen entblößte. Die linke Brust fehlte, stattdessen nur Rippen und Haut darüber. Ich fühlte mich behindert und minderwertig. Immer wieder zog ich einen Brustaufbau in Betracht, hatte aber dann nicht den Mut dazu. Da trat ein Mensch in mein Leben, der mich eines Tages fragte: „Möchten Sie sich nicht operieren lassen?" Ich verneinte. Nachdem er lange seinen klugen und wachen Blick auf mir ruhen ließ, sagte er in einem Tonfall, der mir ganz seltsam erschien: „Ich weiß, dass Sie das machen werden." An dieser Aussage war etwas Unwirkliches. Ich sah ihn erstaunt und fragend an und dachte mir: „Wer spricht aus dir?" Dieser Mensch bereitete mir dann behutsam Schritt für Schritt den Weg vor, und ich folgte ihm. Jetzt habe ich wieder einen schönen Busen und fühle mich ‚ganz Frau'. Er aber ging wieder aus meinem Leben fort. Heute weiß ich: dieser Mensch, der wie aus dem Nichts plötzlich in meinem Leben auftauchte, war kein Mensch, er war ein Engel! Meine Seele hatte wohl zu lange nach ihm gerufen.

Heute ist dichter und dunkler Nebel draußen. Es ist keine Erscheinung des Wetters, es ist Smog! Ich mache meinen Morgenjob, frühstücke und schreibe. Meine Psyche macht mir ein wenig Schwierigkeiten. Ich fühle mich etwas traurig. Die schrecklichen Bilder dieser armen, verkrüppelten Männer wollen nicht aus meinem inneren Auge weichen. Später spreche ich mit Yini darüber. Sie erzählt mir, dass oft die eigenen Eltern die Kinder so verstümmeln, um diese zum Betteln schicken zu können. Kann das wirklich wahr sein? Ich kann es nicht glauben. Ich denke, dass schreckliche Unfälle in Fabriken oder im Bergwerk diese Menschen so zurichten.

Um dreizehn Uhr gehe ich einkaufen. Wieder dieses Konsumieren, das ich trotz seiner Notwendigkeit doch innerlich so sehr ablehne! Jetzt geht ein starker Wind, der mir den Straßenstaub in die Augen weht. Den Smog hat er fortgeblasen. Die Sonne kann nun heiß vom Himmel brennen. Ich werde heute nichts mehr unternehmen. Bin zu müde.

20. Mai 2013

Ein Morgen, wie all die anderen! Der Familienalltag beginnt hier spät. Yini gibt ihrem Kind das Frühstück. Ich sitze dabei, und wir unterhalten uns über den Winter. Ob wir lange miteinander sprechen können, wird sich noch herausstellen, denn Xiao Ai wird gewöhnlich nach kurzer Zeit sehr eifersüchtig. Hören wir nicht auf, protestiert sie immer lauter, bis wir das eigene Wort nicht mehr verstehen. Ich gehe dann immer in mein Zimmer, damit ihre Mami ihr wieder ganz alleine gehört. Xiao Ai ist immer der Mittelpunkt des Tages. Von früh halb elf Uhr bis nachts zehn Uhr dreht sich alles um sie. So klein sie ist, weiß sie dies schon und beansprucht auch jegliche Aufmerksamkeit. Ob dies wirklich gut ist für dieses kleine Menschlein? Noch ist sie ein liebes und bezauberndes Persönchen, das, so klein es auch ist, schon über unglaublich viel Witz und Schalk verfügt. Eine kleine Schauspielerin, und sehr gescheit.

Der Winter dauert von November bis Ende April. Die Sonne scheint fast jeden Tag, wenn es der Smog zulässt. Es schneit auch. Manchmal liegen acht bis zehn Zentimeter Schnee auf dem Bürgersteig. Er wird aber von den Frauen der Straßenreinigung schnell weggekehrt. Die Temperatur kann bis zu minus zehn Grad fallen.

Yini erzählt mir ein wenig aus ihrer Kindheit: Sie wuchs in einer kleinen Stadt, ungefähr zweihundert Kilometer nördlich von Peking auf. Im Winter nahm ihr Vater sie oft nach draußen mit und zog sie mit dem selbst gefertigten Schlitten umher. Berge gibt es dort nicht, die Landschaft ist flach. Ungefähr fünfzig Kilometer vom Elternhaus entfernt liegt ein großer See. Vor etlichen Jahren war das Wasser gut, da es noch nicht soviel Industrie gab wie jetzt. Jetzt ist es sehr schmutzig und man könne nicht darin baden. Von diesem See kommt viel Fisch, sowie anderes Getier auf den Markt und in den Handel. Auf Yini wurde kein Notendruck ausgeübt. Damals, vor gut zwanzig Jahren, gab es noch keinen Schulstress für die Kinder. Sie und ihr Mann wollen auch keinen Druck auf ihr Kind ausüben. Xiao Ai sagt aber heute schon mit ihren zwei Jahren und drei Monaten, dass sie Ärztin werden möchte. Niemand hätte es ihr vorgesagt. Yinis Mutter hat jedoch einen Bruder, der sich sehr viel mit Naturheilkunde befasst und Kräuter sammelt. Vielleicht gibt es hier irgendeinen Zusammenhang.

Während Yini das erzählt, erinnere ich mich an ein sechsjähriges, chinesisches Mädchen, das vor einigen Monaten mit seiner Mutter bei Verwandten in Deutschland zu Besuch war. Mein Mann und ich luden die beiden in unser Haus ein. Wir unterhielten uns sehr angeregt. Dabei erfuhren wir, dass das kleine Mädchen schon seit seinem dritten Lebensjahr Englisch-, Ballett- und Klavierunterricht nimmt. Auf meinen Wunsch setzte es sich ans Klavier und spielte uns mit erstaunlich kräftigem Anschlag ein klassisches Stück vor. Kerzengerade saß es auf dem Hocker, sein kleines Gesicht ernst und konzentriert, seine Füße reichten noch nicht mal bis zum Boden. Dann wollte uns die Kleine, ohne dazu aufgefordert worden zu sein, noch sagen, was sie einmal werden möchte: „Wissenschaftlerin!" Ich war sprachlos! Die Eltern des Mädchens sind Akademiker. Der Vater hat einen Doktortitel und besitzt eine erfolgreiche Firma. Solche Eltern fördern ihre Kinder mit einer unglaublichen Konsequenz und Zielstrebigkeit. Sie sollen später einmal mindestens den gleichen Status wie die Eltern haben.

Welten liegen hier dazwischen, wenn ich an meine Kindheit denke. Im Alter von sechs Jahren bin ich mit meinen beiden älteren Brüdern auf einem armen Einödhof im Gäuboden in Niederbayern aufgewachsen. Wir waren so frei, wie Kinder nur frei sein können. Wir rannten über die Zuckerrübenfelder zum Gut Schafhöfen. Wir rannten zu der nahen Hauptstrecke der Bahnlinie von Nürnberg nach Budapest, legten Indianer spielend das Ohr auf die Gleise, und warteten mit Herzklopfen auf die in dem finsteren Wald auftauchenden Lichter des Zuges. Wir rannten tief in den großen, nach frischem Harz riechenden Wald hinein, in dem alleine auf einer Lichtung der alte ‚Rempl' lebte. Wir rannten auf der sandigen Feldstraße hinunter ins Dorf zu unseren Freunden Erich und Marianne. Wir rannten, dass der Sand unter den Füßen von Seppi hervor staubte und meine dünnen braunen Zöpfe flogen. Wir rannten und rannten! Wir waren glückliche Kinder in Gottes

Natur. Die Eltern hatten keine Zeit für uns. Es war Nachkriegszeit. Trotz aller Not und trotz Nichtförderung durch Eltern und Lehrer (unsere selbstbewusste, evangelische Mutter aus Ostpreußen war dem Lehrer und dem Pfarrer ein Dorn im Auge) entwickelten wir uns zu in sich selbst gefestigten Menschen.

Wo rennen die Kinder Pekings? Ich habe noch keine gesehen!

21. Mai 2013

Ich wache um fünf Uhr dreißig auf und fühle mich gut ausgeschlafen. Was für ein Widerspruch aber zu dem Gesicht, das aus dem Spiegel schaut: große, dunkle Augenränder überschatten es. Da erinnere ich mich. Ich habe heute Nacht im Traum geweint. Gut, dass ich nicht mehr weiß, warum? Schnell trinke ich ein großes Glas lauwarmes Wasser, esse eine Tomate, ziehe mich an, setze meinen Sonnenhut auf, nehme meine Atemschutzmaske um und bin schon unterwegs.

Ziellos gehe ich zuerst hin und her, weiß nicht recht, wohin? Da fällt mir die Fußgängerbrücke ein, die ich bis jetzt wegen der Autoabgase mied. Ich steuere darauf zu, überquere über sie die schon stark in Richtung Innenstadt befahrene ‚Jianguo Rd‘, setze meinen Weg fort und erreiche zu meiner Überraschung einen Fluss. Es ist der ‚Tonghui River‘, den eine Brücke mit weißen Zierelementen aus Beton überspannt. Auf der Brücke bleibe ich stehen und schaue hinunter auf das Wasser. So eine braune Brühe! Sie stinkt ein wenig. Ich hebe wieder meinen Blick und lasse ihn umherschweifen. Da sehe ich ungefähr einen knappen Kilometer entfernt Umrisse von Häusern, die mich heimatlich anmuten. Ein bayerisches Dorf? Das muss ich sehen. Ich steuere darauf zu und kann es nicht fassen. Hier steht ein Dorf im alpenländischen Stil, so wie es in Oberbayern viele gibt. Wessen Vorbild hatten sich die Städteplaner bedient? ‚Ruhpolding' oder ‚Reit im Winkel' oder eine Mischung von beiden? Gerne würde ich das Dorf auskundschaften, um hautnah zu spüren, welche Stimmung so ein ‚oberbayerisches Dorf' in Asien in mir auslöst. Leider ist die gepflasterte Straße noch nicht fertig und zudem noch mit einem roten Kunststoffband abgesperrt. Eigenartig wirken die Häuserfronten auf mich. Sind es die Längen und Breiten, die nicht in Harmonie zueinanderstehen? Fehlt das Massive, das in einer bäuerlichen Kultur Gewachsene? Ich weiß es nicht. Irgendwie schaut alles unecht und dünn aus und wirkt wie eine Kulisse. An der Außenwand des ersten Hauses schaufeln ein paar Arbeiter einen Graben frei. Sie haben es nicht eilig und schauen unentwegt zu mir herüber. Dabei unterhalten sie sich. Sicher sprechen sie über mich. Meinetwegen!

Ich marschiere wieder zurück in Richtung Brücke. Ich überquere sie nicht, sondern gehe entlang des Flusses geradeaus weiter. Rosenstöcke stehen in voller Blüte und leuchten lieblich in den Farben rot, blau und gelb. Auf der anderen Flussseite sitzen auf der Betontreppe drei Fischer. Kaum zu glauben, dass es in dieser braunen Brühe Fische gibt. Es ist anzunehmen, sonst wären die Fischer nicht da. Ich würde diese Tiere nicht essen wollen. Ein Boot mit zwei Männern tuckert langsam Richtung Westen. Ich gehe Richtung Osten, vorbei an einer hohen weißen Bogenbrücke, die nur aus Treppenstufen besteht, und erreiche einen Park. Er kann nur von Fußgängern durch ein rechtwinkeliges Metallgitter betreten werden. Ich gehe hinein. Endlich Schatten! Im Park ist schon allerhand los. Ein Mann steht mit geschlossenen Augen bewegungslos an einer Brüstung, die Arme leicht nach außen gewinkelt. Ein anderer Mann hält sein Bein ausgestreckt auf einem hohen Balken und wippt mit den Armen darauf. Ungefähr fünfzig Frauen stolzieren in einer Zweierreihe rhythmisch nach Discomusik auf den Wegen dahin, wobei sie verschiedene Körperübungen machen. Etwas weiter stoße ich auf eine große gemischte Truppe von Tai-Chi-Kämpfern, die in äußerster Konzentration ihre langen Schwerter durch die Luft sausen lassen. Fast alle Teilnehmer sind im Rentneralter. Ich drehe eine Runde im Park und treffe mit der Frauengruppe in einer anderen Ecke wieder zusammen. Die Musik und die Schritte animieren sie mich so, dass ich mich kurzerhand einreihe. Mein Vergnügen dauert nur ein paar Sekunden. Plötzlich tippt mich jemand auf die

Schulter. Eine Frau gibt mir zu verstehen, dass ich unerwünscht bin. OK, bin schon weg! Es ist eh höchste Zeit zurückzugehen.

Nach der Brücke, auf dem Bürgersteig an der stark befahrenen Ringstraße hat sich inzwischen eine ältere Frau postiert, die einer etwa gleichaltrigen die grauen Haare schneidet. Die Kundin sitzt auf einem kleinen Hocker auf einer Plane und hat die Augen geschlossen. Ein Mann steht davor und schaut zu. Das Handwerkszeug der Friseuse liegt ordentlich und griffbereit auf ihrem Fahrradtransporter. Sie schneidet sehr gekonnt. Ob sie wirklich von Beruf Friseuse ist, wer weiß? Mir scheinen die Chinesen ein sehr pragmatisches Volk zu sein. Wer was hat und wer was kann, bietet es einfach irgendwo an, um auf diese Weise zu Geld zu kommen. Ich bewundere diese beiden alten Frauen, wie sie sich zu helfen wissen. Im fortgeschrittenen Alter haben die Frauen hier alle den gleichen Haarschnitt. Die glatten gescheitelten Haare etwas in die Stirn, die Ohren frei und im Nacken weit nach oben geschnitten. Ich zücke meinen Fotoapparat und mache ein Foto. Meine Haare müssten auch geschnitten werden. In dieser Örtlichkeit hier zu sitzen, das wäre mal ein anderes ‚feeling'. Aber ich will sie nicht im Nacken ‚bis zum geht nicht mehr' hinauf geschnitten haben. Also lasse ich es. In der Zwischenzeit haben sich noch zwei Straßenkehrer dazu gesellt. Ihr jeweiliger Kehrbesen ist ein Ast, dessen Laub sich am oberen Ende ausbreitet. Sie kehren nicht, sondern amüsieren sich über mich. Na, na!

Den Weg zurückzufinden, damit habe ich kein Problem. Ich präge mir immer genau ein, wie ich gehe. Da es erst acht Uhr ist und in der Wohnung noch alle schlafen, habe ich Zeit. Ich gehe zum Bäcker, kaufe mir einen Becher „American Coffee" und ein Sandwich (beides gibt es im Angebot für zehn Yuan (ungefähr 1,25 Euro), steige dann die steile Treppe hinauf in das Café im ersten Stock und genieße die Aussicht auf die Straßenkreuzung. Da sie keine Ampelanlage hat, müssen die Autofahrer den Verkehr selbst regeln. Sie halten sich kaum an Regeln, hupen um die Wette und verkeilen sich so ineinander, dass man den Eindruck hat, jetzt geht gar nichts mehr. Damit ist es aber noch nicht genug. Durch diesen Knäuel gehen ungerührt und zügigen Schrittes Hunderte von Fußgänger. Sie kommen von der Subway, überqueren diagonal die Kreuzung und streben ihrer Arbeitsstelle zu. Es sind lauter junge Menschen, und alle sehr gut und westlich gekleidet. Hin und wieder sieht man ein europäisches Gesicht. Meist sind diese schon mittleren Alters. Ich vermute, dass diese Männer einen verantwortlichen höheren Posten in einer ausländischen Firma innehaben.

Die Gesichter der jungen Menschen faszinieren mich. Ich versuche zu entschlüsseln, welchem Landesteil sie zugehörig sind. Stammen sie von den Mongolen, von den Tartaren, von den Manchus ab?

Sind es Uiguren? Welche Volksrassen gibt es noch? Eine Schande, dass ich so wenig weiß!

Wieder zurück in der Wohnung, treffe ich auf Roland, der gerade zur Arbeit aufbricht. Ich frage ihn in Bezug auf das ‚Oberbayerische Dorf'. „Es ist ein illegaler Bau, der schon seit längerem ruht", erklärt er mir, und weiter „die Häuser waren in erster Linie als eine Restaurantkette gedacht. Abgerissen wird das Dorf wohl nicht mehr werden."

Ich gehe duschen. Das gleiche Spiel wie immer: kaum lasse ich das Wasser über meinen Kopf rinnen, miaut lauthals vor der geschlossenen Türe eine Katze. Ich kann sie nicht warten lassen, denn vielleicht muss sie auf das Katzenklo? Wenn dann meine Vermutung zutrifft, bin ich sehr schnell mit dem Duschen fertig.

Als ich wieder zurück in mein Zimmer komme, sehe ich, dass mir Roland, dessen Leidenschaft Lesen ist, in der Zwischenzeit einige Bücher zum Lesen reingelegt hat. Es sind dies: Albert Camus: „Der Mythos des Sisyphos", Italo Calvino: „Die unsichtbaren Städte", Brigitte Reimann: „Franziska Linkerhand", Christian Y. Schmidt: „Allein unter 1,3 Milliarden", Stanisław Lem: „SOLARIS", Michel Houellebecq: „Elementarteilchen" (Oh, dieses Buch ist keine leichte Kost!). Ja, in den kommenden Wochen werde ich wohl keine Kurzweil haben! Noch dazu muss ich jeden Tag Tagebuch schreiben und Englisch lernen. Mit Yini kann ich ja nur Englisch sprechen. Ich muss unbedingt besser werden.

Der Vormittag und die Mittagszeit vergehen wie alle bisherigen. Nachdem Yini und ich auch etwas gegessen haben, entschließt sie sich, mich mit dem Kind zum Supermarkt zu begleiten. Wir wählen diesmal eine Strecke mit einem sehr breiten Bürgersteig, und seitlichem, großzügigem Streifen Rasen mit Bäumen zur Straße hin. Weil Xiao Ai einem Rollerblader zusehen will, bleiben wir stehen, zufällig vor einem Tee-Restaurant. Es dauert auch nicht lange, da kommt ein großer beleibter Mann heraus, vielleicht im Alter von fünfzig Jahren. Er spricht mit Yini etwas, geht dann wieder in sein Restaurant hinein und kommt wieder mit einem sehr schön geflochtenen Stuhl heraus. Er stellt ihn hin und schaut mich auffordernd an. Yini sagt zu mir: „Für dich!" Was, für mich? Mir bleibt die Luft weg. Sehe ich schon so alt aus, dass man mir einen Stuhl bringen muss? Ich setze mich nicht darauf, habe keine Lust dazu, hier auf dem Bürgersteig wie eine Oma zu sitzen.

Wir gehen weiter, biegen um die Ecke und gelangen zu einem Friseurladen. Eine Frau steht davor und beäugt liebevoll ihr Hündchen, dem es irgendwie langweilig ist. Mit der roten Schleife um seinen senkrecht vom Kopf abstehenden Haarschopf und dem akkurat gestylten Fell ist es wirklich ein beachtenswertes Hündchen. Ich zücke meinen Fotoapparat und will das lustig aussehende Tierchen fotografieren. Frauchen sieht das und protestiert heftig. Yini sagt, die Frau wolle das nicht, da der Blitz des Fotoapparates den Augen ihres Lieblings sehr schade. Da verzichte ich.

22. Mai 2013

Ein Ereignis habe ich gestern vergessen aufzuschreiben. Auf dem Weg zurück von meinem Morgenspaziergang - ich ging gerade die Treppen zur Fußgängerbrücke über die ‚Jianguo Rd.' hinauf - hörte ich schon von weitem arges Geschimpfe. Es herrschte dichtes Gedränge, denn es war ‚Rush-Hour'. Als ich näherkam sah ich, wie die Fußgänger einem Mann auswichen, der mitten in diesem Gewimmel irgendeine Person am anderen Ende seines Handys zur Schnecke machte. Mit rotem Kopf und vor Zorn schnaubend, stampfte er mit dem Fuß und fuchtelte wild gestikulierend mit dem freien Arm. Die Menschen um ihn herum, die alles mithören konnten, kümmerten ihn überhaupt nicht. Aber außer mir beachtete niemand dieses kleine keifende Männlein.

Ich bin noch lernfähig! Ich konnte das heute mit Genugtuung feststellen. Wenn ich jetzt die Möbel abstaube, kenne ich die Tücken des Plastikspielzeugs, das zur Nacht in den Regalen abgestellt wird. Ich fasse es gar nicht mehr an! Ich staube um es herum! Auf diese Körnchen kommt es ja nun wirklich nicht mehr an. Ich bin in CHINA! Jeden Tag dringt durch das Fliegengitter des geöffneten Fensters eine gehörige Portion Staub, die wir einatmen, ob wir wollen oder nicht. Anfangs, als typisch deutsche Hausfrau (relativ!), nahm ich jedes Spielzeug in die Hand, um es und die Stellfläche darunter abzustauben. In dem Moment, als ich es hochhob, ging schon der Krach los: vom Frosch ein lautes und gekrächztes Gequake, vom Auto ein Gehupe, vom Zug ein Gepfeife, vom Mini-Klavier eine Folge von dröhnenden Melodien usw. Diese Krachmacher zum Schweigen zu bringen, ist ein Unterfangen, bei dem man leicht versagen kann. In meiner Verzweiflung – ich wollte auf keinen Fall, dass Yini und Xiao Ai davon wach werden, denn ich war ja froh, dass sie schliefen – packte ich das nächstgelegene Kleidungsstück, um diese Ungeheuer mundtot zu machen. Es nützte nicht viel, ich hätte irgendetwas Schalldichtes gebraucht. Als ich wieder eines Morgens auf diese Biester hereinfiel, hatte ich schon was gelernt. Mutig hielt ich sie mit eiserner Hand fest, schoss damit um die Ecke in mein Zimmer, warf sie dort aufs Bett und erstickte sie mit meinem Kopfkissen.

Während Yini ihr Kind füttert, führen wir wieder einmal ein Minigespräch. Ich sage zu ihr, dass ich die chinesischen Frauen wunderschön finde. Da klärt sie mich auf. „Viele Frauen gehen hier in ein Hospital und lassen sich Schönheitsoperationen machen." Ich hätte hier Angst in ein Krankenhaus zu gehen. Ob man mir nicht vielleicht doch mein Herz oder eine meiner Nieren herausschneiden würde, um es einem reichen Amerikaner, einem Schweizer oder einem Russen einzusetzen?

Das Wetter hier in Peking zeigt Kapriolen. Heute Morgen um sechs Uhr dreißig scheint die Sonne schon sehr heiß vom Himmel. Um zwölf Uhr pfeift der Wind um die Hochhausecken und singt ein Lied, das ich nicht für möglich gehalten hätte. Die Sonne ist jetzt verdeckt. Die Luft ist diesig. Es sind nur die gegenüberliegenden Hochhäuser zu sehen, die dahinterstehenden sind nur schemenhaft zu erkennen. Um vierzehn Uhr gehe ich Hackfleisch und Spaghetti einkaufen. Ich will heute kochen, habe es Roland versprochen.

Mittlerweile ist es Abend. Roland kommt heute sehr viel früher als sonst nach Hause. Mit seiner Firma war er in der Gartenschau, die in einem anderen Stadtteil gezeigt wird. Ich frage ihn, was er alles gesehen habe und bekomme zur Antwort: „Na ja, typisch chinesisch halt!" Mehr ist nicht aus ihm herauszubekommen. Er spricht nicht gerne. Das ist schlecht für mich, denn ich würde gerne ein bisschen mehr Insiderwissen erzählt bekommen. Ich bin leicht frustriert und gehe etwas früher in mein Zimmer. Ich esse meine Nudeln mit der Hackfleischsoße nicht mit, da ich abends grundsätzlich nichts esse. Auf dem Bett wird meine Stimmung weinerlich. Wenn ich den ganzen Tag nur mit Haushalt beschäftigt bin, fällt sie immer ab, egal in welchem Land ich mich gerade aufhalte. Noch dazu sprach Yini tagsüber kaum etwas mit mir.

23. Mai 2013

Ich wache um sechs Uhr dreißig auf, habe zum ersten Mal Kopfschmerzen. In meinem Mund schmecke ich Abgase. Aber es liegt noch etwas anderes in der Luft? Ich spüre es. Ich weiß es aber nicht zu deuten. Also werde ich warten müssen. Es wird sich zeigen. Ich mache auf

meinem Bett Frühstück, dann erledige ich meinen Morgenjob. Wenn ich aus dem Fenster schaue, ist alles grau vom Smog. Die Sonne darf heute nicht scheinen.

Yini und Xiao Ai stehen auf und sind, wie immer, nicht sehr gesprächig. Ich frage Yini ein paar Mal, ob ich etwas für sie tun könne. Sie verneint. Ich gehe wieder in mein Zimmer. Nach einer Weile ruft sie mich und erzählt mir, dass ihr Vater seit zwei Wochen im Krankenhaus liege. Kaum war ihre Mutter in ihr Zuhause und zu ihrem Mann zurückgekehrt, hatte dieser ein paar Tage darauf einen Schlaganfall. Es gehe ihm mittlerweile aber schon viel besser und es bestehe die Aussicht, dass er sich wieder ganz erholen werde. Sie habe aber trotzdem sehr viele Sorgen um ihre Eltern, und vor allem plage sie ein schlechtes Gewissen. Ob die Mutter damit alleine zurechtkomme? Sie sei ja schon alt. Ich antworte ihr: „Deine Mutter ist doch nicht alt! Sicher komme sie mit der Situation zurecht." Dass man hier in China die

Menschen schon ab dem fünfzigsten Lebensjahr als alt betrachtet, will nicht in meinen Kopf hinein.

Um dreizehn Uhr dreißig gehe ich wieder Gemüse einkaufen. Als ich wieder in die Wohnung zurückkomme, von der Hitze und von der schweren Einkaufstasche ein wenig erschöpft, eröffnet mir Yini, dass Xiao Ai mit mir Plätzchen backen möchte. Darüber bin ich überhaupt nicht begeistert. In dieser winzigen Küche und in dieser Schwüle zu backen, dazu kann ich mich heute nicht aufraffen. Ich lehne ab. So backt Yini mit ihrem Kind, wobei sie mir versichert, dass ihr Backen Spaß mache. Dann ist ja alles ok, denke ich.

Spät am Abend kommt Roland mit ernstem Gesicht in mein Zimmer. Er muss mit mir reden. Er teilt mir mit, dass seine Frau unzufrieden mit mir ist. Ich hätte heute nicht mit dem Kind Plätzchen gebacken, obwohl sich das Kind das von mir gewünscht hätte. Außerdem würde ich mich nicht viel um das Kind kümmern. Ich bin sehr betroffen, denn diese Anschuldigung, dass ich mich nicht viel um das Kind kümmere, geschieht zu Unrecht. Das mit dem Backen aber stimme. Ich rechtfertige mich, sage ihm, dass ich mich jeden Tag sehr um das Kind bemühe, es aber nicht zwinge, bei mir zu bleiben, wenn es nicht will. Es ist noch zu sehr an die Mutter gewöhnt. Außerdem mache ich inzwischen schon sehr viele Arbeiten im Haushalt, was nicht vereinbart war. Ich merke, dass ich ärgerlich werde. Ich verweise auf die Bestimmungen des eingetragenen Vereins von Au-pair-Grand-Mère und sage: „Du weißt, dass eine Grand-Mère, wenn sie Arbeiten im Haushalt macht, dafür Taschengeld verlangen kann. Du kannst davon ausgehen, dass ich dies am Ende meines Aufenthaltes auch tun werde." Zu guter Letzt frage ich ihn noch, ob er wisse, dass seine Frau nach dem Aufstehen nicht ansprechbar sei? Roland sagt nichts und geht.

Ich liege im Bett und mir ist nicht gerade angenehm zumute. Immer wieder frage ich mich: „Wer bin ich hier?" Habe ich hier nur Leistungen zu erbringen? Habe ich hier keinen Anspruch auf eine eigene persönliche Zeit? Genügt es nicht, dass ich mich, außer samstags, schon auf die Familie eingestellt habe? Es stimmt, wenn das Kind mit der Mutter zusammen sein will, bleibe ich nicht daneben sitzen. Ich gehe in mein Zimmer und mache etwas für mich. Wir müssten vielleicht mehr zusammen reden. Aber wann? Der kleine Knirps bestimmt den ganzen Tag, und alles andere ist untergeordnet. Da Roland jeden Tag sehr spät von seiner Arbeit heimkommt, ihm nur knapp zwei Stunden zusammen mit dem Kind bleiben, ziehe ich mich zurück, damit er diese Zeit voll und ganz dem Kind widmen kann. Gerne würde ich mit Roland viel über sein Leben hier in China und über die chinesische Kultur reden. Ganz bewusst verzichte ich darauf und nehme mich zurück. Wenn Xiao Ai dann um zweiundzwanzig Uhr endlich schläft und Roland und Yini wieder auf der Bildfläche erscheinen, beginnt ihre Zweisamkeit, die sie bis zwei oder halb drei Uhr morgens ausdehnen. Gut, ich könnte mich dazu gesellen, sie hätten das vielleicht auch gerne, aber mit diesen verschobenen Zeiten im Tagesablauf kann mein Körper nicht mithalten.

24. Mai 2013

Nachdem ich gestern, außer der Kontroverse mit Roland, nichts Besonderes erlebt habe, ziehe ich sehr früh zum ‚DONGJIAO-Market' los. Vorgestern Abend ging ich schon ein Stück hinein, kehrte aber dann um, da die Nacht schon hereinbrach. Mein Blick aus dem Fenster zeigt mir, dass die Luftverschmutzung heute sehr hoch sein muss. Ich nehme daher meine Atemschutzmaske gleich in der Wohnung um. Mein Körper fühlt sich irgendwie schlapp an. Meine Beine sind schwach. Als ich die Treppen zur Fußgängerbrücke hinaufsteige, strengt es mich mehr an als sonst. Smog und meine Psyche haben sich wohl die vergangene Nacht gegen mich verschworen.

Ich gehe durch die Mitte des Marktes, vorbei an den winzigen Läden, die noch geschlossen sind. Es ist kurz vor sieben Uhr. Die große Halle mit den Lebensmitteln ist offen. Welch riesiges Angebot von Fleisch, Fisch, Gemüse, Obst, Gewürze und vielen anderen Lebensmitteln, die ich nicht kenne. Jedenfalls gibt es hier alles, was man sich nur vorstellen kann. Meinen Versuch, durch die Fleisch- und dann durch die Fischstraßen zu gehen, breche ich nach ein paar Schritten ab. Der Betonboden ist nass.

Wie schnell kann man hier ausrutschen! Außerdem würde ich unweigerlich nach meinem Durchgang den jeweiligen Geruch angenommen haben. Langsam schiebe ich mich durch das dichte Gedränge der Verkäufer und Käufer an der Gemüsestraße vorbei. An beiden Seiten Berge von Grünzeug. Ich kenne die Sorten gar nicht! Es ist ein geschäftiges Treiben im Gange. Die Käufer prüfen sehr genau. Mit den Händen! So ein Überangebot! Es erdrückt mich fast. Aber es ist notwendig, um die große Masse von Menschen hier in Peking zu versorgen. Ich schieße ein paar Fotos und verlasse die Halle, die ein Duftgemisch hat, das einen beinahe umwirft.

Zurück gehe ich den Fußweg neben dem Fluss. Ich denke an die Menschen, die ich gerade auf dem Marktgelände gesehen habe. Wie sehr sie sich doch von jenen unterscheiden, die mir bis jetzt begegnet sind. Jene waren fast nur Büromenschen, jung, gutaussehend und gut gekleidet. Auf dem Marktgelände jedoch trifft man auf Menschen, die nicht mehr so jung sind und die mit Händen arbeiten. Viele kommen sicher vom Land und das harte Leben ist ihnen ins Gesicht geschrieben. In mir verfestigt sich mehr und mehr der Eindruck, wie fleißig und arbeitsam die Chinesen sind, und noch dazu immer guter Laune.

In der Wohnung treffe ich auf Roland, der schon auf dem Weg ins Büro ist. Ich frage ihn, wie hoch die Luftverschmutzung heute sei. Er zeigt mir auf seinem I-Pad 289 pm2.5. Auf dem Tisch liegen für mich seine

Notizen für meinen morgigen Ausflug zur ‚Chinesischen Mauer'. Danke! Ich freue mich darüber. Die Kontroverse gestern ist vergessen. Ich lese sie schnell durch und sage zu ihm: „Das sieht nicht sehr schwierig aus!" Darauf Roland: „Unterschätz das nicht! Du wirst alles nur in Chinesisch geschrieben vorfinden. Englisch spricht kaum einer." Ich atme kurz durch, und im nächsten Moment sage ich mir: „Ich will dort hin, also werde ich auch dort hinfinden und wieder zurück." Da ich vor meinem Morgenjob noch genug Zeit habe, gehe ich in mein Zimmer, um dort die Route als Übung abzuschreiben. So präge ich sie mir schon vorab in meinem Kopf ein.

‚Chinesische Mauer', Badaling:

1. U-Bahn Linie 1, Richtung ‚Ping guo yuan' bis ‚Jianguomen' Station. Dort umsteigen in Linie 2 (Ringlinie), Richtung ‚Chaoyangmen'.

2. Linie 2 bis ‚Xizhimen' Station (8 Stationen). Dort aussteigen und zur ‚North Railway Station' rüberlaufen (direkt vor der U-Bahn Station).

3. An der ‚North Railway Station' eine Fahrkarte nach ‚Badaling' kaufen. Dann richtigen Bahnsteig suchen (steht auf der ausgedruckten Fahrkarte) und richtigen Waggon und Sitzplatz finden (auch auf der Fahrkarte).

4. In ‚Badaling' angekommen, am besten gleich Rückfahrkarte am Schalter kaufen (zur gewünschten Uhrzeit).

Vom Bahnhof kann man zu Fuß zum Eingangsbereich der ‚Großen Mauer' laufen (immer den Menschenmassen nach). In ‚Badaling' gibt es ferner zum Anschauen: Eisenbahnmuseum (erste, von Chinesen geplante und gebaute Eisenbahnlinie). Und direkt hinter dem Bahnhof (über die Gleise, also umgekehrte Richtung als zur ‚Mauer') ein kleines altes Dorf (stark saniert, als Touristenattraktion). Name des Dorfes: ‚Chao Dao Cun'.

Mittags läutet das Haustelefon. Nach einiger Zeit (auf den Aufzug muss man manchmal sehr lange warten) klopft jemand an die Wohnungstüre. Xiao Ai, die sich immer ein wenig erschreckt, wenn es an der Türe klopft, verzieht sich in die äußerste Ecke der Couch. Yini geht und öffnet die Türe einen Spalt. Es ist der Boy von der ‚Farm'. Einzeln reicht er ihr jede online bestellte Gemüsesorte durch den Spalt, welche sie auf Qualität überprüft. Ist etwas nicht frisch, nimmt und bezahlt sie es nicht. Yini reicht mir einen Eisbergsalat, dann etwas, was aussieht wie das Grün von Karotten und schließlich einen Packen Grün, den ich ebenfalls nicht zu benennen weiß. Ich gehe damit in die Küche und wasche alles sehr sorgfältig.

Es ist jetzt halb drei Uhr nachmittags. Draußen wird es konstant dunkler und nebliger. Ich wasche gerade das Geschirr ab, da kommt Yini und sagt: „Sieh mal aus dem Fenster. Wir haben Sandsturm mit Regen." Ich sehe keinen Sand fliegen. Mir fehlen die

Vergleiche. Der Himmel grollt immer lauter. Er ist wohl heute sehr schlechter Laune!

Abends im Bett ist mir doch ein wenig bange vor dem morgigen Tag. Wie wird er wohl werden?

25. Mai 2013, Samstag

Kurz vor halb fünf Uhr werde ich wach. Ich hatte bei meiner Mutter im Himmel Weckzeit fünf Uhr bestellt, aber meine Mutter war immer klüger als ich. Also weckt sie mich schon eine halbe Stunde eher. Ich frühstücke und mache mich im Bad fertig. Beim Verlassen der Wohnung sehe ich gerade noch rechtzeitig den Proviant, den mir Yini in der Nacht bereitlegte. Ich bin überrascht, als ich daneben ein kleines Bündel Yuan im Wert von ungefähr einhundert Euro liegen sehe. Auf einem Zettel steht von Roland geschrieben: „Nimm bitte dieses Geld mit. Vielleicht musst Du mit dem Taxi zurückfahren." Von dieser unerwarteten Fürsorge bin ich gerührt. Vielen herzlichen Dank!

Die Straßen sind jetzt um fünf Uhr fünfzig noch ziemlich leer. Aber je mehr ich mich der Subway Station nähere, umso mehr Leute streben in die gleiche Richtung. In der U-Bahn ist es schon so voll, dass kein Sitzplatz frei ist. Ich schlinge meinen Arm um die Halterung. Mir ist diese senkrechte Stange lieber als einer der vielen Griffe, die von der Zugdecke hängen. Ein wenig ekelt es mich davor.

Leider habe ich keine Handschuhe. Ich betrachte die Menschen. Zwei Männer mittleren Alters sitzen auf ihren großen Säcken (was sie wohl darin verstaut haben?) mitten in dem Abteil auf dem Boden. Ich sehe sie mir genauer an. Das Gesicht des einen Mannes fesselt mich. Den Blick ins Nirgendwo gerichtet, lächelt er nach innen. Es liegt unglaublich viel Ruhe und Freude auf diesem Antlitz. Er scheint sehr glücklich zu sein; hat vielleicht schon viel Leid erfahren.

In ‚JIANGUOMEN' steige ich in die Linie 2 um und fahre bis ‚XIZHIMEN'. Hier steige ich aus. Von dieser Station sind es nur ein paar Schritte bis zur ‚NORTH RAILWAY STATION'. Ich orientiere mich und suche den Ticketschalter. Ich reiche der Angestellten den Zettel mit dem chinesischen Text („Bitte eine Fahrkarte nach BADALING"), den mir Yini am gestrigen Abend noch in mein Zimmer brachte. Sie wirft einen Blick darauf und schickt mich mit einer resoluten Kopf- und Handbewegung wieder nach draußen. Wo soll draußen ein Schalter sein? Einfach ist mein Unternehmen nicht, das erkenne ich immer mehr. Ich gehe ein paar Schritte am Gebäude entlang, vorbei an einem kleinen geöffneten Schiebefenster. Etwas ratlos kehre ich wieder um, mit dem Vorsatz, es an diesem Fenster mal zu versuchen. Ich halte den beiden Bediensteten meinen Zettel unter die Nase. Die junge Dame bespricht etwas mit ihrem Kollegen. Dann sagt dieser „six". Aha, das muss ich wohl bezahlen? Ich bekomme mein Ticket für umgerechnet fünfundsiebzig Cent, womit ich siebzig Minuten mit dem Zug in die Berge fahren kann. Die Fahrkarte ist ein kleiner Fetzen Papier mit einer Zeile chinesischer Schriftzeichen und ein paar Nummern.

Nun gehe ich, es ist kurz vor sieben Uhr, in den sehr großen Wartesaal. Zu zwei Drittel sind die Sitzreihen von den Reisenden schon besetzt. Die sehr große Informationstafel mit den Abfahrten der Züge weist nur chinesischen Text auf. Konzentriert versuche ich darin anhand der Fahrkarte meinen Zug zu finden und damit zugleich auch den Bahnsteig und die Abfahrtszeit. Meinen Kopf bewege ich in einem fort rauf und runter. Da spricht mich in rüdem Ton ein Mann an und weist mich mit einer Handbewegung zur anderen Seite des Wartesaales. Ich schaue ihn verdutzt an, denn ich empfinde ihn sofort als ein wenig grob. Zugleich taucht in mir die Frage auf, woher dieser Mann mein Reiseziel wissen will? Da ich ihm nicht gleich folge, wiederholt er genervt die Aufforderung. In seinen Augen bin ich wohl ein bisschen blöde? Gut, es ist besser, ich folge. Brav gehe ich zur anderen Seite, setze mich auf einen freien Platz und komme zu dem Entschluss, ich muss es anders versuchen.

Neben mir sitzt eine junge Chinesin, die ganz vertieft in einem englischen Reiseführer liest. Ich fasse mir ein Herz, denn ich störe sie ungern und frage, ob sie auch nach ‚BADALING' fahre. Ihr Mann, der neben ihr sitzt, bejaht meine Frage. Die beiden sind sehr freundlich und wir beginnen eine

Unterhaltung. Nach etwa einer halben Stunde werden wir von dem ‚rüden Mann' rüde unterbrochen. Wir sollen uns gefälligst dort anstellen. Dabei deutet er mit einer Handbewegung auf die Wartenden, die vor einer Glastüre stehen. Im Grunde ist dieser ‚rüde Mensch' ein hilfsbereites Wesen, denn nur so wird es uns möglich sein, im Zug einen Sitzplatz zu ergattern. Aber das wissen wir jetzt noch nicht. Eine Frau, die mir schon vorher wegen ihrer geschmackvollen Kleidung auffiel (ein sehr schöner Hosenanzug, nicht die sonst typischen ‚Schlafanzüge', die man manchmal bei Älteren sehen kann), gesellt sich zu uns. Sie erkennt sofort, dass das Ehepaar japanischer Nationalität zugehörig ist. Mir wäre das nicht aufgefallen. Irgendwie sehen sich diese beiden Völker manchmal sehr ähnlich. Das lange Stehen strengt mich an. Dann werden die Glastüren zum Bahnsteig geöffnet. In die Masse kommt Bewegung und auf uns wird von hinten stark geschoben.

Das große Rennen auf dem Bahnsteig beginnt. Zuerst will ich nicht, aber die Japanerin fordert mich auf, doch mit ihnen mitzurennen. So laufen wir, von den Jüngeren überholt, mindestens dreihundert Meter bis zum Zug. Dass der Japaner etwas dicklich ist, ist für mich von Vorteil, ich kann mit ihnen gut mithalten. Wir laufen bis zum zweiten Waggon vor, denn alle Waggons, an denen wir vorbeihetzen, sind schon besetzt. Geschafft! Ganz schön lächerlich, diese Rennerei! Ich habe einen Fensterplatz. Einige Minuten noch, und der Zug setzt sich in Bewegung. Es ist ein sehr moderner Zug, die Innenräume sind in ihren Platzverhältnissen sehr großzügig gehalten, und alles ist sehr sauber.

Wir rollen langsam aus der Stadt. Das zieht sich lange Minuten hin. Dann beschleunigt der Zug seine Geschwindigkeit. Nächster Halt ist der Bahnhof ‚QUINGHUAYIAN'. Nach kurzem Stopp geht es weiter. An den Gleisen entlang ist viel Brachland, es tauchen niedrig gebaute Hütten aus brüchigem, hellbraunem Backstein auf, mit allerhand Gerümpel drum herum. Wäsche hängt dazwischen, also wohnen hier Menschen. Eine Zugbegleiterin geht durch und schreit etwas ins Mikrofon. Wir erreichen ‚QINGHE' Station. Der Zug wird immer voller und der Geräuschpegel immer höher. Aber die Landschaft draußen wird schöner und interessanter. Sie ist nicht mehr so dicht besiedelt. Eine Frau geht mit einem Mann durch das Abteil und bietet jedem Fahrgast etwas an. Ich denke, sie verkauft Ansichtskarten und verlange eine Karte zum Anschauen. Als sie merkt, dass ich nicht kapiere, was sie will, reißt sie mir die Karte frech mit ein paar zu mir hingeworfenen Sätzen aus der Hand. Zimperlich braucht man bei den Chinesen nicht sein! Ich will nichts mehr haben und schaue aus dem Fenster. An mir zieht vorbei:

Sumpfiges Brachgelände, mehrere Fischweiher, ein flacher schmaler Fluss, ein Friedhof mit kleinen weiß getünchten Backsteinhäuschen (etwas größer als ein Sarg) und mit einer Tafel davor, ein Fluss voller Moos und Algen, ein großes Abbruchgelände, eine halbfertige Autobahn, die zu einer Phantomstadt führt (die Hochhäuser haben noch Skelettcharakter), das Rülpsen eines Mitreisenden, viele Laubbäume, dann eine Reihe Pappeln, ein Urnengräberfriedhof mit je einem Bäumchen an der Marmorplatte (schaut sehr liebreizend aus), eine riesige Gärtnerei mit leeren Gewächshäusern, ein Güterzug mit Panzern auf den Waggons, ein ordentliches Dorf mit niedrigen roten Backsteinhäusern, ein einzelnes Backsteinhaus im Rohbau, dessen Wände unglaublich dünn sind, eine moderne Wohnsiedlung mit Mietshäusern bis zum fünften Stock, viele Bäume und jetzt, was für ein schöner Anblick, die Bergkette, etwas in Dunst. Von der Ferne schätze ich die Höhe dieser Berge auf etwa eintausendachthundert Meter. Nun wieder Brachgelände der Trasse entlang, eine Ziegelei mit zwei hohen runden schmalen Backsteintürmen.

Wir fahren in einen größeren Bahnhof ein, ‚NANKOU' Station. Im Display des Zuges immer nur chinesische Schriftzeichen. Oh, wie flink muss so ein chinesisches Gehirn sein! Es geht weiter. Draußen tauchen Sonnenschirme auf, wohl ein Markt, dann dicht gedrängte kleine schmale Backsteinhäuschen, deren schwach geneigte graue Dächer sich aneinander ducken. Häuschen, aus Holz gebaut, habe ich bis jetzt noch nicht gesehen. Wir kommen nahe an die Berge heran. Die sanft gerundeten Hänge liegen in einem saftigen Grün. Wie schön, nach so vielen Tagen wieder einmal Natur und Landschaft zu sehen! Und sie hat wirklich einen besonderen Reiz. In einem grün wuchernden Flussbett sehe ich zwei Frauen, die wahrscheinlich nach Salat und Kräutern suchen. Der Zug fährt jetzt sehr langsam am Fuße der Berge entlang. Immer wieder spitzt eine kleine Pagode aus den Wipfeln des Bergwaldes hervor. Ich bin ganz gerührt! Das ist China! Jetzt fahren wir zwischen den Bergen hindurch. Wie aufregend! Ich entdecke linkerhand die ‚Chinesische Mauer'. Ganz deutlich sind die vielen gemauerten Treppen zu erkennen. Ich staune über dieses unglaubliche Bauwerk, das vor langer Zeit zur Verteidigung gegen die Feinde errichtet wurde. Wir fahren durch einen Tunnel. Danach immer noch der Blick auf ‚The Great Wall'. Sie wurde gebaut zum Schutz für das ‚Middle Kingdom' und gegen die Angriffe der Mongolen und erstreckt sich von ‚SHANHAIGUAN' (nordöstlich von Peking am Meer) bis in die ‚Wüste Gobi'. Nun sehr dichter Baumbestand zu beiden Seiten der Gleise. Dann eine schmale, stark befahrene Straße parallel zum Schienenstrang. Der Zug windet sich in leichten Kurven dahin, fährt wieder durch einen kurzen Tunnel. Viele Busse fahren die Straße entlang. Wir sind wohl gleich in ‚BADALING'. Wieder ein Tunnel, dann bleibt der Zug stehen. Was ist das? Ah, jetzt fährt er rückwärts. Wir fahren nochmals durch einen langen finsteren Tunnel und dann sind wir da. Ein kleiner Bahnhof.

Am Schalter kaufe ich mir die Rückfahrkarte. Und jetzt ist es mir egal, wenn es eine Bodentoilette ist, ich muss dringend! Ich halte meine Hosenbeine fest und denke mir: „Wie kann man nur so unbequem in Hocke müssen?!" Die armen alten schwachen Leute! So eine Tortour noch im Alter! Jetzt kann es losgehen, bin gerüstet für den Marsch zur ‚Mauer'! Ich schließe mich den Leuten, die vor mir gehen, an. Auf der Straße stehen die Autos, weit vor der Einfahrt in einen großen Parkplatz, im Stau. Nach ungefähr achthundert Metern erreiche ich einen, in grauem Stein errichteten Gebäudekomplex. Hier an den Kassen gibt es wohl Tickets für ‚The Great Wall' zu kaufen. Von wegen! Ich frage zwei junge Männer, ob sie englisch sprechen. Sie bejahen. Von ihnen erfahre ich, dass sie auch Tickets kaufen wollen. Nachdem sie sich schon erkundigt hatten, wissen sie auch, wo es diese gibt. Sie laden mich ein, mit ihnen zu gehen. Wir folgen den Menschen vor uns und kommen zu einem großen Platz mit mehreren Gebäuden. Dort gibt es Tickets zu einem Preis von fünfundvierzig Yuan, das sind etwa fünf Euro fünfzig. Wir gehen zur Durchgangssperre und schließen uns der nach oben strebenden Besuchermenge an. Ich achte darauf, dass wir nicht auseinandergedrängt werden, denn die beiden sehr höflichen jungen Männer richten interessiert einige Fragen an mich. Ich erzähle ihnen ein bisschen von mir. Im Gegenzug erfahre ich von ihnen, dass sie zusammen in einem Monat nach Nigeria gehen, um dort zu arbeiten. Vorerst wollen sie dort ein Jahr bleiben.

Auf der schmalen Mauer sind die Steinstufen konkav gewölbt, so viele Millionen Menschen gingen schon darüber. Es geht langsam voran. Jeder will zu dem großen Wachturm nach oben, zu dem es geschätzte zwei Kilometer sind. Die Massen wälzen sich langsam dahin. Ich mittendrin. Meine beiden jungen Begleiter habe ich inzwischen schon verloren. Die Sonne brennt gnadenlos vom Himmel. Ich habe meinen Sonnenhut auf und die Atemschutzmaske um. Als wir uns alle dem großen Eckturm nähern, geht nichts mehr. Diese Masse Mensch steht im Stau! Der Wachturm hat ein Mauerwerk von mindestens zehn Metern. Durch ihn führen zwei schmale niedrige Tunnel, die nur für zwei Menschen neben- oder gegeneinandergehend reichen. Ich bekomme Gänsehaut, als ich merke, dass von hinten immer noch Menschen nachdrücken. So muss es sein, wenn Panik ausbricht! Nein, ich verzichte, ich will nur noch zurück und hinunter. Millimeterweise zwänge ich mich durch die Masse zum äußeren Rand der Mauer. Dort versuchen schon welche, wieder abwärts zu gehen. Ich schaffe es und folge ihnen auf Tuchfühlung. Ruckweise ertaste ich vorsichtig mit den Füßen die Treppen nach unten. Schade! Von diesem Posten hätte man einen guten Rundblick in die bergige Landschaft gehabt. Ich verzichte jetzt gerne darauf.

Auf halber Strecke gibt es wieder mehr Bewegungsfreiheit. Mir fällt ein, dass ich als Erinnerung gerne ein Foto von mir hier auf der ‚Großen Mauer‘ hätte. Ich sehe mir die jungen Männer an, die mir entgegenkommen. Den, der den freundlichsten Eindruck auf mich macht, spreche ich an. Ich bitte ihn, mich zu fotografieren. Natürlich! Kein Problem! Ich gebe ihm meine Kamera. Die Örtlichkeit, auf der ich jetzt stehe, gefällt ihm nicht. Er spricht einen anderen Mann an, der gerade ein paar Schritte entfernt die Aussicht genießt, er möge doch den Platz für mich frei machen. Mir ist diese Bitte etwas peinlich, aber der Gefragte bejaht sie mit einem Lächeln und tritt sofort zur Seite. Nun stehe ich gut, aber mein ,Fotograf' knipst nicht, schaut mich nur etwas abwartend an. Ich kann seine Gedanken lesen. So total mit Sonnenhut und Atemschutzmaske vermummt, kann man von meinem Gesicht fast nichts erkennen. Ich fange zu lachen an und reiße die Maske herunter. Schon bleiben ein paar andere Männer (Männer gibt es in China ja in Überschuss!) vor mir stehen, lachen mit mir und amüsieren sich köstlich über mich. Gut, dass ich nicht verstehe, was sie sagen. Ich stelle fest, es stimmt wirklich, was ich vor kurzem in einem Buch gelesen hatte: Die Chinesen sind sehr schaulustig und kommentieren die Situation heiter und ungeniert. Ich finde die Situation ebenfalls sehr lustig. Die Fotos werden dadurch sehr schön.

Endlich wieder unten im normalen Gelände setze ich mich am Rand des Platzes unter einen Baum, um mich im Schatten abzukühlen und meinen Proviant zu essen. Es ist interessant, dieses asiatische Volk zu beobachten. Ich denke an die schönen Frauen, die auf der ,Mauer' aus der Masse herausstachen. Einmal waren es zwei mittleren Alters. Sie waren ganz in schwarz gekleidet und trugen je einen Sonnenschirm in schwarzer und weißer Spitze. Das Oberteil ihres Gewandes war ebenfalls in schwarzer Spitze. Die schwarzen Haare hatten sie streng nach hinten gekämmt. Beide hatten sie eine braune Hautfarbe. Gehörten sie dem Volk der Uiguren an? Ein andermal waren es drei, etwas jüngere Frauen. Sie hatten leuchtend blaue, eigentlich eher türkisfarbene, bestickte Kleider an, die bis zum Knöchel reichten. Ihre braunen Haare waren nach hinten gekämmt. Zwei von ihnen trugen einen seitlichen Haarschmuck von gelber Farbe. Dieser bestand aus vielen locker aneinander gereihten Stoffblüten, die bis über den Busen reichten. Eine von ihnen trug einen Sonnenschirm von gelbem dünnem Stoff mit Spitze. Vielleicht waren das Indonesierinnen? Ich weiß es nicht.

Während ich als Nachspeise noch einen Apfel esse, stellen sich zwei Chinesen dicht neben mich hin und unterhalten sich. Ich empfinde dies als unangenehm, stehe auf und setze mich ein Stück weiter auf die gemauerte niedrige Einfassung einer kleinen Grünfläche. Von hier habe ich einen freien Blick zur ‚Chinesischen Mauer‘, dem ‚Steinernen Drachen‘ im ‚Reich der Mitte‘. Hundert Jahre dauerte ihre Bauzeit. Ich lasse meinen Blick auf ihr entlang schweifen und sehe vor meinem inneren Auge Millionen von ausgehungerten Sträflingen und Verbannten, die unter unmenschlicher Knechtschaft

Wasser, Erde und Steine auf ihren Schultern tragen. Wie viele Millionen kamen dabei um?

Ich marschiere wieder in Richtung Bahnhof. An einer kleinen Abzweigung steht ein Schild zum ‚Museum Great Wall'. Ein geteerter Weg führt zu dem Gebäude hinauf. Das will ich mir ansehen. Die interessanten Informationen und die Exponate über die chinesische Geschichte sind sehr aufschlussreich, aber irgendwie fehlt mir die Kraft, alles genauer zu lesen und zu besichtigen. Ich verlasse bald das Museum und strebe dem Dorfmuseum zu. Ich gehe ungefähr fünfhundert Meter an der Seite der stark befahrenen Straße entlang, biege dann in einen erdigen Weg ab und überquere die Gleise. Gleich dahinter stehen ein paar Händler mit Obst, Säften und verschiedenen kitschigen Andenken, in denen Mao allgegenwärtig ist. Ich erreiche die Häuseransammlung. Soll diese ein typisch chinesisches Dorf sein? Alle Häuser sind leer. Sie sind schmal und länglich, haben wahrscheinlich nur drei Zimmer nebeneinander. Die vordere Wand ist eine einzige Fensterfront. Ein Haus hat viele rote Lampions am niedrigen Dachfirst hängen. Ein komisches Dorf.

Ich gehe zum Bahnhof. Obwohl ich noch eine Stunde Zeit bis zur Abfahrt des Zuges habe, will ich mich in den Wartesaal setzen. Ich bin müde. Ich habe aber kein Glück. Die Sitzplätze sind schon alle belegt. Vor der Sperre stehen schon Reisende. Ich stelle mich dazu. Die Minuten ziehen sich endlos dahin. Endlich wird die Sperre geöffnet. Alle drängen hinaus auf den

Bahnsteig, wo sie wieder zu laufen beginnen. Jeder will einen Platz im Zug. Ich auch! Darum laufe ich auch, obwohl mir das irgendwie minderwertig vorkommt. Aber ich kann wirklich nicht mehr stehen, und dies über eine Zugfahrt von siebzig Minuten. Es gelingt mir, einen Sitzplatz am Fenster zu ergattern. Es dauert nicht lange, da setzt sich ein älterer Chinese neben mich. Er fängt sofort ein Gespräch mit mir an. Gegenseitig tauschen wir aus, woher wir kommen. Er erzählt mir, dass er, als er dreißig Jahre alt war, nach Washington zum Arbeiten ging. Jetzt, in Rente, wollte er wieder einmal seine Heimat besuchen.

Wieder zurück in meinem Stadtteil in Peking, gehe ich noch ins Café. Dann schleppe ich mich zur Wohnung meiner Gastfamilie. Roland und Yini sind froh, dass ich gesund und munter zurückgefunden habe. Ich erzähle ein wenig. Dann falle ich ins Bett. Die ‚Große Mauer' zu sehen, war wirklich ein Erlebnis. Beim Einschlafen aber sage ich leise zu mir: „Einmal und nie wieder!"

26. Mai 2013, Sonntag

Ich wache um sechs Uhr Früh auf. Es schmerzen mir sämtliche Knochen. Mit einem Ruck drehe ich mich zum Fenster und sehe hinaus. Die Luft ist eine dicke graue Suppe. Ich lasse meinen Plan, heute zum ‚Lama Tempel' zu fahren, fallen. Mein Körper sagt mir: „Mache dir einen gemütlichen Tag! Lies, schreibe, erledige deinen Haushaltsjob! Das reicht!"

27. Mai 2013

Warum geht eine Frau in meinem Alter, knapp 64 Jahre, als ‚Grand-Mère' nach China? Gestern Abend, ich wollte gerade einschlafen, schoss mir plötzlich, wie aus heiterem Himmel, diese Frage durch den Kopf und hielt mich trotz großer Müdigkeit mehrere Stunden wach. Ich will mich eigentlich nicht zuviel mit meinem vergangenen und zukünftigen Leben beschäftigen, es würde mich zu sehr runterziehen. Ich erhebe für mich den Anspruch, zu denken und zu fühlen, was ich schon als junge Frau in dem Buch ‚Ars Moriendi; die Kunst gut zu leben und gut zu sterben'[15] las:

„Nach Seneca schöpft die Lebenszeit nur der richtig aus, der weiß, dass er ‚täglich stirbt' (I. Brief an Lucilius). Nur wer bereit ist fortzugehen, genießt das Leben (61. Brief an Lucilius)..."

Ich sage mir oft: „Lebe einfach nur!" Es ist ja so kurz das Leben! Und schnell gerät alles in Vergessenheit, auch der Mensch, der einmal war. Einzig und allein ist es die ‚Liebe', die das Leben wirklich lebenswert macht. Sie ist Energie, eine nicht fassbare Materie, die nicht zerstörbar ist und sich auch in ein ‚Nichts' nicht auflösen kann. Und fortzugehen, womit das Sterben gemeint ist, macht mir keine Angst. Aufgrund meiner Krebserkrankung (Brustkrebs) im Alter von fünfunddreißig ist mir der

---

[15] Manesse Verlag Zürich, im Vorwort Seite 11,

Begriff ‚Sterben' allgegenwärtig. So macht mir auch alles Andere, was das Leben ausmacht, keine Angst.

Aber zurück zu meiner nächtlichen Frage. Ganz unterschiedliche Antworten gibt es darauf. In jeder steckt ein Fünkchen Wahrheit: Ich ging, weil ich alles hinter mir lassen wollte; weil sich plötzlich ein anderer Lebensweg auftat und mir zeigte ‚nichts besitzen und niemandem gehören zu wollen'. Ich ging, weil ich dieses unablässige Spüren, meine Kapazitäten aufgrund des Schicksals der Geburt nicht ausgeschöpft zu haben, endlich einmal abhaken wollte; weil ich mir selbst oft fremd war und ein Leben lebte, das mir ebenfalls fremd war. Ich ging, weil es mich in meinem Leben immer in die Ferne zog; weil ich in meinem Herzen bzw. in meiner Seele schon seit unendlichen Zeiten eine Nomadin bin.

Es war kein leichtes Leben, das ich als Erwachsene bis dato führte. Meine von der Mutter ererbte preußische Disziplin ließ mich dieses Leben aushalten. Ich bin mir erst jetzt meines Fehlverhaltens bewusst geworden: All die Jahre habe ich auf mich selbst vergessen. Das Wertvollste neben der LIEBE, die ZEIT, habe ich blind mit Freuden verschenkt, auch Geld. Für das Alter vorzusorgen war mir nicht wichtig. Konsequenzen, die sich daraus ergeben haben, rauben mir jetzt oft des Nachts meinen Schlaf.

Heute ist es draußen so, wie es gestern war: grau, trübe und sogar etwas kühl. Ich verzichte auf meinen morgendlichen Spaziergang und erledige gleich meinen Morgenjob. Ich räume den Wohnraum auf, bürste die Katzenhaare von der Couch, staube das Fensterbrett (auf diesem halten sich gerne die Katzen auf) und die Regale ab, kehre den Boden und wische ihn dann auf. Dann gehe ich in die Küche, erschlage die leichtsinnigen Küchenschaben, und dann in das Bad und bringe diese beiden Räume in Ordnung. Da die Wäsche, die Yini gestern Abend noch gewaschen hatte, schon trocken ist, lege ich auch diese noch zusammen. Als ich mit meiner Arbeit fertig bin, frühstücke ich in meinem Zimmer. Frühstück nach der Arbeit genieße ich immer besonders. Yini und Xiao Ai schlafen noch. Bis sie am späten Vormittag aufstehen, kann ich in Ruhe Englisch lernen oder Tagebuch schreiben.

Die Mittagszeit vergeht wie üblich.

Nachmittags, nachdem Yini und ich den vom Essensboy gebrachten ‚Bürgerking' (den gibt es auch hier in China!) und Sprossensalat gegessen haben, gehe ich auf Wunsch von ihr zur französischen Bäckerei. Ich soll ein Baguette kaufen. Die Bäckerei, die auch zugleich ein Café ist, wirkt in ihrer Ausstattung sehr einladend. Ich werde ein andermal wiederkommen, um einen Kaffee zu trinken. Heute ist es schon etwas zu spät dafür.

Auf meinem Weg zurück muss ich vor der roten Fußgängerampel warten. Seitlich in den Verkehr einbiegend, taucht ein Mann in seinem

Fahrradtransporter auf, dessen Hund mit seinen Vorderbeinen und vorgestrecktem Hals wie eine Trophäe im Einkaufskorb steht. Der Einkaufskorb ist vorne am Lenker an der Außenseite angebracht. Das Tier, das sich, wie man sieht, darin sehr sicher fühlt, schaut wach und herausfordernd auf den Verkehr um sich. Man hat den Eindruck, als würde es darauf achten, dass seinem Herrchen kein Auto zu nahe kommt. Mit seinem frisch geschnittenen braunen Fell und der wuchtig herausgearbeiteten Löwenmähne auf seinem Kopf sieht es umwerfend aus. Herrchen war wohl mit ihm gerade beim Hundefriseur! Ich zücke meinen Fotoapparat und knipse. Als ich die Kamera wieder senke, sehe ich, dass der Mann mein Fotografieren abgewartet hat. Beide sind wir amüsiert darüber und ich danke ihm lachend. Auch er lacht, winkt, gibt Pedalgas und fährt davon.

Ein Lächeln im Vorübergehen mit einem fremden Mann auszutauschen, kommt in meinem Alter nur noch ganz selten vor. Spätestens im Alter von fünfzig wird man für das andere Geschlecht unsichtbar, was ich als sehr angenehm empfinde.

28. Mai 2013

Ich bin schon im chinesischen Alltag angekommen! In meinem direkten Umfeld ist mir nichts mehr neu. Immer wieder bleibe ich an einer bestimmten Kreuzung länger stehen, die auf meinem Weg zum Supermarkt liegt. Das Chaos dort erheitert jedes Mal mein Gemüt. Sie hat keine Ampelanlage. Der Verkehr regelt sich von selbst. Ein rechts vor links scheint es in der chinesischen Straßenverkehrsordnung nicht zu geben. Die Autofahrer machen das unter sich aus. Manchmal verkeilen sie sich so ineinander, dass kein Vorwärtskommen mehr ist. Sie stehen da und hupen. Und wenn ich denke, wie wollen sie da wieder auseinanderkommen, löst sich der Knäuel im Nu auf. Eine chinesische Zauberei!

Ein Stück weiter, am Supermarkt vorbei, wo schon nicht mehr soviel Verkehr ist, gibt es eine Ampelanlage. Zusätzlich stehen dort auch noch zwei Männer in Uniform (Straßenpolizei?), die sich meiner Ansicht nach langweilen. Hier weist die Ampel für die Fußgänger eine Besonderheit auf. Geht die Gehzeit zu Ende, leuchten für die letzte Minute die Sekunden auf, die von sechzig auf null herunterzählen.

Grundsätzlich ist es für einen Fußgänger ratsam, seinen Blick wie ein Chamäleon 360 Grad schweifen zu lassen. Ganz selten, dass ein Autofahrer auf einen Fußgänger Rücksicht nimmt. Vor ein paar Tagen kam Yini mit dem Kind aufgeregt nach Hause und erzählte, sie wäre beinahe wieder von einem Auto angefahren worden. Ich denke mir, das kommt davon, wenn man so ängstlich ist.

Seit drei Tagen regnet es immer wieder in Abständen. Obwohl es nur ein leichter Nieselregen ist, reinigt er doch ein wenig die Luft. Bei dem täglichen dichten Smog ist dies wie ein Geschenk des Himmels.

Heute habe ich mich über Xiao Ai sehr gefreut. Wenn Mama für sie kocht, sitze ich mit ihr auf der Couch. Zuerst singen wir zusammen und schauen dann Bilderbücher an. Meist sind es chinesische Bilderbücher. Diese mag sie lieber. Ich erkläre ihr die Bilder auf Deutsch und bitte sie, die Wörter nachzusprechen. Der kleine Schatz ist willig, wiederholt aber auf Chinesisch. Ich wiederhole meine Bitte, sage: „Xiao Ai, bitte sage es mir auf Deutsch, ich verstehe dich ja sonst nicht." Wieder sehr willig kommt sie meiner Bitte nach. Wie das kleine Persönchen aber dann diese deutschen Wörter ausspricht, ist einmalig. Manchmal bin ich ganz gerührt davon. Wenn sie das spürt, streicht sie mir ein paar Mal ganz zart über meinen Oberarm. So eine vertrauensvolle Geste von so einem kleinen Kind macht mich ganz glücklich. Die chinesischen Kinderbücher sind für mein deutsches Verständnis oft irritierend. Oft weiß ich nicht, ist das jetzt ein Mama-, ein Papa-, ein Opa- oder ein Omihase. Könnte ich den chinesischen Text dazu lesen, ließe sich das herausfinden.

29. Mai 2013

Die Sonne scheint heute früh am Morgen schon sehr stark. Nach dem Regen kommt jetzt die große Hitze. Ich erledige meinen Morgenjob und esse genussvoll mein Frühstück auf dem Bett. Um sieben Uhr dreißig gehe ich einkaufen, denn ich will zum Mittagessen gefüllte Paprika und Reis kochen.

Um diese Zeit ist im Supermarkt schon viel Betrieb. Jetzt sehe ich auch viele ältere Leute, im Gegensatz zu sonst, wenn ich tagsüber unterwegs bin. An der langen Fleischtheke gibt es drei Fächer mit großen Mengen Hackfleisch. Es ist mit sehr viel fettem Anteil gemischt. Ich zeige der Verkäuferin, welches ich haben möchte. Die Menge verdeutliche ich ihr, indem ich mit den Händen eine entsprechende Kugel forme. Sie lacht. Dann stelle ich mich mit meinen Paprikaschoten am Tisch zum Wiegen und Auszeichnen an. Während ich warte, bewundere ich die Verkäufer, wie fix sie arbeiten und wie sie alle Preise im Kopf haben. An den Kassen dauert es ebenfalls lange, bis ich an der Reihe bin.

Wieder zurück in der Wohnung, spricht mich Roland, der gerade auf dem Weg zur Arbeit ist, an. „Wir haben ein Problem", sagt er. „Meine Frau bat mich gestern, dir zu sagen, dass Du dich mehr mit dem Kind beschäftigen sollst!" In meinen Ohren klingt das wie ein Befehl, und Frust steigt in mir hoch. Trotzdem antworte ich ruhig: „Roland, ab dem Zeitpunkt, wenn Yini und Xiao Ai aufstehen, stehe ich den ganzen Tag zur Verfügung. Ich akzeptiere den Wunsch deiner Frau, dass ich die ganzen Tage, außer samstags, für sie und das Kind da sein soll. Aber ich nehme mir die Freiheit, dass ich die Minuten, in denen Xiao Ai partout die Mutter neben sich haben will und nur mit ihr lesen und spielen will, für eigene Interessen verwende."

Den ganzen Tag bin ich ziemlich frustriert, lasse mir aber nichts anmerken.

Abends gehe ich noch eine Runde, um mich zu beruhigen. Es riecht nach Sommer! Ich atme tief ein und freue mich darüber.

30. Mai 2013

Große Aufregung heute! Yini geht es nicht gut. Ihr Herz schlägt zu schnell, und sie spürt sogar den Herzschmerz im Rücken. Sie erzählt mir, ihr Vater und ihr Großvater hätten auch Herzprobleme gehabt. Nachmittags bestellt sie ihren Mann nach Hause. Sie will ins Krankenhaus fahren und sich untersuchen lassen.

Mir trägt sie auf, was ich für Xiao Ai kochen soll: eine Suppe aus Yam und Hühnerfleisch, einen grünen Gemüsebrei aus Kohl und Grünzeug (das es in Deutschland nicht gibt). Dazu Damplings, das sind Teigtaschen mit Gemüsefüllung. Diese brauche ich nur aus dem Gefrierfach nehmen und in heißem Wasser sieden.

Um siebzehn Uhr fange ich mit dem Kochen an. Um achtzehn Uhr bin ich fertig. Roland ist etwas misstrauisch, ob sich Xiao Ai wohl von ihm füttern lassen wird. Bisher durfte dies immer nur die Mama tun. Aber Xiao Ai überrascht uns wieder einmal mit ihrer Klugheit. Es ist, als würde sie wissen, dass sie heute keine ‚Zicken' machen darf. Im Vergleich zu sonst, isst sie zügig alles auf.

Nach dem Essen ist das kleine Mädchen richtig glücklich. Es rennt übermütig in der Wohnung hin und her und fordert mich auf, Blödsinn zu machen. Xiao Ai muss mir das nicht zweimal sagen, denn ich selbst habe gerne Blödsinn und werde deswegen auch von meinen Enkelkindern und den Kindern meiner Nichte sehr geliebt. Xiao Ai lacht von Herzen. Plötzlich hält sie inne, kommt dicht an mich heran und schlingt ihre kleinen Ärmchen um meinen Hals. Dann drückt sie ihr Gesicht ganz fest an meines und verharrt so, für mich eine gefühlte Ewigkeit. Was für ein Geschenk! Ich bin ganz gerührt. Schon allein für so eine zärtliche Liebesbekundung eines Kindes lohnt es sich zu leben.

Yini kommt zurück. Sie hatte heute Glück mit den Taxis, musste nicht lange auf ein freies warten. Wir wollen wissen, was mit ihrem Herzen los ist. „Es ist nichts Schlimmes", sagt sie, „nur die Nasenhöhlen sind entzündet und dafür habe ich eine Menge Medizin bekommen."

31. Mai 2013

In der vergangenen Nacht ging mir die Herzgeschichte von Yini nicht aus dem Kopf.

Schließlich rang ich mich zu dem Entschluss durch, dreimal in der Woche ein Mittagessen zu kochen. Kochen bedeutet hier, bei zunehmender Tageshitze an zwei großen Gasflammen in einer Küche mit wenig Platz und Stellfläche zu hantieren. Dazu kommt noch, dass man vorher im Supermarkt einkaufen und oftmals eine schwere Tasche nach Hause tragen muss. Es erschöpft einen wirklich.

Als ich mittags Yini das Angebot mache, blockt sie etwas ab. „Dreimal musst Du nicht kochen", sagt sie, „in der Sommerhitze ist dies sehr anstrengend. Außerdem ist es billiger, wenn wir uns das Essen bringen lassen." Mir soll es recht sein.

Nachmittags sitzen wir friedlich und einträchtig zusammen. Ich spiele mit Xiao Ai Bauklötze, Yini kramt in einer Kiste. Nach einer Weile sagt sie: „Ich möchte dir gerne etwas schenken." Sie reicht mir zwei Paar Hängeohrringe (ein Paar hat rote Perlen und kleine Elemente aus Silber, das andere hat silberne filigrane Scheiben mit einem kleinen blauen Stein in der Mitte) und eine lange Kette mit kleinen Holzperlen. Ich freue mich sehr darüber und bedanke mich herzlich. Ich erwähne, dass mir schon oft auffiel, dass die chinesischen Männer Armreifen aus großen Holz- oder Halbedelsteinperlen tragen würden. „Ja, das ist Tradition hier in China", erklärt sie mir.

Während Xiao Ai und ich eine Stadt bauen, kreisen meine Gedanken um den gestrigen Tag. Hin und wieder schaue ich zu Yini hinüber, die konzentriert an ihrem Laptop arbeitet. So wie sie da sitzt, erscheint sie mir mit ihren zweiunddreißig Jahren noch als ein sehr junges Mädchen. Sie ist von kleiner Statur, wie fast alle Chinesinnen hier, aber nicht so schlank wie diese. Ihr schwarzes Haar, das ihr offen bis über das Gesäß reicht, hat sie im Nacken zu einem Dutt gesteckt. Obwohl ich Sympathie für sie empfinde, irritiert mich doch sehr ihr Verhalten. Da fällt mir gerade in diesem Moment ein, was sie mir am Anfang so nebenbei mitteilte. Ich hatte es in der Zwischenzeit vergessen. Sie sagte: „Sei nicht überrascht, wenn ich nichts spreche. Es geht mir dann psychisch nicht gut."

1. Juni 2013, Samstag

Heute haben wir schon sehr früh am Morgen Rush-Hour in unserer Wohnung. Wir machen uns für einen Ausflug zu einer Farm in den Bergen zurecht. Der Ort heißt ‚MIYUN', gehört verwaltungstechnisch zu Peking und liegt nördlich davon. Diese Fahrt wurde von Xiao Ais ‚Class' angeboten und kostet umgerechnet einhundert Euro.

Nicht weit von unserem Hochhaus entfernt warten bereits zwei Busse auf die ‚Ausflügler'. Einige stehen schon davor und unterhalten sich mit dem Reiseleiter. Es sind Eltern mit ihrem Kind, im Schlepptau die Großeltern oder die Großmütter. Wir steigen in den Bus ein. Meine Gastfamilie sitzt vorne in der dritten Reihe, ich sitze ganz hinten in der letzten. Langsam füllt sich der Bus, aber er fährt erst los, als der zweite voll besetzt ist.

Wir fahren die Stadtautobahn, Ring Road Nr. 4, Richtung Norden. Der Verkehr wird immer dichter. Es ist Wochenende und alle wollen auf das Land. Nach kurzer Zeit ist die vierte Spur, die Standspur, schon dicht befahren. Die Geschwindigkeit beträgt höchstens 60 km/h. Ich sehe unentwegt zum Fenster hinaus, um draußen nichts zu verpassen. Wie riesig doch die Stadt ist! Wohin mein Blick fällt, überall nur Wohntürme. Ich schätze manche sechzig Stockwerke hoch. Wieder erstaunt es mich, dass zwischen ihnen, den Stadtautobahnen und den Autobahnkreuzen jeder freie Fleck für einen grünen Bewuchs genutzt wird, auch wenn er noch so klein ist. Mit ihren winzigen Parkanlagen, Bäumen und bunten Rosenbüschen sind sie wie kleine Inseln. Die Autobahnkreuze sind von einer Dimension, dass man zu atmen vergisst. In weiträumigen Schleifen winden sich die Zu- und Abfahrten hinauf bis zu einer dritten Ebene, was eine beträchtliche Höhe ergibt.

Linkerhand erscheint ein Stadtteil, dessen Häuser westliche Fassaden haben. Man könnte denken, sie stammen aus der Gründerzeit. Wir sind schon über eine Stunde unterwegs, und ich habe den Eindruck, wir befinden uns noch mitten im Zentrum. Peking dehnt sich immer weiter aus, wächst immer mehr in die Höhe. Es werden ganze Dörfer ruckzuck aufgelöst, indem die winzigen Häuser platt gewalzt werden. Der Verkehr ist inzwischen so dicht geworden, dass der Bus streckenweise in Schritttempo fährt. Wie bereits erwähnt, Peking hat ungefähr zwanzig Millionen Einwohner. Die Vermutung liegt nahe, die Stadt erstickt eines Tages an der Masse der Menschen und an dem Smog, der sie in einen grauen Schleier hüllt. Beinahe verstehe ich die Ein-Kind-Politik!

Die Bebauung wird lichter, und die Luft durchlässiger und klarer. Wir nähern uns der Stadtgrenze. Neben der Autobahn erscheint eine Fläche, die mit Schutt von hellem Backstein übersät ist. Hier gab es wohl noch vor kurzem ein Dorf. Die armen Menschen, die einmal hier lebten! Jetzt hausen sie in einer winzigen Wohnung in einem

Hochhaus, entwurzelt und ihrer gewohnten Lebensweise auf dem Land beraubt. Ob sie vom Staat unterstützt werden?

Wir überfahren ein Flussbett von mindestens einem Kilometer Breite. Total ausgetrocknet liegt es da. Wie mag der Fluss aussehen, wenn er Wasser führt? Auf seinen beiden Seiten riesige Polder. Die Hochhäuser verschwinden. Wohin das Auge schaut, alles ist sehr grün. Die Bergkette wird in der Ferne sichtbar. Auf einer Verkehrstafel steht: „The Great Wall" – SIMATAI. Wir nähern uns den Bergen. Ich suche nach der ‚Großen Mauer', sehe aber nur schemenhaft in der Ferne auf einem Berggipfel eine Art Festung. Wir passieren eine Autobahn-Mautstelle, der Fahrer hält kurz an. Ich hoffe, dass wir die Autobahn verlassen, denn ich muss dringend zur Toilette. Nein, es geht vierspurig weiter. Bis jetzt konnte ich keine einzige Raststätte sehen. Bei jeder Ausfahrt in einem Abstand von fünf bis neun Kilometern hoffe ich, dass die unsrige dabei ist. Ich hoffe vergebens. Wir erreichen wieder eine Mautstelle. Endlich biegt der Bus in der dahinter liegenden Ausfahrt ab. Ein Toilettenhaus kommt in Sichtweite. Er steuert darauf zu und fährt vorbei, denn es ist geschlossen. Ich sterbe!

Es geht weiter. Der Bus biegt scharf ab in einen schmalen Feldweg. In lichtem grünem Laubgehölz wird der Weg immer holpriger und unwegsamer. So langsam wie nur möglich überfährt der Fahrer hohe Buckel, die sich quer über die Straße ziehen. Jetzt wird es lustig! Das Ende des Busses schwingt auf und ab. Wie die anderen hinteren Fahrgäste steige ich hinauf in ungeahnte Höhe! Dann geht es wieder mit einem Ruck nach unten. Wir müssen uns festhalten, so sehr schüttelt es uns hin und her. Mir wird fast schlecht! Hoffentlich hält meine Blase dicht! Die Kinder lachen. Wir Erwachsenen stöhnen.

Nach ungefähr einem Kilometer, der sich mit diesem Höllenritt unglaublich in die Länge zog, erreichen wir ein kleines Dorf. Die Häuser aus Backstein sind winzig und baufällig. Mengen von Unrat liegen vor den Häusern und auch auf den Wegen. Der Platz vor dem Haus, das eher als Hütte zu bezeichnen ist, wird von den Bewohnern mitbenutzt. So findet sich dort alles, was man sich nur vorstellen kann. In einer Gasse zwischen den Häusern steht stoisch ein Esel. Wie unglaublich arm die Menschen hier sind. Was für ein Glück, dass ich hier in diesem Dorf nicht geboren wurde!

Wir fahren weiter, die Straße wird besser. Nach ein paar Kilometern erreichen wir wieder ein Dorf. Ich bin überrascht, wie ordentlich es aussieht. Die Häuser darin sind rechteckig und sehr schmal und haben nur an der Vorderseite Fenster. Nach der Größe zu urteilen, können sie nur zwei oder drei kleine Räume haben. Ungefähr in doppelter Hausbreite erstreckt sich an seiner Vorderseite ein Hof über die ganze Länge des Hauses. Der Hof ist abgeschlossen mit einer etwa zwei Meter hohen Mauer, die ein Blechtor hat. In dieser Anordnung stehen die Häuser Mauer an

Mauer. Das Dach hat eine sehr flache Neigung und ist entweder mit Wellblech oder hellen Ziegeln gedeckt. Für Wohnräume ist das Dach nicht geeignet, dazu ist es zu niedrig. So ein Haus nennt man „Hofhaus". Zwei Häuserreihen sind mit ihren Rückseiten ebenfalls wieder Mauer an Mauer. Das Dorf hat mehrere dieser Doppelreihen, die jeweils durch eine schmale, unebene Gasse aus nackter Erde getrennt sind. Nach einer gewissen Länge der Reihen verlaufen schmale Gassen auch vertikal.

In der Mitte dieses Dorfes biegen wir in eine geteerte, etwas breitere Straße ein. Auf dieser fahren wir noch ungefähr acht Kilometer dahin und erreichen dann die Farm. An dem geschlossenen Scherengitter steht ein Mann, der nach einem kurzen Gespräch mit dem Fahrer elektrisch das Tor öffnet. Dann rollt unser Bus auf den Parkplatz, direkt vor ein Toilettenhaus. Endlich!

Roland, Yini und Xiao Ai treffe ich in der Halle wieder, in die alle Besucher hineinströmen. Ein freundlicher Mann begrüßt jeden einzelnen. Dann beginnt die Führung. Wir gehen nicht mit, da Xiao Ai Hunger hat und etwas essen will. Yini spricht eine Aufsichtsperson in dieser Sache an, die uns einen der Essplätze anbietet. Wir nehmen Platz. Alle Tische sind schön gedeckt. Neben jedem Gedeck steht ein kleiner Gaskocher, auf dem sich ein kleiner Topf mit Wasser befindet. Ein junger Angestellter kommt herbei, entzündet unsere Gaskocher und fordert uns auf, uns am Nebentisch, auf dem viele verschiedene

Gemüsesorten appetitlich aufgeschichtet sind, zu bedienen. Er überreicht uns ein ovales Kunststoffkörbchen, in das wir das Ausgewählte legen können. Ich nehme mir Grünkohl, Spinat und verschiedene Gemüsebällchen, die ich nicht kenne. Wieder zurück am Tisch, sehe ich, dass als Besteck nur Stäbchen da liegen. Roland erklärt mir geduldig, wie ich diese handhaben soll: den Daumen so, Zeigefinger und Mittelfinger so. Ja, ja, wenn das nur so einfach wäre! Ich mühe mich ab. Das frische Gemüse rein in das Töpfchen und das matschige wieder heraus, damit zum Mund, und siehe da, es klappt ganz gut. Als ich aber dann ein rundes Gemüsebällchen mutig in Angriff nehme, hat es nach einem endlich geglückten Versuch ungeahnte Folgen. Dieses Bällchen hüpft in meinem Mund verdammt scharf herum und wird dabei immer schärfer. Mir steht das Wasser in den Augen und wäre ich statt einem menschlichen Wesen ein Drache, ich würde Feuer speien! Schließlich springe ich auf, renne zur Seite und spucke es in mein Taschentuch. Damit ist aber der Brand in meinem Mund noch lange nicht gelöscht. Lange sitze ich noch mit offenem Mund da und trinke nur noch Wasser.

Trotzdem will ich festhalten: wenn man das Wissen ignoriert, dass das Gemüse von den Pflanzenschutzmitteln sehr belastet ist, und dass die Chinesen außer Schweinefleisch auch Hunde-, Ratten- und sonstiges Fleisch von allem Getier, das kreucht und fleucht verarbeiten, ist die chinesische Ernährung gesund. „Die Speise soll Medizin sein!"

Nachdem Xiao Ai auch satt ist, bekommen wir eine Sonderführung. Wir gehen durch die Halle mit exotischen Pflanzen und Blumen, weiter zum Dammwild- und Pfauengehege, schließlich zu den tiefer liegenden Erdhallen, in denen Tomaten und Gurken wachsen. Die Farm beschäftigt dreihundert Arbeiter. Abnehmer von Obst und Gemüse ist Peking und dessen Umland. Wir erfahren auf unsere Frage, dass ein Arbeiter am Tag achtzig Yuan verdient, das sind umgerechnet zehn Euro. Das ganze bäuerliche Gelände ist sehr groß. Es ist umschlossen von einer Bergkette, die geschätzte 1600 Meter hoch ist. Im Vergleich zu Peking ist es hier sehr angenehm. Ich kann mich fast nicht satt sehen an dieser grünen lieblichen Landschaft, die so friedlich wirkt. Die Temperatur liegt in etwa bei zwanzig bis zweiundzwanzig Grad Celsius. Auf dem Weg zurück zur Halle überholt uns ein Laster, auf dessen offener Ladefläche ungefähr zwanzig Arbeiter sitzen. Freundlich grüßen sie zu uns herab.

In einem abgesonderten Bereich der Halle sitzen die Besucher an großen, runden, schön gedeckten Tischen. Die Tischplatten, auf denen sich die besten Speisen in schönem chinesischem Porzellan befinden, sind drehbar. So können sich die Gäste bequem heranholen, was ihr Herz begehrt. Drei junge hübsche Chinesinnen sorgen für die Unterhaltung. Manchmal gehen sie mit dem

Mikrofon in der Hand zu einzelnen Gästen und interviewen sie oder sie fordern sie auf, ein Lied zu singen. Bereitwillig tun diese das auch und man sieht, wie es allen Spaß macht, einen Beitrag zur allgemeinen Unterhaltung zu leisten.

Um 16.00 Uhr brechen wir zur Rückfahrt auf. Der Busfahrer nimmt jetzt einen anderen Weg zurück. Wir fahren durch und über die Berge. Die Straße ist geteert und in sehr gutem Zustand und schlängelt sich in Serpentinen dahin. Vor jeder Kurve ist sie ein langes Stück quer und in roter Farbe geriffelt, so dass dem Autofahrer nichts anderes übrigbleibt, als das Tempo zu drosseln. Wir fahren durch romantisches Laubgehölz. Ein großflächiger Aussichtspunkt kommt in Sicht. Leider hält der Busfahrer nicht, aber ich kann, während er auf ihn zufährt, einen kurzen Blick in die Landschaft erhaschen. Ein unglaublich langes flaches Land liegt zu Füßen dieser Berge. Später, in einer Kurve, gelingt es mir in ein tieferliegendes Dorf zu schauen. Was ich sehe ist erbärmlich! Die kleinen gelben Backsteinhäuschen sind baufällig und alles ist rundherum voll gestellt mit Unrat. Dazwischen steht ein Esel neben einem Misthaufen. Was für ein Gegensatz: die Landschaft so grün und lieblich und die Menschen so arm.

Wieder in der Ebene tauchen Verkehrsschilder auf mit Hinweisen auf die Ring Rd. 6, 5, 4. Wir fahren auf die Autobahn, die wieder sehr voll ist. Ich betrachte die einzelnen Autotypen – Ford, VW, Audi,

Honda und weitere – und habe für einen kurzen Moment das Gefühl, mich auf einer Autobahn in Deutschland zu befinden. Aber hier sind alle Fahrzeuge neuwertig. Mit der Zeit wird die Kühlung im Bus unangenehm. Fast alle Fahrgäste schlafen. Ich sitze wieder auf der letzten Bank. Neben mir ist eine junge hübsche Mutter mit ihrem kleinen Sohn. Als wieder einmal mein Blick auf sie fällt, sehe ich, dass ihr der linke Zeigefinger fehlt. Für mich ein Beweis der Mordwaffe ‚Küchenbeil'.

Nach etwa zweieinhalb Stunden kommen wir wieder an der Stelle an, an der wir in den Bus eingestiegen sind. Auf dem kurzen Heimweg treffen meine Gastgeber ein befreundetes Ehepaar. Der Mann stammt, so wie Roland, aus der ehemaligen DDR. Er begrüßt mich kurz, würdigt mich aber dann keines Blickes mehr. Seine Frau, eine kleine hübsche Chinesin, ist sehr höflich und herzlich zu mir.

2. Juni 2013, Sonntag

Es ist fünf Uhr dreißig. Ich wälze mich im Bett herum, richte meinen Blick zum Fenster und sehe, draußen ist alles grau in grau. Fünf Wochen lebe ich nun schon in dieser chinesischen Welt. Bis jetzt habe ich die Tage als sehr interessant empfunden, wenn sie auch für mich inzwischen schon zum Alltag geworden sind. Sechs Wochen liegen noch vor mir. Gehe ich auf Yinis Wunsch ein, außer samstags immer für sie da zu sein, bleiben mir also nur noch sechs Samstage, an denen ich eigenständig etwas unternehmen und besichtigen kann. Das hatte ich mir anders vorgestellt. Ich entschließe mich, heute meinen Morgenjob (offiziell wurde er mir nicht aufgetragen) zu schwänzen und die Wohnung zu verlassen. Ich werde den ‚Lama-Tempel' besichtigen.

Es ist kurz nach acht Uhr. Im Subway-Bereich sind schon viele Menschen unterwegs. Die U-Bahn ist voll besetzt. Ich drücke mich trotzdem hinein, um wenigstens einen Stehplatz zu bekommen. Viele Fahrgäste tragen ihren Rucksack vorne auf der Brust. Auf diese Weise schützen sie sich davor, dass ihnen daraus etwas gestohlen wird. In ‚Jianguomen' steige ich in die U 2 um und sie donnert mit mir bis zur Station ‚Lama–Tempel'. Ohne lange zu überlegen gehe ich den Menschen nach. Wie schon einmal hätte ich mich besser bei den Ausgängen orientieren sollen, denn ich komme oben in der Nähe eines großen Parks heraus. Kein ‚Lama-Tempel' weit und breit. Ich frage ein junges Pärchen. Sie erklären mir, der Weg zum ‚Lama-Tempel' liege genau auf der anderen Straßenseite. Ich gehe wieder den U-Bahn-Bereich hinunter und finde nach einiger Zeit den richtigen Aufgang.

Oben an der Straßenecke steht ein Kiosk. Der Mann verkauft nur Räucherstäbchen, diese in verschiedenen Längen und in unterschiedlichen Mengen. Ich kaufe eine kleine Packung und frage ihn, in welche Richtung ich gehen muss. Sehr freundlich und entgegenkommend zeigt er mir den Weg. Es ist schon sehr eigenartig mit den Chinesen. Wenn man ihnen auf der Straße begegnet, schauen sie teilnahmslos durch einen hindurch; wenn man sie aber anspricht, sind sie hilfsbereit und freundlich. Ich wende mich in die gezeigte Richtung und sehe, wie ein Mann eine Schildkröte auf den Boden setzt. Sogleich bleiben einige Fußgänger stehen, um das Tier zu beobachten. Die Schildkröte, sie sieht nach einem jüngeren Tier aus, geht auch sofort los. Zielstrebig marschiert sie in einem Kreis von ungefähr drei Metern Durchmesser. Ich staune, wie eilig sie es hat. Es sieht fast so aus, als wäre die Schildkröte dressiert. Ihr Besitzer bleibt in ihrer Nähe. Was das zu bedeuten hat, kann ich mir nicht erklären. Vielleicht führt er das Tier nur spazieren, so wie wir in Deutschland mit unseren Hunden Gassi gehen.

Ich gehe los und merke nach ein paar Metern, dass das Vorwärtskommen auf dem Gehsteig, neben einer sehr dicht befahrenen Straße, zum Spießrutenlaufen wird. Links und rechts stehen Männer und Frauen, die einen mehr oder weniger aufdringlich auffordern, Räucherstäbchen zu kaufen. Demonstrativ halte ich meine Packung in der Hand und mache ein mürrisches Gesicht dazu. So gelange ich einigermaßen unbehelligt zum ‚Lama-Tempel'. Auf Englisch wird diese Anlage ‚Yonghe Lamasery' genannt und liegt im Nordosten der ‚Verbotenen Stadt'. Das große bemalte Tor aus Holz, das die Tempelanlage vor der Außenwelt verschließt, ist noch zu. Eine Ansammlung von Besuchern steht davor und wartet auf Einlass. Während der Wartezeit beobachte ich den Verkehr und die gegenüberliegende Straßenseite. Vor den Läden herrscht reges Treiben. Ein Geschäft reiht sich an das andere und hat auf der Stirnseite große, rote oder gelbe Tafeln, auf denen in chinesischer Schrift die Waren angepriesen werden.

Punkt neun Uhr werden die schweren Türen geöffnet. Sofort beginnen die Besucher zu den Kassen zu rennen. Ich renne diesmal nicht. Das ist mir doch zu blöd! Vor den Kassen reihe ich mich in eine Warteschlange ein und wundere mich, wie sie jetzt alle erstaunlich geduldig dastehen. Mit meiner Eintrittskarte gehe ich zu einem weiteren Tor, das in das Innere der Tempelanlage führt. Dieses Tor ist ein hohes wunderschön gestaltetes Bauwerk. Auf vier weit auseinander stehenden roten Säulen sind in unterschiedlicher Höhe je drei Querbalken angebracht, in den Farben grün, blau und gold wunderschön bemalt. Sie weisen eine Vielzahl von Ornamenten und Mustern auf, in denen das chinesische Kaisertum dargestellt wird. Den Abschluss dieses gewaltigen Tores bilden sieben einzelne Dächer. Zwischen den zwei rechten Säulen werden die Besucher genau kontrolliert. Neben einer kleinen Schranke und dem Förderband zum Durchleuchtungskasten für die Taschen stehen Bedienstete in Uniform. Vor mir wartet ein älteres Ehepaar, das, als der Mann durch die Schranke gehen soll, plötzlich in Streit gerät. Der Mann will aus irgendeinem unersichtlichen Grund nicht hindurch.

Seine Frau wird darüber so wütend, dass sie versucht, ihn durchzuschubsen. Dabei beschimpft sie ihn laut und ungeniert in Chinesisch. Ich stehe dicht hinter ihnen, und da es aussieht, als könnte ich auch gleich etwas abbekommen, schiebe ich mich schnell mit ausgestellten Ellenbogen an den beiden Streithähnen vorbei.

Vor der eigentlichen Tempelanlage liegt eine weiträumige Grünfläche mit breiten Buchsrabatten und hohen Bäumen. Man hat beim Überqueren Zeit, sich auf diese heilige Stätte einzustimmen.

Ich tauche ein in eine bezaubernde ‚heilige Welt', die groß und voller Harmonie in ihrer Architektur ist. Die märchenhaft schönen Tempelpaläste reihen sich hintereinander in einer geraden Linie, sind getrennt voneinander durch rechteckige Innenhöfe und haben zu beiden Seiten kleinere und bescheidener aussehende Tempel stehen.

In jedem Tempel bzw. Palast sitzt in einer Ecke ein Mönch als Aufpasser. Wenn ein Besucher trotz Verbot den Innenraum mit den Buddhastatuen fotografiert, klatscht er mahnend in die Hände. Diese Schönheit und diese besondere Ausstrahlung der Räume kann man fast nicht in Worte fassen. Die Holzkonstruktion der in Rot gehaltenen Wände und darüber die in Blau verzierten Balken sind wunderschön in ihrem Farbenreichtum. Unglaublich phantasievoll sind die in Gelb gehaltenen Dächer und

Firste. In verschiedenen Palästen, wie z. B. in der ‚Sutra-preaching Hall' – der Palast wird auch ‚Hör- und Denk College' genannt – studieren die Mönche ‚Logik'. So steht es jedenfalls auf der Tafel, die an der Außenseite dieses Tempels angebracht ist. Jedes Gebäude ist mit einer solchen Tafel bestückt, die eine Kurzinformation in Englisch und Chinesisch bietet.

Überwältigt ist man von der Statue ‚Maitreya' im letzten Palastgebäude. Sie ist aus einem Stück Sandelholz geschnitzt. 1750 bekam ‚Kaiser Qianlong' diese überragende Bildhauerarbeit vom damaligen ‚Dalai Lama' geschenkt. Der untere Teil der Buddhafigur ist acht Meter in die Erde eingegraben.

In allen Innenhöfen stehen zwischen den Palästen große eiserne Behälter mit Glut und Asche. An der Glut entzünden die Besucher ihre Räucherstäbchen, die sie dann in die Asche stecken. Andere Besucher legen ihre Räucherstäbchen, die sie nicht entzündet haben, im Tempel als Opfergabe vor die Statuen der ‚Buddhas'. Dabei knien sie sich auf ein mit rotem Samt bezogenes niedriges Bänkchen, legen die Spitze ihrer gefalteten Hände an die Stirn und verbeugen sich dreimal vor der Heiligkeit. Damit erweisen sie dem ‚Buddha' oder auch der Eigenschaft, die die Figur verkörpert, ihre Verehrung. Viele stecken auch Geldscheine in alle möglichen Ritzen des Tempels. In einem weiteren Innenhof steht ein kunstvoll gegossener Brunnen aus Bronze, in den viele Besucher Münzen hineinwerfen. In einem anderen Innenhof sitzt auf einem Podest ein großer Löwe, ebenfalls aus Bronze.

Auf meinem Gang durch die Innenhöfe habe ich jedes Mal, nachdem ich sie Familienangehörigen und Freunden gewidmet hatte, meine Räucherstäbchen zum Glimmen gebracht und sie dann in die Asche gesteckt. Dabei dachte ich intensiv an meine Lieben und wünschte ihnen Gesundheit und ein langes glückliches Leben.

Neben dem letzten Tempel bzw. Palast sehe ich einen kleinen Verkaufsshop. Ich öffne die Türe und stehe unvermittelt zwischen vielen bunten Buddhafiguren in allen Größen, vielen anderen bronzenen Figürchen, sowie Armreifen und Halsketten, die aus Stein oder Holz gearbeitet sind. Vieles würde mich verlocken, aber ich kaufe nichts, denn die Preise sind mir entschieden zu hoch. Ich mache mich auf den Rückweg. Ich durchschreite nochmals andächtig die heiligen Räume und nehme die sehr stille und eigentümliche Atmosphäre dieser buddhistischen Tempel in mich auf.

In der Mitte des Tempelbezirks, auf einem kleinen Platz, setze ich mich auf eine Bank. Ich bin hungrig und esse meinen mitgebrachten Proviant: ein Sandwich mit Frischkäse, eine kleine frische Gurke und eine kleine Flasche Saft. Dabei beobachte ich die Besucher und bin überrascht, soviel deutsch zu hören. So viele Deutsche auf einmal sind mir bis jetzt noch nirgends untergekommen. Wenn sich die europäischen ‚Langnasen' im Supermarkt begegnen, lächeln sie sich freundlich nickend zu, hier aber übersehen sie sich mit ausgesuchter Noblesse. Unerklärlich!

Als ich den nächsten Tempel verlasse, höre ich feines helles Glockenläuten. Nichts wie hin. In einem kleinen Seitentrakt knien auf zwei rotgepolsterten Fußbänkchen Gläubige, tief gebeugt und versunken in Andacht. Daneben sitzt ein sehr junger Mönch an einem kleinen Tisch und murmelt in unglaublich schnellem Singsang seine Mantras. Dazwischen läutet er immer wieder mit seinem bronzenen Glöckchen. Er beendet sein langes Gebet, indem er seine Stimme heller werden lässt. Die Gläubigen stehen auf, reichen ihm hölzerne Armbänder zum Segnen und geben ihm dann Geld. Unter dreimaligem Verbeugen verlassen sie dann den Tempel.

Ich bin tief beeindruckt von der Schönheit der chinesischen Kultur. Die ‚Verbotene Stadt', als auch dieser ‚Lama Tempel', sind einzigartige, sehr große, in sich geschlossene Kunstwerke, die begehbar sind und in denen in früheren Zeiten auch gelebt wurde. Eine magische Welt wie in einem Märchen.

Bevor ich dieses unvergleichliche und bezaubernde Reich verlasse, gehe ich noch in einen weiteren großen Verkaufsladen. Zahlreiche farbenfroh leuchtende Buddhastatuen – am besten gefällt mir ein sehr dickbäuchiger goldener Buddha – schauen glücklich lächelnd aus den Glasschränken und könnten zu einem Kaufrausch verführen. Ich entscheide mich aber nur für einen Bildband und zwei Halsbänder mit chinesischen Sternzeichen.

Zurück am Tor drehe ich mich um, lasse meinen Blick ein letztes Mal auf dieser Herrlichkeit ruhen und verabschiede mich von dieser buddhistischen, mir so fremden Welt. Wieder draußen bin ich von dem Gesehenen noch ganz benommen. Mit einem Schritt stehe ich wieder in einem hektischen, lauten, schnelllebigen, großstädtischen Treiben. Es ist wie eine kalte Dusche. Ich möchte auf die andere Straßenseite, was gar nicht so einfach ist. Endlich finde ich eine Lücke. Auf der anderen Straßenseite laufe ich einem Straßenhändler direkt in die Arme. Er bietet mir Ansichtskarten von den Sehenswürdigkeiten Pekings an. Da ich an diesen kein Interesse zeige, rückt er ein anderes Päckchen heraus. Mit den Worten ‚maue Kart' drückt er mir diese in die Hände. Auf ihnen ist, zwar deutlich geschönt, das alltägliche Leben in China zu sehen. Ich kaufe sie ihm ab. Der Mann, der sicher schon im Rentenalter ist, gibt mir den Tipp, zum ‚Konfuzius-Museum' zu gehen. Ich bräuchte nur in diese Geschäftsstraße, die zugleich eine schattige Allee ist, einbiegen. Nach Hundert Metern würde rechterhand der ‚Confucian Temple' liegen. Ich folge seinem Tipp.

Der Eintritt in diesen ‚Konfuzius-Tempel' kostet dreißig Yuan, ungefähr vier Euro und ist etwas billiger als der Eintritt in den ‚Lama-Tempel', dessen Preis 45

Yuan war. Der ‚Konfuzius-Tempel' ist ein reines Museum.

Ich betrete diesen stillen Ort und, wie angenehm, nur einzelne Besucher finden sich darin. Eine große, aufrechtstehende ‚Konfuzius-Statue' aus weißem Marmor begrüßt die Eintretenden. Konfuzius hat den Blick in die Ferne gerichtet, seinen Mund leicht geöffnet, trägt einen langen Bart und seine Hände sind über seiner Brust gekreuzt. Sehr eindrucksvoll! Ich gehe den Durchgangsweg entlang, an dem zu beiden Seiten farbenprächtige, aber viel bescheidener aussehende Pavillons stehen. In jedem Pavillon steht ein gleichartiges Monument: eine große steinerne Schildkröte, auf der sich eine ungefähr zwanzig Meter lange quadratische Stele erhebt, deren Kapitell ein Fries mit einem Relief zeigt. Wie ich aus der Beschreibung erfahre, wurden diese Monumente zum Gedenken an die Niederwerfung von Revolten im Landesinneren im 18. und 19. Jahrhundert errichtet.

Gemächlich erkunde ich das Gelände. Ich komme zu einem Palast, in dem sehr viele alte Musikinstrumente ausgestellt sind. Glocken, Zimbeln und ungefähr zwei bis drei Meter lange Saiteninstrumente füllen den Raum. Wie schön diese Instrumente gearbeitet sind! Dass sie so verstaubt sind, stört ein wenig. Zu welchem Anlass wurde wohl auf ihnen gespielt? Wieder draußen gehe ich weiter und erreiche eine Bühne. Davor sitzen schon einige Besucher auf Bänken und Stühlen. Es ist kurz vor vierzehn Uhr. Punkt vierzehn Uhr öffnen sich die vielen Holztüren in diesem einfachen Palast. Es erscheinen ungefähr ein Dutzend Tänzerinnen. Sie sind stark geschminkt. In großen, weit schwingenden, roten Seidengewändern beginnen sie mit anmutigen Bewegungen zu chinesischer Musik zu tanzen. Nach Beendigung ihrer Darbietung tritt eine Truppe Männer auf der Bühne auf. Von ihren Köpfen stehen zwei sehr lange Federn senkrecht nach oben ab. Mit kräftigen und schnellen Bewegungen imitieren sie tänzerisch einen Kampf. Danach betritt ein Paar die Bühne. Sie zeigen einen Liebestanz, der aber mehr das Werben des Mannes um die Frau ist. Kein Kuss! Keine innige Umarmung! Nach einer halben Stunde ist diese gesamte schöne Aufführung zu Ende. Gerne hätte ich noch mehr gesehen.

Auf dem Weg zurück betrete ich ein Seitengebäude, in dem eine sehr aufschlussreiche Ausstellung gezeigt wird. Auf vielen Tafeln stehen Texte von und über Konfuzius. Zusätzlich gibt es noch Tafeln mit Biographien von bedeutenden Männern der chinesischen Geschichte. Alle Erklärungen sind in Chinesisch und Englisch geschrieben. Ich beginne die Texte über Konfuzius zu lesen. Einer von ihm ausgesprochenen Lehre stimme ich sofort zu: „Man soll lernen bis zum Lebensende!" Darauf bin ich auch schon gekommen, auch ohne Konfuzius.

Auf einer Tafel wird an Marco Polo erinnert, der als erster Mensch in Europa über China berichtet hat. Nach einiger Zeit stelle ich fest, dass ich unmöglich alle Tafeln lesen kann. Ich schreite sie zwar alle ab, verzichte aber auf das vollständige Lesen der Texte. Mein Englisch reicht dafür einfach nicht. Enttäuscht nehme ich zur Kenntnis, dass keine einzige Biographie über eine Frau dabei ist.

Meine Beine wollen nicht mehr! Erschöpft fahre ich zurück nach ‚Dawanglu'. Wieder in der Wohnung, erzählt mir Roland von dem in Deutschland herrschenden Hochwasser. In Niederbayern, genauer gesagt in Deggendorf, sei das Hochwasser zwei Meter über dem normalen Pegel. Seit fünfhundert Jahren hätte es dort kein solch schlimmes Hochwasser mehr gegeben. Seit ich hier bin, ist dies die erste Nachricht aus Deutschland. Ich bin von Informationen vollkommen abgeschnitten. Die einzige Quelle wäre Roland, aber er vergisst bewusst oder unbewusst auf meine anfangs ausgesprochene Bitte, mir Nachrichten aus Deutschland weiterzugeben. Zu seiner Entschuldigung muss ich aber erwähnen, dass wir kaum Zeit und Gelegenheit für Gespräche haben. Die Chinesen nennen mein Heimatland „De guo", das heißt „Das Land der Tugend". Ich freue mich über diese Bezeichnung.

3. Juni 2013

Alltägliche Arbeiten. Keine besonderen Erlebnisse. Aber so ein Tag hat es in sich. Meine Mutter, die 2001 verstorben ist und die ich immer noch über alles liebe, ist mir immer sehr nah. Dann denke ich an sie, welch großer Schmerz ihr und meinem Vater zugefügt wurde, von einem Menschen, der Dankbarkeit statt Hass in sich hätte fühlen müssen. Dieser Schmerz wurde auch zu meinem großen Schmerz und brach mein Herz. Ich fiel in ein Nichts und falle immer noch, seit 36 Jahren. Ich erfüllte meine Pflichten in einer Rolle als Schauspielerin, aber abends ging ich in mein Bett um zu sterben. Wie gefährlich es ist, sich einem großen Schmerz hinzugeben, wusste ich nicht. Irgendwann erhielt wohl die schwächste all meiner Zellen vom Gehirn (oder von der Seele?) die Order, den Körper aufzulösen. Ich hatte Glück, denn nach ungefähr sieben Jahren verriet sich der Krebs dadurch, dass er auf meinem Unterhemd einen Blutstropfen hinterließ. Die linke Brust wurde amputiert, ich bekam Bestrahlungen und danach war ich innerlich und äußerlich nicht mehr die Frau, die ich einmal war, denn auch das Trauma des seelischen Schmerzes blieb.

4. Juni 2013

Das Geschäft mit der Prostitution muss scheinbar gut florieren. Als ich morgens die Wohnungstüre öffne, um den Müll in das Treppenhaus zu bringen, fällt mir zum wiederholten Male eine Visitenkarte entgegen. Regelmäßig werden diese von den Damen, die auch darauf abgebildet und mit ihrer Telefonnummer versehen sind, in die Türspalten gesteckt. Manchmal liegen sie auch auf den Bürgersteigen und werden dort, bildlich gesprochen, mit Füßen getreten. Prostitution ist in China offiziell verboten. Inoffiziell blüht wohl dieses Geschäft. Diese jungen, sehr hübschen Mädchen haben manchmal europäische Gesichtszüge. Ich vermute, dass sich viele ihre Augenlider operieren lassen. Es tut einem in der Seele weh, dass die meisten dieser Mädchen auf Grund ihrer Lebensumstände dazu gezwungen sind.

Es geht auf Mittag zu. Yini und Xiao Ai sind schon auf, denn Yini erwartet eine Gemüse- und Obstlieferung. Es dauert auch nicht lange, da klopft es zaghaft an die Wohnungstüre. Xiao Ai flieht wie immer erschreckt in die äußerste Ecke der Couch. Yini öffnet die Türe nur so weit wie nötig. Der Mann reicht das Gemüse durch, Yini prüft es und gibt ihm, nachdem sie ihn kurz vor geschlossener Türe stehen lässt, das Geld.

Während Yini das Kind füttert, gehe ich wie immer in mein Zimmer. Ich möchte noch notieren, was mir kurzzeitig entfallen war. Auf meinem Weg zum Supermarkt komme ich immer an einem etwas größeren Restaurant vorbei. Als ich gestern daran vorbei ging, standen ungefähr dreißig junge Köche in ihrer weißen Berufskleidung davor. Stramm dastehend, mit ihren hohen weißen Kochmützen auf dem Kopf, gaben sie ein ungewöhnliches Bild ab. Vor ihnen stand der Küchenchef, der sehr ernsthaft zu ihnen sprach. Ob er ihnen eine Standpauke hielt, oder ob er sie theoretisch in verschiedene

Arbeitsweisen einwies, konnte ich nicht enträtseln. Als ich mich vorsichtig und langsam hinter ihn schlich, weil dies der optimale Platz zum Fotografieren war, entlockte dies ein paar jungen Kerlen ein verstecktes Lächeln.

Um siebzehn Uhr beginne ich verschiedenes Gemüse zu waschen. Yini will es, nachdem es zwanzig Minuten im Wasser gelegen hat, für das Kind kochen. In dieser Zeit widme ich mich Xio Ai. Wir haben viel Spaß miteinander. Plötzlich fällt ihr was ein. Sie zerrt ihre Spielkiste hervor und sucht nach einer bestimmten Puppe. Endlich findet sie diese. Die Puppe schaut aus wie ein Alien, verfügt aber über ein erstaunliches Innenleben. In ihrem Körper steckt ein Sensor, der auf Druck reagiert. Xiao Ai ist ganz begeistert. Sie drückt auf Puppis Augenbrauen und sagt etwas dazu. Die Puppe gibt das Gesprochene verzerrt wieder und es klingt, als würde sie Xiao Ai nachäffen. Dann drückt Xiao Ai auf eine bestimmte Stelle, da fragt die Puppe etwas, allerdings in Chinesisch, was ich nicht verstehen kann. Jetzt drückt Xiao Ai an einer anderen Stelle und fängt zu singen an. Als sie damit fertig ist, singt die Puppe es nach. Mittlerweile bin ich auch begeistert. Ich fange „Hänschen klein" zu singen an, weil ich wissen will, ob dieser ‚Alien' auch deutsch nachsingen kann. Kann er! Plötzlich schreit Xiao Ai schmerzhaft auf. Ich schaue auf sie und sehe gerade noch, wie sie erschreckt ein Liederbuch vor der Stirn hält. Yini kommt aus der Küche gerannt! Xiao Ai deutet auf ihr

Auge und klagt laut schreiend ihr Leid. Nun bin ich auch mit Yini sehr aufgeregt. Hat Xiao Ai sich das Buch in das Auge gestoßen? Wenn es wirklich das Auge ist, kann dieser Stoß Folgen haben. Ich fühle mich schuldig und entschuldige mich bei Yini. Schön langsam beruhigt sich das Kind, und wir sehen, wie an der Augenbraue ein roter Fleck erscheint. Beide sind wir sehr froh, dass der Augapfel nicht betroffen ist. Während Yini das Kind weiter beruhigt, wird mir bewusst, wie verantwortlich dieser Großmutter-Job ist. Wie leicht kann man dabei zu einer Schuld kommen, ohne sich nicht schuldig gemacht zu haben. Im Moment ist mir nicht mehr nach einem Leben als Großmutter.

5. Juni 2013

Gestern Abend, nachdem die graue Suppe draußen immer dichter und dunkler geworden war, fing es tatsächlich zu blitzen und zu donnern an. Dass die Natur dies hier in Peking fertigbringt, hätte ich ihr nicht zugetraut. Obwohl Blitz und Donner den Pekinger Himmel in Stücke rissen, liegt jetzt frühmorgens schon wieder dichter dunkelgrauer Smog über der Stadt.

Nur nicht Trübsinn blasen! Ich springe aus dem Bett, verrichte meinen Morgenjob, esse Frühstück. Um sieben Uhr stehe ich schon unten auf dem Bürgersteig und überlege, welche Richtung ich einschlagen könnte. Es nieselt. Ich muss mich bewegen und tief durchatmen, auch wenn die Luft zu wünschen übriglässt. Manchmal wird es mir in der Wohnung ein wenig zu eng in meiner Brust. Ziellos marschiere ich los, kehre aber bald um, da es nun zu regnen anfängt.

Bis Yini und Xiao Ai aufstehen, lerne ich Englisch. Dann verbringen wir die Mittagszeit wie immer. Als Yini ihrem Kind das Essen gibt, fange ich in der Küche zu kochen an. Ich habe Roland versprochen, heute ein Mittagessen zu kochen. Es gibt Schinkennudeln und dazu Salat. Roland schmeckt es, wenn es auch nicht die gleichen Nudeln und der gleiche Schinken wie in Deutschland sind. Danach mache ich den Abwasch, und als ich damit fertig bin, ist es genau fünfzehn Uhr. Bis siebzehn Uhr nehme ich mir eine Auszeit, fange dann aber mit dem Gemüsewaschen in der Küche an. So nebenbei erfahre ich von Yini, dass morgen ihre Mutter zu Besuch kommt und ein paar Tage hierbleiben wird. Ich freue mich darauf, denn ihre Mutter ist sehr nett. Außerdem wird dadurch Einiges für mich angenehmer.

Während Yini das Abendmenü für die Kleine zubereitet, sitzen Xiao Ai und ich auf der Couch und blättern das deutsche Liederbuch durch. Anhand der Bilder kennt sie mittlerweile schon alle Lieder, die ich singen kann. Bei jeder neu aufgeschlagenen Seite frage ich sie, ob ich ihr dieses Lied vorsingen soll. Unerwartet wird Xiao Ai plötzlich übermütig, reißt grob an einer Seite, so dass sie einen Riss bekommt.

Ich sage etwas streng zu ihr: „Xia Ai, Bücher sind etwas ganz Besonderes. Man darf sie nicht zerreißen." Ich stehe mit dem Buch auf und lege es auf das Regal. Das ist für das kleine Mädchen zuviel. Herzzerreißend fängt sie zu weinen an. Himmel, denke ich mir, da habe ich jetzt doch etwas zu streng reagiert. Schnell setze ich mich wieder zu ihr und frage sie, ob ich ihr weiter vorsingen soll. Sie nickt mit dem Kopf. Ich wische ihr die großen Kullertränen vom Gesicht, die ich ihr am liebsten weggeküsst hätte und hole das Buch. Und es plagt mich wieder ein schlechtes Gewissen. Nach einiger Zeit kommt Yini aus der Küche, sagt, sie hätte nach uns geschaut, weil Xiao Ai weinte. Aber es sei schon in Ordnung, wie ich reagiert habe. Na ja, da bin ich mir nicht so sicher. Ich muss wirklich aufpassen, wie ich reagiere, denn Xia Ai ist ja nicht mein Kind. Es tut mir wirklich sehr leid, denn Xiao Ai ist wirklich ein sehr liebenswerter kleiner Schatz.

6. Juni 2013

Es ist fünf Uhr dreißig morgens. Ach, eigentlich muss ich beim Aufwachen gar nicht mehr aus dem Fenster schauen. Jeder Tag zeigt sich draußen grau in grau. Um sieben Uhr dreißig, nach Frühjob und Frühstück, schleiche ich leise aus der Wohnung. Auch Roland schläft noch. Ich will heute Ratatouille und als Beilage Reis kochen. Dafür muss ich das nötige Gemüse im Supermarkt besorgen.

Wieder zurück in der Wohnung beginne ich gleich mit der Zubereitung des Mittagessens. Gerade rechtzeitig bin ich mit dem Kochen fertig, als Yini und Xiao Ai aufstehen. Ich wasche wie üblich Xiao Ais Gemüse und widme mich dann dem Kind, während Yini in der Küche das Kindermenü zubereitet. Um dreizehn Uhr kommt Roland zum Essen nach Hause, eine halbe Stunde später Yinis Mutter. Wir essen alle zu Mittag und sind guter Stimmung. Da sich Yini intensiv mit ihrer Mutter unterhält und Xiao Ai dies aufmerksam verfolgt, habe ich endlich mal die Gelegenheit, mit Roland zu sprechen. Ich bitte ihn, mir etwas über seine Tätigkeit zu erzählen. Bereitwillig berichtet er: „Mein Status als Direktor für die ganze Abteilung beansprucht mich sehr. Es ist nicht so einfach mit chinesischen Angestellten zu arbeiten. Sie sind alle sehr höflich. Aber auch bei dem jetzigen Projekt, das eigentlich jetzt schon abgeschlossen sein sollte, traten wieder die üblichen Hindernisse hervor. Manche Angestellten arbeiten nicht selbständig und manche setzen ihren eigenen Kopf durch, obwohl ich klare Anweisungen gegeben habe. Es bleibt mir nichts anderes übrig, als Überstunden zu machen und die Sache selbst zu Ende zu bringen." Jetzt verstehe ich, warum Roland nie vor zwanzig Uhr nach Hause kommt.

Nachdem Roland schon wieder unterwegs ins Büro ist, bleiben wir anderen noch ein wenig am Tisch sitzen. „Grandma wundert sich über deine Haare", sagt Yini zu mir, „sie sind in der Zwischenzeit dunkler geworden." Ja, das stimmt. Ich habe das auch schon bemerkt. Sie sind nicht nur dunkler, sondern auch etwas dicker geworden. Ich führe das auf das Porridge zurück, das Yini jeden Tag für uns zubereitet. Sie hat dafür eine eigene Küchenmaschine, die alles zugleich macht: kochen und zu einem Brei zerkleinern. Die Zutaten sind: Wasser, Reis, Pistazien, Bohnen, Erbsen, Nüsse, und noch ein paar chinesische Früchte, die ich nicht kenne. Dieses Porridge schmeckt ausgezeichnet.

Ich erledige noch den Abwasch, dann ziehe ich los. Wie frei ich mich da in der Brust fühle! Ich bringe meine Briefe zur Post und schlage dann den Weg zum großen Markt ein. Endlich kann ich wieder einmal länger der Wohnung fernbleiben. Grandma ist ja da. Zum Markt sind es gute zwei Kilometer, die ich marschiere. Es lohnt sich, denn er ist mit seinen vielen kleinen Läden sehr interessant. Ich trete in ein kleines Lederwarengeschäft ein, denn ich möchte mir einen Gürtel kaufen. Wie niedrig doch die Preise sind! Ich finde einen zu einem Preis von sechs Euro, der in Deutschland sicher das Siebenfache kosten würde. Er ist ein wenig zu lang, aber ruckzuck schneidet der junge, sehr freundliche Verkäufer vorne ein Stück ab, fügt die Schnalle mit dem Riemen wieder zusammen und schon passt er.

Wieder zurück in der Wohnung gehe ich gleich in die Dusche. Immer wenn ich in der Stadt unterwegs bin, fühle ich mich danach sehr schmutzig.

Am deutlichsten merke ich es an den Haaren. Sie fühlen sich wie verstaubtes Stroh an.

7. Juni 2013

Ich wache wieder sehr früh auf. Da Grandma da ist und wir uns jetzt die Hausarbeit teilen werden, eilt es mir heute nicht mit dem Aufstehen. Wie es aussieht, wird Grandma das Aufräumen, Kochen und Wäsche zusammenlegen übernehmen, ich das Kehren, Wischen und Geschirrwaschen. Ich bleibe noch im Bett liegen und hänge meinen Gedanken nach.

Ich denke an den alten Mann, der mir gestern im Foyer des Hauses auffiel, als ich vom Einkaufen zurückkam. Im Schlafanzug stand er an der rückseitigen Glaswand regungslos da und sah hinaus auf die Grünanlage. Was mochte in dem Mann vorgehen? Fühlte er sich einsam und nutzlos? Ein Leben hier als alter Mensch, in einer kleinen Wohnung, in einer sehr dicht bebauten riesigen Stadt aus Stahl, Beton, Smog und nur jungen Menschen, ist nicht einfach. Für einen solchen, der voller Energie nach Erfolg und Karriere strebt, ist so eine Stadt Das Elexier des Lebens. Er taucht hinein und trinkt gierig davon. Aber für einen alten? Dieses Fehlen der Stille! Tag und Nacht ist diese Stadt laut. Ich sehe die alte Frau vor mir, die zusammengekauert auf der Fußgängerbrücke der Stadtautobahn sitzt, und dabei mit ihrem Oberkörper fast den Boden berührt. Sie liegt so den ganzen Tag da, ich sah sie morgens und abends an einem gleichen Tag. An diesem Tag brannte die Sonne heiß auf sie herunter, und sie war eingenebelt in den Gestank der Autoabgase. In ihrer sehr faltigen und mageren Hand hielt sie eine kleine Blechdose. Ich warf mein ganzes Kleingeld hinein. Da sah ich, dass fast nichts drinnen war.

Ja, es ist nicht leicht, alt zu werden. Ich bin auf dem besten Weg dazu. In mir ist eine Ahnung, wie es werden kann. Noch fühle ich mich ziemlich jung, aber ich weiß, dass ich nicht mehr jung bin. Es nehmen die Falten in meinem Gesicht zu. Mein Körper verliert mehr und mehr an Spannkraft. Mein Haarwuchs lichtet sich. Meine Augen, die wie ich oft hörte, groß und schön waren, mit einem dunklen fernen Blick, sind schon etwas müder. Das ist gar nicht lustig! Wann wird die Angst kommen? Ich habe mir vorgenommen, das Alter als Abenteuer zu betrachten. Aber wird mir dies bis zu meinem Lebensende gelingen? Wird es mir gelingen, bis zum Schluss meine Lebensmaxime aufrechtzuerhalten, die heißt: Ich will dankbar und zufrieden sein. Ich habe ein Kind zur Welt gebracht. Ich war zugegen, als meine Eltern starben. Wiegte meinen Vater bis zu seinen letzten Minuten in meinen Armen wie ein Kind. Wich meiner Mutter in ihren letzten vier Wochen auf dem Sterbebett nicht von ihrer Seite. Und als ihre Seele sich vom Körper löste, legte ich mein Gesicht an ihre Wange und flüsterte: „Mama, flieg fort, flieg fort!" Was will ich mehr? Es war mir gegönnt, in meinem Leben die elementarsten Dinge zu erleben. Es ist doch unwichtig, ob ich in meinem Leben glücklich oder unglücklich war. Und wird es mir gelingen in meinem Bestreben, immer lernen zu wollen, bis zum bitteren Ende durchzuhalten? Meine Mutter, die ich über alles liebte und sie über ihren Tod hinaus noch innig liebe, sagte rückblickend an ihrem achtzigsten Geburtstag: „Ich bin zufrieden. Ich habe ein volles Leben gehabt." Und sie hatte so ein schweres und arbeitsreiches Leben.

Um sieben Uhr stehe ich auf. Schnell kehre und wische ich alle Böden in der Wohnung. Es kommt mir schon ein wenig seltsam vor, dass ich das mache und nicht die Grandma. Aber ich will es als eine praktische Arbeitsteilung betrachten. Schließlich will ich ja nicht nur *nehmen*, sondern auch *geben*. Alle schlafen noch. Ich schleiche leise umher, bereite mir mein Frühstück zu und setze mich damit auf mein Bett. Da erschreckt mich ein lauter Knall. Empört darüber schimpft kreischend irgendwo ein Vogel. Ich höre ihn bis in mein Zimmer. Ein Gewitter hatte sich in der Zwischenzeit zusammengezogen. Es blitzt und donnert, und es fängt stark zu regnen an. Ich freue mich über dieses Naturgeschehen, sehe hinaus zum Fenster. In flachen Wellen rinnt das Regenwasser außen an der Betonwand herab. Das Rauschen des Regens, das den Autolärm ein wenig übertönt, klingt wie Musik in meinen Ohren. Wie sehr mir doch das Landleben fehlt. Die Luft in meinem Zimmer wird besser, und ich atme tief durch.

Seit einer Stunde höre ich, dass alle auf sind. Ich gehe zu ihnen, um ihnen „Guten Morgen" zu sagen. Xiao Ai freut sich sehr, mich zu sehen. Yini und ihre Mutter unterhalten sich sehr angeregt. Da ich das Gefühl habe, dass meine Anwesenheit nicht nötig ist, gehe ich wieder in mein Zimmer um Englisch zu lernen. In den letzten Wochen kam ich wenig dazu. Solange Grandma da ist, will ich mehr auf meine Wünsche eingehen.

Grandma ruft mich zum Mittagessen. Der Tisch ist angerichtet mit gefüllten Teigtaschen, kleinen gebratenen Fischen und grünem Gemüse. Nachdem ich einige Bissen hinuntergeschluckt habe, möchte ich Grandma ein Kompliment aussprechen, denn es schmeckt alles sehr gut. Ich sage „wo baule", im festen Glauben, dass dies „schmeckt gut" heißt. Alle drei, auch Xiao Ai, schauen mich erstaunt und etwas ratlos an. Ich werde unsicher. Habe ich etwas Verkehrtes gesagt? Ich frage Yini. Da lacht sie. „Du hast ‚Ich bin satt' gesagt", klärt sie mich auf. Ich lache auch und stelle alles richtig. Nein, diese Sprache ist nichts für mich!

Am späten Nachmittag holt Roland Yini ab. Sie müssen etwas erledigen. Ich setze mich zu Grandma und Xiao Ai. Die beiden schauen chinesische Bilderbücher an. Ich schaue ihnen zu. Etwas später singen wir deutsche Kinderlieder. Dann gehe ich wieder in mein Zimmer. Obwohl Yini wünscht, dass ich grundsätzlich die Türe offenstehen lassen soll, schließe ich sie. Ich möchte in den nächsten Stunden in Ruhe mein Tagebuch schreiben.

Um 21.30 Uhr wasche ich noch mal Geschirr ab. Ich brauche nicht wie sonst den Wohnraum aufräumen, denn das hat schon Grandma erledigt. Dann gehe ich schlafen.

8. Juni 2013, Samstag

Wieder ein grauer Tag! Ich will heute den ‚WUDAOYING-Hutong' besichtigen. Schnell kehre, wische und dusche ich, dann esse ich mein übliches Frühstück: eine große Tasse grünen Tee, zwei mit Frischkäse und geschnittenem Lauch belegte Toastbrote und eine kleine Gurke. Dann gehe ich, mit Atemmaske und Sonnenhut vermummt wie ein Straßenräuber, forschen Schrittes zum Supermarkt, um mir Proviant für den Tag zu kaufen. Dort ist heute ungewöhnlich viel Betrieb. Gegenüber der Kassenreihe ist eine Wand mit lauter hübschen Schachteln aufgebaut. Was das bedeuten soll, kann ich nicht erkennen.

In der ‚Subway-Station Dawanglu' ist heute auf dem Bahnsteig kein Gedränge. In ‚JIANGUOMEN' steige ich aus und gehe zur „2". Hier stehen schon sehr viel mehr Menschen brav auf den vorgezeichneten Pfeilen in Schlange. Ich stelle mich dazu. Um zu dem „Hutong" zu kommen, muss ich an der Station Lama Tempel aussteigen. Ich gehe den

Aufgang hoch und lande in einer vollkommen fremden Umgebung. Es war wieder einmal der falsche Aufgang. Ich suche auf gut Glück herum und treffe tatsächlich auf den Kiosk, an dem ich die Räucherstäbchen kaufte. Nun weiß ich, wie ich gehen muss. Ich überquere an der Fußgängerampel die Straße und biege in eine kleinere, schmälere ein. Dies ist der ‚WUDAOYING-Hutong'. Mein Herz hüpft, denn ich habe das Gefühl, heute liegt ein schöner und interessanter Tag vor mir.

Ich schlendere in der Straße, die eher eine Gasse ist, dahin. Die niedrigen Behausungen (es sind keine Häuser nach unserem europäischen Verständnis) sind Mauer an Mauer gebaut. Ich gehe vorbei an einem kleinen französischen Restaurant, an einer Boutique und stoße auf ein winziges Café. Durch die offenstehende Türe grüßt freundlich ein junger Mann heraus. Ich werfe einen Blick hinein, und da es darin mit den drei kleinen runden Tischen und den alten Stühlen so puppenhaft und gemütlich aussieht, kann ich nicht widerstehen. Ich setze mich an den Tisch vor dem Fenster, um das Geschehen draußen genießen zu können. Der junge Mann stellt mir sofort ein Glas Wasser hin. Dann fragt er mich, was ich gerne haben möchte. „Einen Cappuccino, bitte", sage ich. Während er hinter der Theke mit verschiedenen Utensilien herumhantiert, betrachte ich das Glas Wasser und überlege, ob ich es trinken soll. Ein wenig Durst hätte ich ja. Aber ob es in Ordnung ist? Ich ziehe das Glas etwas näher an mich heran, um es unauffällig begutachten zu können. Am oberen Rand zeigt es eine leichte Verschmierung, so als hätte schon jemand daraus getrunken. Innen im Glas schwimmt in dem Wasser etwas Glitschiges. Nein, ich werde nicht davon trinken, wenn es mir auch peinlich ist, diese zuvorkommende Geste auszuschlagen. Die Zubereitung des Cappuccinos zieht sich hin. Ich nehme meine „Hutong"-Ansichtskarte (von den „Mau Kart") aus der Tasche und beginne den auf der Rückseite stehenden Text zu lesen:

„Beijing's Hutong Alleys": „Es handelt sich bei Hutongs um die engen und kleinen Straßen Beijings. Heute gibt es in der Altstadt Beijings noch mehrere Tausende Hutongs, die schon in der Zeit der Dynastien Yuan, Ming und Qing gebaut wurden. Früher lebte fast die Hälfte der Bewohner Beijings in solchen Hutongs. Im Allgemeinen sind die Hutongs von traditionellen Hofhäusern gesäumt. Hier können ausländische Touristen das typische Alltagsleben der Stadtbewohner kennen lernen."

Mein Cappuccino ist fertig. Ich trinke ihn Schluck für Schluck und schaue durchs Fenster hinaus. Hin und wieder geht ein Tourist vorbei. Es ist noch nichts los in diesem Hutong. Meine Uhr zeigt halb zehn. Gerade schreiten sehr aufrechten Ganges drei große und stattliche Inder vorbei. Sie haben eine helle Haut. Dieses Faktum „helle Haut"! Für uns Europäer so selbstverständlich. Aber was spielt sie doch für eine schicksalhafte Rolle für Menschen anderer Völker, die sie nicht haben! Die jungen Frauen hier in China wollen alle eine helle Haut haben!

Ich zahle, trete wieder hinaus in den Hutong und schlendere weiter. Eine Tür steht offen und lässt dahinter einen privaten Bereich erahnen. Ich bleibe davor stehen, spähe hinein und überlege. Wenn ich hineingehe, empfinde ich mich als sehr unanständig. Wenn ich nicht hineingehe, bleibt mir das Wissen dieser Lebensform verschlossen. Von Roland weiß ich, dass es Hutongs gibt, in denen die Hofhäuser auf das Modernste renoviert und auf das Luxuriöseste ausgestattet sind. Nur ganz reiche Leute können sich so etwas leisten. Ich entschließe mich unanständig zu sein. Ich trete in einen sehr gepflegten Innenhof ein. In ihm ist ein Mini-Teich, den man auf einer Mini-Holzbrücke überqueren kann. Die übrige kleine Fläche ist mit schönen Bodenfliesen belegt und sehr sauber gehalten. Der Innenhof ist umschlossen von vier gleich langen und gleich hohen (vielleicht drei Meter) betonierten Wänden, wobei eine davon fast nur aus Glas besteht. Hinter der Glaswand erstreckt sich ein großer komfortabler Wohnraum. Mein Blick fällt auf eine junge Frau, die auf einer Couch sitzt und liest. Ich schäme mich für meine Neugierde und verschwinde ganz schnell.

Mit einem etwas komischen Gefühl, meine Neugier ist mir vor mir selbst peinlich, spaziere ich weiter die Hutong entlang. Rechterhand zieht sich ein schmaler Park mit. Er dient als Pufferzone zur danebenliegenden vierspurigen Stadtautobahn. Ich wundere mich über die vielen gemauerten Toilettenhäuser an meiner linken Seite, in einem Abstand von ungefähr zweihundert Metern. Da spüre ich, ich muss. Das Toilettenhaus ist je zur Hälfte aufgeteilt in Männer und Frauen. Jede Hälfte hat einen, über ein Eck gehenden, offenen Zugang, d.h. es gibt keine Türe, die man absperren könnte. Das gefällt mir gar nicht. Ich werfe einen Blick hinein. Der schmale viereckige Raum ist wie folgt aufgeteilt: Linkerhand sind fünf flache Toilettenwannen in den Boden eingelassen, die voneinander durch eine etwa achtzig Zentimeter hohe Metallwand getrennt sind. Ein schmaler offener Zugang zieht sich an ihnen vorbei und führt am Ende zu einer Toilettenschüssel und einer schräg daneben angelegten Bodentoilette. Diese beiden haben keine Trennwand. Ich bin beeindruckt, wie sauber alles ist. Trotzdem muss ich nicht mehr, denn was mache ich, wenn ich mich gerade an der Toilettenschüssel erleichtere, dies noch dazu in einer sehr komisch aussehenden gekrümmten Haltung und es kommt genau in diesem Moment jemand rein? Nein, nein, ich muss nicht mehr!

Ich bin am Ende der Hutong angelangt. Sie stößt auf eine sehr stark befahrene Straße. An dieser Ecke sitzen Männer an kleinen Tischen und essen. Ein Tisch ist voll gestellt mit niedlich aussehenden Joghurtbechern, in deren Aludeckel ein Strohhalm steckt. Die Becher haben die Aufschrift: „Beijing–

Jogurt" Die genannte Stadtautobahn und die stark befahrene Straße münden nicht weit von mir in einen Kreisverkehr. Ich drehe wieder um, gehe wieder zurück.

Ich komme wieder an besagtem Toilettenhaus vorbei. Meine Blase ist gnadenlos mit mir. Ich muss hinein. Gott sei Dank ist niemand drinnen, und es kommt auch niemand rein, während ich drinnen bin! Glück gehabt! Ich ziehe wieder an kleinen Läden, kleinen Restaurants und kleinen privaten Zugängen vorbei und erreiche die Abzweigung, an der ich zuvor bewusst vorbei ging. Sie führt in eine noch etwas schmälere Gasse hinein. Mein Blick nach vorne zeigt mir ein etwas unruhigeres und nicht so modernes Straßenbild. Nach wenigen Gehminuten höre ich Vogelgezwitscher. Ich wundere mich, denn außer dem „Gewitter-Vogel" habe ich noch keinen anderen Tierlaut gehört. Selbst die Hunde geben keinen „Pieps" von sich. Ich gehe weiter. Das Gezwitscher wird lauter und hört sich süß an. Ich bleibe stehen, drehe mich suchend im Kreis, denn ich will wissen, wo hier gezwitschert wird. Ich merke nicht, dass ich vor einem kleinen Häuschen stehe, das eine große rote Laterne „Chinas Glückssymbol" neben der Eingangstüre hängen hat. Ich sehe nur den baumelnden Käfig daneben, in dem zwei Vögel fröhlich (oder auch verzweifelt über die ihnen genommene Freiheit) vor sich hin tirilieren. Ich höre ihnen zu und versuche, in dem kleinen, aus Rattan geflochtenen Käfig die Vögel zu erkennen. Sie sind winzig und haben ein buntes Federkleid. Da wird ein Fenster in der Hauswand geöffnet. Eine nicht mehr junge, aber stark geschminkte Frau beugt sich ein wenig heraus und fixiert mich finsteren Blickes. Will sie mich davonjagen? Da dämmert es mir. Ich verschwinde freiwillig. Während ich weiter gehe, frage ich mich: „Ist nun der Käfig mit den Vögeln darin eine Art „Zunftzeichen" oder nicht?

Ich muss aufpassen. Hier in dieser Gasse, in der sehr viele kleine Imbiss-, Lebensmittel- und Gemüseläden sind, gibt es Verkehr. Den kleinen Autos, die sich durchzwängen, kann ich ausweichen. Aber den elektrischen Rollern, die geräuschlos sind, bin ich ausgeliefert. Es ist, als würden sie sich tückisch von hinten heranschleichen, nur um einen zu erschrecken! Ich gelange an eine Schneiderei. Sie besteht nur aus einem Raum. In einer Ecke sitzt eine junge Frau an der Nähmaschine. Ich gehe hinein und frage sie, ob ich mich umsehen darf. Auf einer Stange hängen mehrere Kleider, Röcke und Blusen in dezenten Farben. Ich sehe sie durch und staune. Jedes einzelne Stück ist von sehr guter Qualität und erlesenem Schnitt. Die Preise sind niedrig.

Das nächste kleine Geschäft ist ein Teeladen. Ich trete ein. Eine sehr junge und sehr hübsche Frau sitzt an ihrem Laptop. Als sie ihren Kopf hebt, sehe ich, dass ihr Gesicht tränenüberströmt ist. Im Moment weiß ich nicht, was ich machen soll. Ach Kind, denke ich mir, du wirst doch nicht wegen einem Mann weinen. Ich grüße sie und wende mich schnell den Regalen zu, damit die Unglückliche Zeit hat, sich zu sammeln. Auf den Regalbrettern stehen unzählige winzige getöpferte Teekännchen neben Teegeschirr, das aus ebenfalls winzigen Schüsselchen besteht. Aufgelockert ist das Ganze mit chinesischen Figürchen und verschiedenen Küchenutensilien. Wie putzig das alles ist! Ich suche nach einem Mitbringsel und finde eine Teeschütte, die aus einem Stück Ast eines Maulbeerbaumes herausgearbeitet wurde. Der Preis ist fünfzehn Yuan. Die junge Frau hat sich inzwischen beruhigt. Sie möchte mir Tee zubereiten. Ich bin einverstanden und bitte sie um grünen. Sie fordert mich auf, mich an den Tisch zu setzen. Dann nimmt sie mir gegenüber Platz und beginnt mit ihrer Teezeremonie, die sich wesentlich von der japanischen, die ich von meiner japanischen Freundin Kosue kenne, unterscheidet. Aufmerksam verfolge ich, wie sie das Wasser in einem kleinen Topf zum Kochen bringt und damit den Tee im Kännchen überbrüht. Das Teekännchen und zwei sehr kleine Schüsseln befinden sich auf einem Tablett, das vor ihr liegt. Mit ihren zierlichen Fingern hält sie geschickt den winzigen Deckel auf dem Kännchen und spült damit die beiden Schüsseln. Dann gießt sie wieder den Tee auf, nimmt dann mit einer Holzzange eine Schüssel, stellt es vor mir auf einem Untersetzer ab und gießt dann etwas Tee hinein. Dann nimmt sie sich auch etwas Tee. Oh, ist das alles Mini! So ein kleines Schüsselchen mit so wenig Tee! Dann rieche ich wie sie daran, führe das Schüsselchen an die Lippen und trinke. Aber *ich* schlürfe nicht! Ich weiß, dass Schlürfen eine chinesische Sitte ist. Aber ich bringe es nicht über mich. Der ganze Vorgang wiederholt sich noch zweimal. Da der Tee wirklich vorzüglich ist, kaufe ich einen gepressten Ring davon. Wir verabschieden uns. Da sie kein Englisch spricht, zeige ich etwas verhalten auf ihre Augen und schüttle ein wenig mit dem Kopf. Sie versteht mich und lächelt.

Ich schlendere weiter und nähere mich Stimmengewirr und lauten Überraschungsrufen. Ich gehe darauf zu und sehe in einem länglichen und niedrigen Bau, wie Männer und Frauen an Tischen sitzen. Je zu viert sind sie leicht darüber gebeugt und spielen begeistert mit ihren kleinen rechteckigen Jetons. Wie mag dieses Spiel wohl heißen? Eine Weile schaue ich ihnen zu, was sie überhaupt nicht stört.

Die Gasse wird immer enger. Ich kehre wieder um. Auf meinem Weg zurück kommen mir in einem größeren Zeitabstand zwei Globetrotterinnen, jede mit einem schweren Rucksack auf dem Rücken, entgegen. Wie unglaublich jung sie sind. Ich schätze sie auf Anfang zwanzig. Ich bewundere ihren Mut, und ich würde mich gerne mit ihnen austauschen. Es würde mich interessieren, woher sie kommen und in welchen Ländern sie schon waren. Aber sie ignorieren mich. Ich lasse es. Dann fällt mein Blick auf einen kuriosen Freisitz. Auf einem Dachvorsprung hat sich jemand eine kleine, romantische, grüne Insel geschaffen.

Ich erreiche wieder den ‚WUDAOYING–Hutong'. Nach ein paar Schritten höre ich aus dem Park langsame, klagende Musik, die ein wenig einer Geigenmusik ähnelt. Wie ist es doch schön, wieder einmal Musik zu hören. Ich will diese wundersame Quelle finden. Im Fitnessbereich des Parks sitzen auf einer Bank zwei Frauen. Vor ihnen steht ein Notenständer. Ich stelle mich zu den zwei männlichen Zuhörern. Eine von den beiden Frauen spielt auf einer Erhu. Diese sieht nach einem alten historischen Instrument aus. Ihr Resonanzkörper ist ein viereckiger Kasten, aus der ein langer schmaler Hals herauswächst, der mit zwei Seiten bezogen ist. Der Hals läuft oben in einer Biegung aus, in die die Wirbel eingeschraubt sind. Mit diesen werden die Saiten gespannt und in die entsprechende Stimmhöhe gebracht. Das Instrument wird so gehalten, dass der Resonanzkörper auf einem Oberschenkel steht. Der Bogen ist sehr lang und ist mit einer etwas dickeren, grauen Saite (ich nehme an, dass es Tierhaare sind) gespannt. Das Instrument ist schwarz lackiert. Nach einer Weile tauschen sie es. Anhand der Noten besprechen sie etwas, dann beginnt die andere Frau zu spielen. Sie spielt professionell. Ich merke den Unterschied. Die Musik klingt sehr fremdartig für mich. Es hört sich nach Dissonanzen an. Trotzdem höre ich zu, bis sie ihr Stück beendet hat. Als sie mit ihren Noten hantiert, überwinde ich mich und frage sie, ob sie mir ein Notenblatt schenken würde. Sie sucht in ihren Blättern. Mit einem freundlichen Lächeln überreicht sie mir eines. Ich freue mich. Um meine Dankbarkeit auszudrücken nicke ich mit dem Kopf und sage: „Xièxiè". Ich hoffe, den richtigen Ton dabei gefunden zu haben, denn womöglich habe ich dann nicht „Danke" gesagt, sondern irgendetwas anderes Schreckliches. Dieses Notenblatt möchte ich dem Volker-Papa meiner Enkeltochter mitbringen, dessen Leben und Arbeit Musik ist. Ich betrachte die Notenschrift. Sie ist mit unserer nicht zu vergleichen. Hier auf diesem Blatt befinden sich nur Zahlen mit Strichen darunter, Bögen darüber und chinesischen Schriftzeichen. Mutig geworden, frage ich die beiden Frauen noch, ob ich sie fotografieren darf. Ich darf. Noch mutiger geworden, drehe ich mich zu dem einen der beiden Männer hin, der mit nacktem Oberkörper und vielen Tätowierungen darauf neben mir steht. Obwohl mir seine Nacktheit unerklärlicherweise widerstrebt, will ich ihn doch auf einem Foto festhalten. Ich frage ihn. Da läuft er wild gestikulierend in den Park davon.

Wieder auf der Hutong, die ich auf eine Länge von ungefähr eineinhalb Kilometer schätze, bleibe ich vor einem Schaufenster stehen. Es gibt in diesem Lädchen Schmuck und Souvenirs. Ich gehe hinein. Der junge Mann darin ist sehr nett und spricht gut Englisch. Ich sehe mir alles an und wähle dann ein Paar Ohrringe. Es sind weiß emaillierte Schwäne, deren Flügel mit vielen bunten winzigen Glitzersteinen verziert sind. Für ein kleines Mädchen gerade das Richtige.

Nicht weit gibt es einen kleinen Laden mit Kleidung. Auch hier gehe ich hinein. Wieder hängen sehr geschmackvolle Sachen von hervorragender Qualität an der Stange. Ich verzichte, was mir nicht leichtfällt.

Auf den restlichen zweihundert Metern des Hutongs marschiere ich etwas schneller dahin. Unerwartet erhasche ich einen Blick in das Innere eines Hofhauses. Da der Zugang nicht so privat aussieht, wage ich ein paar Schritte hinein. Auf dem kleinen gefliesten, quadratischen Vorplatz stehen mehrere goldene Buddhafiguren zwischen blühenden Kübelpflanzen. Ob die blühenden Sträucher echt sind, kann ich nicht erkennen. Die Buddhas, manche mit einem dicken Bauch, lächeln mich wohlwollend an. Ich lächle zurück und gehe wieder.

Bevor ich das Ende des Hutongs erreiche, bleibe ich für einen Moment stehen und überlege. Soll ich über den kleinen Park zur Verkehrsampel an der Kreuzung gehen oder soll ich mich nach rechts wenden, um die Läden zu besichtigen, die ich vor kurzem vom Lama-Tempel aus gesehen hatte? Ich entscheide mich für einen Schaufensterbummel. Zwischen kleinen Restaurants und Imbissläden sind Läden eingezwängt, aus denen es nur so heraus blitzt. Die vielen golden- und messingfarbenen Buddhafiguren, zusammen mit Gegenständen in Bezug auf den Lama-Tempel, sind eine wahre Goldgrube. Ein groß gewachsener Mönch in seinem gelben Gewand kommt mir entgegen. Fleißig dreht er seine Gebetsmühle. Ich frage ihn, ob ich ein Bild von ihm machen darf. Er nickt und stellt sich in Position. Ich kann ihn ohne Eile fotografieren. Nun weiß ich nicht, soll ich ihm eine Spende geben oder nicht. Ich gebe ihm nichts, bedanke mich nur und bin schon am Gehen. Das war wohl verkehrt, denn ganz verdutzt und abwartend steht er da. Sorry, lieber Mönch!

9. Juni 2013, Sonntag

Es regnet! Ich frühstücke und erledige dann erst meinen verkürzten Morgenjob. Yinis Mutter ist zum großen Markt unterwegs, um dort einzukaufen. Roland, der an diesem Wochenende die Feiertage einarbeiten muss, geht ins Bad. Ich verschwinde in meinem Zimmer und mache die Türe hinter mir zu.

Ich setze mich auf mein Bett und fühle mich, als hätte ich heute alle Zeit der Welt. Ich mag sehr gerne allein sein. Zum wiederholten Male nehme ich die Ansichtskarten von Peking, die ‚Mau Kart' zur Hand und betrachte sie eine nach der anderen: ‚Das Nationale Wassersportzentrum', ‚Das Nationalstadion', ‚Die Nationaloper', ‚Die Qianmen-Straße', ‚Die Siebzehn-Bogen-Brücke', ‚Das Tiananmen-Tor', ‚Der Taihemen-Platz', ‚Qiniandian (Halle der Ernteopfer)', ‚Hutong', ‚Die Große Mauer bei Badaling'.

Ich zitiere aus der mit deutschem Text versehenen Hülle der Ansichtskarten „Kulturdenkmäler in Beijing":

„Beijing ist eine weltbekannte historische Kulturstadt und hat eine Geschichte von mehr als 3000 Jahren. Sie verfügt über reiche Kulturdenkmäler. Wichtige davon sind die Heimstätte des Peking-Menschen in Zhoukoudian, der Kaiserpalast der Dynastien Ming und Qing, die Große Mauer, der Himmelstempel, der Sommerpalast und die Kaisergräber der Ming- und der Qing-Dynastie (sie wurden schon in die UNESCO-Liste aufgenommen). Darüber hinaus gibt es hier über 60 Schwerpunkte des Denkmalschutzes der Staatsebene, 234 Schwerpunkte des Denkmalschutzes der Altstadtebene. In den letzten Jahren wurden 25 Wohnreviere Beijings unter Denkmalschutz gestellt. All diese Kulturdenkmäler stellen Zeuge der langen Geschichte und der glänzenden Kultur der chinesischen Nation dar."

Ich breite den Stadtplan vor mir aus, um mir ein Bild über diese riesige Stadt zu machen. Peking ist in Districte (Gebiete) aufgeteilt: Innerhalb der vierten und fünften Ringautobahn liegen im Osten das ‚CHAOYANG District', im Süden das ‚FENGTAI- und das DAXING District', im Westen das ‚HAIDIAN District' und im Norden, nördlich des 5. Ringes, das ‚CHANGPING District'. Um die ‚Verbotene Stadt' liegen im Uhrzeigersinn das ‚DONGCHENG District', das ‚CHONGWEN District', das ‚XUANWU District' und das ‚XICHENG District'.

Vertieft in die für mich unaussprechlichen Namen auf dem Stadtplan vergesse ich ganz auf meine Umgebung. Ein Stimmengewirr dringt zu mir ins Zimmer und holt mich in die Wirklichkeit zurück. Es stammt von Grandma, Yini und Xiao Ai. Ich gehe zu ihnen und begrüße sie. Sie nehmen mich kaum wahr. Ich ziehe mich wieder zurück, lasse aber die Türe offen. Auf dem Bett sitzend höre ich ihnen bewusst zu. Der Redefluss von Grandma und ihrer Tochter ist von unglaublicher Schnelligkeit. Sie haben sich sehr viel zu erzählen. Ich höre auf den Klang ihrer Sprache. Es ist mir, als würden sie nur über negative Dinge sprechen. Oder empfinde ich nur diese chinesische Sprache so hart und fremdklingend?

Außer dem gemeinsamen Mittagessen wird wohl der Tag so vergehen, als wäre ich nicht anwesend. Es kommt mir in den Sinn, wie es war, als ich immer bei meinen Eltern zu Besuch war. Meine Mutter und ich hatten uns auch immer sehr viel zu erzählen. Mein Vater saß im Esszimmer am Tisch, und wir bezogen ihn die meiste Zeit nicht in unser Gespräch mit ein. Damals und auch danach machte ich mir nicht große Gedanken darüber. Jetzt aber, indem es mir so ergeht, erfasse ich die Schwere meines damaligen Fehlverhaltens. Dass mein Vater sehr schlecht hörte und es schwierig und anstrengend war, sich mit ihm zu unterhalten, kann ich als Entschuldigung für mich nicht gelten lassen. Wie sich doch alles im Leben rächt!

Dass es draußen regnet und ich nichts unternehmen mag, hat auch etwas Gutes für sich. Ich liege auf dem Bett und lese. Manchmal lege ich das Buch zur Seite, schließe die Augen und denke an den gestrigen Tag. Ich sehe mich an der großen Kreuzung stehen und wie ein Film läuft nochmals das Erlebte in mir ab:

‚Ich warte auf das Grün der Fußgängerampel. Die Wartezeiten erscheinen mir hier in China mindestens drei- bis viermal länger als in Deutschland. Kein Wunder! Die Dimensionen in diesem Land sind von ganz anderer Art als in Europa. Ist China doch mit 1,3 Milliarden Menschen das bevölkerungsreichste Land der Erde. Mir ist das Warten nie langweilig, denn ich beobachte den Verkehr, der mich jedes Mal fesselt. Die Autofahrer haben eine eigene Vorstellung von geregeltem und ordentlichem Verkehr. Da mischt sich zu den Autogeräuschen plötzlich der Sound eines Motorrades, was ganz ungewöhnlich ist. Es gibt hier in der Stadt kaum Motorräder. Ich wende meinen Blick in die Richtung, aus der ich das Kommen dieses Fahrzeuges höre. Auf der „Tschopper" sitzt ein Pärchen. An der Art, wie der Mann seine Maschine geschickt durch den dichten Verkehr hindurch manövriert, kann man sehen, wie es den beiden Spaß macht. Mal beschleunigt er stark das Tempo, dann drosselt er es wieder hart ab. Als sie näher zu mir herankommen, bemerken sie, dass ich sie beobachte und mir dabei ein Lächeln nicht verkneifen kann. Da tut sich ein freies Stück vor ihnen auf. Der Fahrer gibt sofort Gas, und in typischem Sound heult der Motor auf. Dann lachen beide zu mir rüber und ‚full speed' preschen sie davon. Ich sehe ihnen amüsiert nach. Während ich noch dieses lustige Erlebnis genieße, höre ich lautes Geschrei neben mir. Zwei Männer, die auf ihrem Fahrrad-Transporter sitzen, sind in der Zwischenzeit stark in Streit geraten. Welch Gegensätzlichkeit von Gefühlen auf kleinem Raum!'

Grandma ruft mich zum Essen. Der Tisch ist reich gedeckt: Auberginen mit Hackfleischbrösel und viel Schnittlauch, Blumenkohlröschen mit Tomaten und Eierflocken, Erbsen und selbst gebackenem Weizenbrot. Als Nachtisch gibt es Maulbeerbaum-Früchte. Sie sehen den Brombeeren ein wenig ähnlich, sind nur schmäler und länglicher und haben wenig Geschmack.

Nach dem Essen wasche ich das Geschirr ab und bügle fünf Herrenhemden. Dann kehre ich nochmals den Raum. Abends singe ich mit Xiao Ai viele Lieder aus dem deutschen Liederbuch. Sie mag es gerne, wenn ich mich hin und wieder mit der Gitarre dazu begleite. Die Gitarre ist ein Überbleibsel des Vormieters. Die unterschiedlichen Saiten lassen zu wünschen übrig. Aber Xiao Ai gefällt es.

Die Abendstunden gehören wieder mir. Wie ich das genieße! Es ist kurz nach neunzehn Uhr. Schlag zwanzig Uhr wird es immer Nacht. Während ich Englisch übe, registriere ich, dass ein helleres Licht ins

Zimmer fällt. Ich sehe zum Fenster hinaus. Es nieselt, aber irgendwo am Himmel ist ein großer Riss in der Wolkendecke entstanden. Genau durch dieses Loch fließt ein Bündel Strahlen der Abendsonne und trifft mit leuchtendem Tiefrot auf die oberen verspiegelten Stockwerke der Hochhäuser. Nur dieser Bereich glänzt in fast überirdischem Licht und wirft mit unglaublicher Kraft die Strahlen zurück. Dieses Naturschauspiel dauert nur einige Minuten. Schon schließen die Wolken wieder auf.

Vor dem Einschlafen lese ich noch im ‚Insider's Guide to Beijing'. Ich zitiere:

„In the old days, it was the yelling of street hawkers, not mobile phone owners, that filled the air in Beijing."

10. Juni 2013

Frühes Sonnenlicht kitzelt mich in die Augen. Wie schön, es regnet nicht mehr. Voller Elan schwinge ich mich aus dem Bett, denn ich habe mich entschlossen, zu den „Bell and Drum Towers" zu fahren. Und Musik zu erwarten, in welcher Form auch immer, setzt in mir Energien frei, die mir Flügel verleihen. Es ist heute zwar Montag und laut Yini habe ich ja nur den „Samstag" für eigene Interessen, (man stelle sich das vor …!) aber das ist mir jetzt im Moment egal. Trotzdem steigt nach einer Weile leichter Skrupel in mir hoch. Hm, ich hätte doch gestern Yini darüber informieren sollen, dass ich wahrscheinlich heute etwas unternehmen werde? Aber was soll's! Ihre Mutter ist ja da, also braucht sie mich nicht. Außerdem hat sie gestern kein einziges Wort mit mir gesprochen! Ich erledige meinen verkürzten Frühjob, dann mache ich mich schnell im Bad, aus dem Grandma gerade rechtzeitig herausgekommen ist, fertig. Bevor ich die Wohnung verlasse, gehe ich mit dem Prospekt des „Glocken- und des Trommelturmes" zu Grandma. Mit Händen und Füßen erkläre ich ihr, dass ich diese heute besichtigen werde. Dann zeige ich auf die Uhr an der Wand, ziehe mit dem Zeigefinger einen Kreis bis siebzehn Uhr und erkläre ihr, dass ich um diese Zeit wieder zurück sein werde. Grandma versteht.

Endlich bin ich wieder auf der Straße und frei! Ha, wie gut ich mich da fühle! Ich gehe zum Bäcker, denn ich will dort frühstücken. Wie fast an allen Tagen wird auch heute ein Sandwich mit Kaffee um zehn Yuan (1,25 Euro) angeboten. Mit Genuss esse ich es oben im Café und sehe hinunter auf die besagte Kreuzung ohne Ampel. Stundenlang könnte ich die Autofahrer mit Vergnügen beobachten. Vielleicht stoßen doch einmal zwei Autos zusammen? Zu gerne würde ich sehen, wie die Fahrer dann reagieren. Auf dem Weg zur Subway gehe ich noch in den Supermarkt und kaufe mir Proviant (Saft und Banane).

Die Subway-Station ist wie immer voller Menschen. Ich stelle mich brav hinter die wartenden

Fahrgäste, die ordentlich auf dem Richtungspfeil stehen. Wie konnte ich nur dies anfänglich übersehen? Die U-Bahn fährt ein, und ich habe Glück, noch in den Waggon vor mir hineinzukommen. Langsam anfahrend, beschleunigt sie sehr schnell, rast donnernd durch den Tunnel, wobei die einzelnen Lichter darin nur so vorbeiflitzen. Wieder steigt ein euphorisches Gefühl in mir hoch. Dieses Fahren begeistert mich mehr und mehr. Sind es die Energiemassen, die hier auf kleinstem Raum wirken? Die Energie des Zuges und der Geschwindigkeit, gepaart mit der Energie der Masse Mensch darin? Ich denke schon. Ich spüre diese Energie deutlich, und sie tritt verstärkt auf, sobald ich mich länger im Waggon befinde.

Heute sind die Haltestangen neben den Türen schon besetzt. Ich halte mich an einer Schlaufe über mir fest. Ein paar Meter von mir entfernt bemerke ich eine Unruhe zwischen den Fahrgästen. Dann sehe ich den Grund. Eine junge Bettlerin kriecht in Hockestellung auf dem Boden entlang und winkt auffordernd und aufdringlich mit Geldscheinen. Sie kommt näher und spricht den jungen Mann neben mir an, der, wie mir auffällt, sich jetzt so vor mich hinstellt, dass er mich verdeckt. Er verneint und gibt ihr nichts. Die junge Frau kriecht weiter. Ich habe den Eindruck, dass ihre Beine vollkommen in Ordnung sind, und dass ihre Behinderung lediglich eine Vortäuschung ist. Der junge Mann dreht sich zu mir um und spricht mich an. „Ich gebe nie etwas", sagt er.

Ich weiß nicht, was ich darauf antworten soll, schaue ihn nur freundlich an. Ich sehe, der junge Mann ist doch nicht mehr so jung. Er hat eine sehr selbstbewusste Ausstrahlung. Sein Blick ist sehr offen, wach und klug. Ich sage ihm, ich hätte bemerkt, dass er mich ganz bewusst verdeckt habe. Daraufhin lächelt er ein sehr sympathisches Lächeln. Wir kommen ins Gespräch. Obwohl mir echte Vergleiche fehlen, kann ich doch erkennen, dass er ein wunderbar sauberes und gepflegtes Englisch spricht. So toll zu sprechen, das wäre auch mein Ziel, von dem ich aber sicher weiß, dass ich es nie erreichen werde. Da er so weltgewandt wirkt, wage ich die Frage: „Sie sprechen so ein tolles Englisch. Wie kommt das?" „Ich habe zwei Jahre in London und zwei Jahre in München gelebt und gearbeitet", sagt er. „Die Menschen in München sprechen sehr gut Englisch", fügt er noch hinzu. Na, da bin ich mir nicht so sicher. Mit welchen Nationalitäten hat er da gesprochen? Mit „Bayern" wohl nicht so oft. Wir unterhalten uns noch ein wenig, dann muss er leider aussteigen. Zum Abschied gibt er mir die Hand. Schade, ich werde ihn wohl nie wiedersehen.

An meinem Zielort ‚GULOU DAJIE' steige ich aus. Nun bin ich schon schlauer! Ich suche nach einem Ausgang Richtung Süden, denn laut Stadtplan muss ich mich südwärts halten. Ich finde keinen. Das macht nichts. Ich gehe den nächstbesten hoch und lande genau vor einem Kiosk. Ich zeige dem Verkäufer das Bild mit den ‚Bell and Drum Towers' und frage ihn, in welche Richtung ich gehen muss. Er erklärt es mir schnell auf Chinesisch, denn er hat keine Zeit. Mein ratloser Gesichtsausdruck fällt einem jungen Mann im Vorübergehen auf. Er entschuldigt sich dafür, dass er mich anspricht und fragt mich, wohin ich will. Ach, diese jungen Männer! Gut, dass ich nicht mehr jung bin. Mein Herz würde sich in jeden einzelnen verlieben. Noch dazu ist dieser hier ein sehr großer und gutaussehender Kerl! Ich vermute, dass er Amerikaner oder Australier ist. Als ich ihm das Bild hinhalte, erklärt er mir sehr zuvorkommend, wie ich gehen muss. „Also, erst mal diese Straße überqueren, dann rechts ein langes Stück bis zur nächsten Straße, dann links halten und ein langes Stück geradeaus, dann in den einen Hutong links und nach einem kurzen Stück in den anderen Hutong rechts einbiegen und dann würde ich die Türme schon sehen." „Super! Dankeschön! Kein Problem! Ganz leicht zu finden!"

Ich ziehe los. Welch Wunder, ich habe die Richtungen noch im Kopf. Nach ungefähr zehn Minuten sehe ich in der Ferne tatsächlich die Türme. Ich finde auch auf Anhieb den ersten Hutong. Dann aber wird es zum Haare raufen. Ich sollte doch nach einem kurzen Stück auf den anderen Hutong treffen, der zu den Türmen führt. Keiner da. Nach ungefähr einem Kilometer sind die Türme aus meinem Gesichtsfeld verschwunden. Dafür komme ich aber an vielen Toilettenhäusern vorbei. Hier in diesem „Hutong" (Gasse) leben die ärmeren Chinesen. Ich entschließe mich umzukehren. Da mich meine Blase drückt, gehe ich in den Trakt für Frauen eines Toilettenhauses hinein. Ich steuere auf die einzige Schüssel zu und erleichtere mich, obwohl gleich schräg neben mir eine junge Frau in Hockestellung auf der Bodentoilette ausharrt. Einmal wirft sie kurz einen Blick zu mir, lächelt ein wenig, um dann gleich wieder konzentriert an ihrem i-Pad herumzufingern. Etwas peinlich berührt, verlasse ich die offenen Innenräume. Ich gehe den Weg zurück. Und siehe da, nach ungefähr siebenhundert Metern treffe ich auf die Abzweigung. Ich sah sie vorher nicht, da ein Lastwagen die Zufahrt verstellt hatte.

Ich stoße auf eine Art Dorfplatz mit drei weit ausladenden Bäumen, deren belaubte Äste zusammengewachsen sind. Unter dem schattigen Blätterdach ist allerhand los. An einem Tisch sitzen nur Frauen. Sie spielen eifrig mit kleinen rechteckigen weißen Jetons. Das Spiel heißt Ma'tschang (gesprochen). An zwei anderen Tischen sitzen Männer und pokern. Es geht um Geld. Um alle Tische stehen ein paar Menschen, wohl deren Nachbarn, die interessiert zuschauen. Eine Weile bleibe ich bei ihnen. Es gefällt mir zu sehen, wie vertieft diese Menschen in ihr Spiel sind und wie es ihnen Spaß macht. Was für ein gemütliches Dorfleben mitten in Peking!

Als ich weitergehe, fällt mir ein roter Stuhl an einem Hauseingang auf. Komisch, wie demonstrativ dieser Stuhl da steht. Hat er nun das gleiche zu bedeuten wie der Vogelkäfig mit den zwitschernden Vögeln? Ach, ich sollte mich um so etwas gar nicht kümmern! Besser ist es auf die hin und her fahrenden Rikschas mit ihren roten Stoffdächern aufzupassen, die die Besucher transportieren.

Ich erreiche den ‚Bell-Tower', kaufe ein Ticket für beide Türme, lasse meine Tasche durch den ‚Security-Check' ziehen und mich mit einem ‚Sucher' abtasten. Ich bin gewohnt, dass man überall kontrolliert wird. Aber was könnte man hier Verbrecherisches anstellen? Im ‚Bell-Tower' muss man eine sehr steile Treppe hinaufgehen, mit mindestens sechzig sehr hohen Stufen. Eine junge Frau vor mir bleibt stehen und stöhnt. Sie hat einen Wadenkrampf. Endlich oben angekommen erschlägt einen fast eine riesige Glocke, so unerwartet baut sie sich, fast drohend, vor einem auf. Ich lasse mich auf die Bank davor fallen, um mich ein wenig auszuruhen. Dann gehe ich auf die Plattform und staune über den wunderschönen Ausblick auf die Dächer Pekings. Der ‚Bell-Tower' ist 47,9 Meter hoch. Von einer Tafel übernehme ich folgenden Text:

„Im alten China teilten die Menschen die Nacht in fünf Teile, genannt ‚Gengs'. Jeder ‚Geng' hatte die Dauer von zwei Stunden. Der erste ‚Geng' z.B. hieß ‚XU (dog) Shi' und begann um 19 Uhr und dauerte bis 21 Uhr."

Ich verzichte darauf, die restlichen „Gengs" abzuschreiben, denn ich verdecke für die anderen Besucher die Tafel. Leider hat dieser „Bell-Tower" nicht mehr zu bieten. Ich beginne mit ein wenig Grausen den Abstieg. Da niemand vor mir geht, sehe ich nur auf die jeweils kommende Stufe vor mir. Würde ich den unglaublich steilen und langen Abgang hinunterschauen, würde ich sicher hinterher purzeln.

Ich zitiere aus 'Insider's Guide to Beijing 2007'[16]:

"Also a copy of a Yuan dynasty predecessor, the current structure is a sprightly 300 years old. The bell that gives the tower its name is a 500-year old bronze beast with 10 cm thick walls. Legend has it that after the bronze master had several casting mishaps, his daughter threw herself into the pot of molten metal to secure a good casting. While her methods may have been slightly unorthodox, they apparently worked, and the emperor was so moved by her display of filial piety that he established a temple near the bell foundry in her honor."

Ich erinnere mich noch ein wenig an den Text auf einer anderen Tafel: *„Der Kaiser setzte einen Termin. Sollte die Glocke bis dahin wieder nicht gelingen, würde er den Glockenmeister und seine Arbeiter köpfen lassen."*

---

[16] (Adam Pillsbury) Immersion Guides General Enquiries: 5820 7100 editor@immersionguides.com, ISBN 7–116–05004–3/F.232

Glücklich auf ebener Erde gelandet, gehe ich quer über den großen Platz zum „Drum-Tower". O je, hier finde ich wieder die gleiche steile Treppe vor. Wie beim „Bell-Tower" steht auch hier eine Warntafel, dass Kinder diese Treppe ohne Aufsicht der Eltern nicht gehen dürfen. Mit dem Saft im Bauch, den ich gerade getrunken habe, strengt mich das Treppensteigen jetzt sehr an. Es ist wirklich ein Steigen auf diesen Treppen und kein Gehen. Oben angekommen empfängt mich ein riesiger roter Dachstuhl, mit vielen verschieden großen und wuchtigen Trommeln. Dieser Anblick begeistert mich. Ich warte auf die Aufführung um 13.30 Uhr und vertreibe mir die Zeit, indem ich den Text von der Info-Tafel abschreibe:

„Beijing Bell and Drum Towers were the timing center of the capital city during Yuan, Ming and Qing Dynasties. It had been used for keeping and announcing the standard Beijing time for 652 years (1272–1924) in the ways of a dusk drum and a morning bell. Chinese ancestors made great contribution to time culture, and invented four types of time–meter successively. They are sundial, clepsydra, rolling–ball device and calligraphy incense. The sundial measures time by the changing positions of sun shadow. The clepsydra, which is also called water clock, measures time by the flow of water. The rolling–ball device, which has drive systems with gears, measures time by the rolling speed. The

calligraphy incense, which is also calle fire clock, measures time by the burning speed."

Die Vorstellung beginnt. Im Hintergrund, noch nicht für die Besucher sichtbar, kündigen sich die Trommler mit einem kurzen Trommelschlag an. Einzeln schreiten sie in ihren einheitlichen Gewändern hervor und nehmen Stellung vor ihrer jeweiligen Trommel. Die Trommler sind zwei etwa zwölfjährige Buben, ein etwa vierzehnjähriger Junge und ein erwachsener Mann. Dieser steht vor der größten Trommel, ein wahres Ungetüm, die einen Durchmesser von etwa 2,50 Meter hat. Dann fangen sie mit ihrer Performance an, die nicht nur den ganzen Dachstuhl vibrieren lässt, sondern auch mein Herz. Ungefähr zehn Minuten erfüllt gewaltiger Rhythmus den Raum und bringt alles und jeden in Schwingung. Ein letzter kräftiger Schlag, und die Vorstellung ist zu Ende. Viel zu kurz für mich.

Wie die anderen Zuhörer gehe ich hinaus auf die Plattform und setze mich auf das schmale Gesims an der Wand. Noch ganz berauscht von diesem aufpeitschenden Rhythmus entschließe ich mich auf die nächste Vorstellung in einer Stunde zu warten. Ich esse meinen Proviant und verfolge den Verkehr auf der schnurgeraden Straße, die zur ‚Verbotenen Stadt' führt, die nach meinem Gefühl in etwa fünf Kilometer Entfernung liegt. Ich wende meinen Blick zum See, auf dem ich bunte Boote (Dschunken) erkennen kann. Dann schaue ich wieder hinunter auf die Dächer der vielen schmalen Hutongs. Dahinter im

Halbrund grüne Vegetation und wieder dahinter, in gewaltige Höhe wachsend, die Skyline von Peking.

In der nächsten Performance um vierzehn Uhr dreißig lehne ich mich an eine rote Holzsäule und schließe die Augen. Von Trommelmusik fühlte ich mich schon immer sehr angezogen, spielte selbst bis vor kurzem in einer Djembe-Gruppe. Vor allem an der Basstrommel kam mein Blut so in Wallung, dass oft die Stäbchen in Splittern davonflogen. Wenn wir ein langes Stück übten, passte sich manchmal mein Herzschlag dem Rhythmus des Trommelns an. Ich empfand dies nicht angenehm, befürchtete dann sogar, dass mein Herz stehenbleiben könnte. Aber ich liebe diese Musik über alles. Wenn ich sie höre, bekomme ich Gänsehaut. Bei langem Spielen oder auch Hören tauche ich in eine archaische Welt der Musik ein und verliere mich darin.

Beschwingten Fußes trete ich den Rückweg an. Ich muss mich beeilen, will ich um siebzehn Uhr in der Wohnung sein. Es klappt, ich bin pünktlich. Als ich die Wohnung betrete, begrüßen wir uns gegenseitig freundlich. Nur von Yini weht mir eisiger Wind entgegen. Ich übergehe das und erzähle von meinem Tag.

Am Abend kommt Roland kurz in mein Zimmer. Ich sitze auf dem Hocker vor dem Bett, Roland muss leider stehen bleiben. „Ich muss mit Dir reden", beginnt er und es ist ihm sichtlich peinlich. Nun, inzwischen weiß ich, er ist das Sprachrohr von Yini.

„Yini ist sehr verärgert, dass Du ihr gestern nicht Bescheid gesagt hast, dass Du heute die ‚Bell and Drum Towers' besichtigen willst." O.K., ein wenig pflichte ich ihm bei. „Aber", frage ich, "genügt es nicht, dass ich Grandma heute früh ausführlich über mein Vorhaben informiert habe?" „Nein, Yini genügt das nicht. Sie hat sich auch bei mir beschwert, dass Du Dich kaum mit dem Kind beschäftigen würdest", fährt er fort. Ich merke, wie mein Frust wächst. „Es stimmt, Roland, seit Grandma da ist, überlasse ich ihr ganz bewusst ihr Enkelkind. Meine frühe schlechte Erfahrung in so einer ähnlichen Situation lässt mich so handeln. Ich will nicht, dass Grandma auf mich eifersüchtig wird." Ich denke mir, so geht das nicht! Ich stelle mich vor ihn hin, schaue ihm direkt in die Augen und sage in vorwurfsvollem Ton: „Weißt Du überhaupt, dass Yini kaum ein Wort mit mir spricht, seitdem ihre Mutter da ist? Dass sie mich bis jetzt kein einziges Mal gefragt hat, wie es mir hier in China geht und wie ich mich vielleicht bei Euch fühle? Dass ich sehr viel im Haushalt mache, was ich eigentlich nicht müsste! Und Du sprichst auch kaum etwas mit mir!" Ich kenne Rolands Herzensbildung nicht; bei Yinis Benehmen gelingt es mir eher, auf ihre Herzensbildung Rückschlüsse zu ziehen. Ich vermute jedoch, dass er ein gutes Herz hat, denn er schaut ganz betroffen drein und sagt: „Du musst nichts im Haushalt arbeiten!" „Ja", sage ich, „wer dann? Yini? Wir wissen, Yini hat nur die Pflicht, und das ist gesetzlich festgelegt, sich um das Kind zu kümmern. Also bleibst nur Du übrig, und Du bist die meiste Zeit im Büro." Roland schaut mich an, und ich merke, das Ganze tut ihm leid. Er geht und ich kurz entschlossen hinterher. Ich habe Lust, Yini meine Meinung zu sagen. Mit leicht scharfen Worten und diese erstaunlicherweise in fließendem Englisch (zu was man doch fähig ist, wenn man etwas zornig ist!) weise ich sie darauf hin, dass es ihr genügen muss, dass ich nur Grandma informierte. Den zweiten Punkt erspare ich mir, dieser hätte mich doch in Bezug auf mein Englisch überfordert. Diesen kann ihr Roland erläutern. Kurz setze ich sie noch in Kenntnis, dass ich morgen das „Mao-Mausoleum" besichtigen will. Dann drehe ich mich um und gehe wieder in mein Zimmer.

Abends, nachdem ich meinen Tagebucheintrag beendet habe, lege ich mich zu Bett. Ich kann lange nicht einschlafen. Mein Puls rast. Unentwegt wäge ich ab, wer jetzt mehr im Recht ist, Yini oder ich. Irgendwie habe ich das Gefühl, dass sie Macht über mich ausüben will. Welche Erwartungen hat sie an mich? Hat Roland sie nicht ausführlich darüber informiert, wie die Vereinbarung in diesem „Grand-Mèr-Job" lautet? Ich frage mich, wie sich wohl die kommenden Wochen noch gestalten werden?

11. Juni 2013

Als ich am Morgen aufwache, ist der größte Frust wieder verflogen. Ich werde mein Bestes geben, trotzdem aber darauf achten, dass ich nicht zu kurz komme. Darum werde ich die Zeit nützen, solange Grandma da ist.

Ich erledige wieder meinen Morgenjob. Während ich in meinem Zimmer frühstücke, höre ich, dass Yini und Xiao Ai auch schon wach sind. Etwas später gehe ich zu ihnen in den Wohnraum. Die Atmosphäre ist ein wenig angespannt. Ich benehme mich so, als würde ich es nicht merken und sage Yini, dass ich gleich gehen werde. „OK, in Ordnung!" antwortet sie.

Ich genieße wieder die Fahrt mit der U-Bahn. Diesmal muss ich nicht umsteigen. Ich empfinde dies heute als sehr angenehm. Die Wege von einer U-Bahn zur anderen sind oft sehr lang. Ich steige am „TIAN' ANMEN EAST" aus und schlendere in Richtung Süden zum „TIAN' ANMEN SQUARE". Es ist sehr heiß. Meine Kleidung klebt mir am Körper. An mir geht ein älteres Ehepaar vorbei, die deutsch sprechen. Als sie vor einem Schaufenster stehen bleiben, spreche ich sie an. „Wir kommen aus dem Raum Nürnberg", erzählen sie mir. Als ich sie frage, ob sie hier in Peking Urlaub machen, berichten sie mir, dass sie mit dem „Sibirien-Express" nach „Wladiwostok" unterwegs sind. „Jetzt sind wir noch gesund und beweglich, darum machen wir diese abenteuerliche Reise. Bald können wir vielleicht nicht mehr", sagen sie. Wir trennen uns mit besten gegenseitigen Wünschen.

Ich sehe eine Info-Tafel. Auf ihr stehen die auf diesem Platz befindlichen Gebäude. Von Süden nach

Norden sind diese: „Qianmen, Zhengyang Gate, Mao Zedong Memorial Hall, Monument to the People's Heroes." Unter diesen Namen steht:

„Zhengyang Gate = commonly known as Qianmen (Front Gate), the 43,65–meter–high gate was constructet in 1419 and covers an area of 3,047 qm. It is the highest and most magnificent city gate in Beijing."

Ich gehe durch den angenehm kühlen ‚Zhengyang Gate' und entdecke eine metallene Bodenplatte mit den vier eingravierten Himmelsrichtungen: East, West, South, North. Sie werden in der chinesischen Kultur durch mythische Tiere symbolisiert: Qinglong (Green Dragon), Baihu (White Tiger), Zhuque (Vermilion Bird) und Xuanwu (Black Tortoise). Dann marschiere ich ein Stück an der daneben liegenden Straße entlang. Ein großes weißes Gebäude im Kolonialstil zieht meinen Blick an. Die Aufschrift darauf lautet: ‚Beijing Railway Museum'

Ich kehre wieder um, gehe wieder durch den Durchgang (‚Zhengyang Gate') und setze mich, so wie viele Chinesen hier, auf einen Randstein. Mein gerader Blick fällt auf einen großen Platz mit einer Absperrung, dahinter wieder ein großer Platz, der am Rückgebäude des Mausoleums endet. Über den Platz direkt vor mir marschieren gerade sechs Wachsoldaten in strengem Gänsemarsch. Am Rückgebäude halten zwei Soldaten Wache. Vor der Absperrung ziehen sich zwei parallel verlaufende metallene Geländer, die sich über drei Seiten des Platzes bis zum Vordereingang des Mausoleums erstrecken. Diese Geländer sind eine Art Gangway, in der die Menschen Schlange stehen, wenn sie am ‚Mao-Sarkophag' vorbei defilieren wollen. So wird der Ansturm der massenhaften Besucher ordentlich in Zaum gehalten. Heute ist das Mausoleum geschlossen. Ich schätze diese Gangway auf eine Länge von mindestens eineinhalb Kilometer. An den Ecken stehen sehr große Monumente. Sie zeigen Mao mit erhobenem Arm. Ich vermute: mal im Gespräch mit seinem Volk, mal in Führungsposition mit seinen Mitstreitern.

Die Menschen auf dem ‚TIAN' ANMEN SQUARE' schlendern hierhin und dorthin, so wie ich auch. Seit gestern, Montag, haben sie drei freie Tage. Dafür haben sie den Samstag und den Sonntag davor gearbeitet. Der morgige Mittwoch ist ein Feiertag „Das Drachenbootfest". Eine junge Familie steht in meiner Nähe. Voller Stolz schauen sie ihrer kleinen Tochter zu, die gerade das Gehen übt. Das kleine Mädchen hat Plastikschuhe an, die bei jedem Auftreten quietschen. Der Kleinen gefällt das. Mit dieser trickreichen Methode lernt das Kind spielend Gehen. Aber Schuhe aus Kunststoff? Ich höre vielstimmiges Vogelgeschrei. Hunderte von Mauerseglern umfliegen mit wetteifriger Schnelligkeit das große und hohe Gebäude des ‚Zhengyang Gate'.

Ich fühle mich genug ausgeruht. Ich unterquere den Platz, an dessen einer Seite auch die Station der Linie 2 liegt, die ‚Qianmen East Station', und biege hinter einem alten Straßenbahnwagen in die neue Geschäftsstraße ein. Der Straßenbahnwagen ist nicht in Betrieb, sondern nur als eine Sehenswürdigkeit aufgestellt. Ich lasse mich in der Menschenmenge treiben, vorbei an edlen Boutiquen mit teurer Designermode aus aller Welt. Immer wieder biegen zu beiden Seiten enge Gassen (Hutongs) ab. Ich entschließe mich, in den seitlichen Hutongs herumzustreunen, denn Designer-Klamotten machen keinen großen Eindruck auf mich. Jetzt wird es interessanter. In diesen Gassen, die mit Gerümpel aller Art vollgestellt sind, lebt das einfache Volk. In den etwas breiteren Hutongs wechseln sich neben den winzigen Behausungen offene Kochstellen mit Imbissläden und Mini-Restaurants ab. Fast immer steht eine Person davor, die marktschreierisch die Gerichte anpreist. Ich habe Hunger. Nur die Angst, nicht mit den Stäbchen essen zu können, hält mich zurück. Doch dann übermannt mich der Hunger und die Neugierde. Ich betrete ein Mini-Restaurant, das auf einer Tafel davor ihre Speisen und Gerichte anpreist. Ja, Brokkoli könnte ich notfalls auch mit den Stäbchen essen. Das männliche Personal (Yini sagte einmal: „In China kochen nur die Männer, und sie können es besser als die Frauen.) ist sehr zuvorkommend. Ich bestelle das Brokkoli-Menü. Das Gedeck mit Gabel und Messer (!) wird sofort aufgetragen. Brokkoli mit einem Teller Reis, diesen gemischt mit Eierflocken, lassen etwas auf sich warten. Es schmeckt sehr gut. Ich zahle achtundzwanzig Yuan, das sind ungefähr drei Euro fünfzig.

Ich biege in eine andere Hutong ein und stoße auf das „Zhengyici Theater". Gerne würde ich eine Opernaufführung erleben. Es werden drei Liebesgeschichten gezeigt, jede mit unterschiedlichen Interpreten. Während ich die Fotos der Sängerinnen betrachte, bemerke ich eine leichte Verdunkelung des Tageslichtes. Das kommt mir verdächtig vor. Ich schaue zum Himmel empor und erschrecke. Er ist ganz schwarz. Schon kommt Wind auf. Ob ich es noch trockenen Fußes zur Subway schaffe? Ich gehe mit Riesenschritten so schnell ich nur kann. Auf halbem Wege fängt es zu regnen an. Meine Schritte werden noch riesiger. Vor mir sehe ich auf dem von Menschen leergefegten Bürgersteig einen Mann mit Schirm. Als ich auf seiner Höhe bin, suche ich Blickkontakt und schlupfe dann ungefragt unter seinen Schutz. Er schaut mich sehr überrascht an. Ich lache ihn an und frage: „O.K.?" „O.K.", antwortet er. Da überfällt mich sogleich mein Übermut und ich hake mich bei seinem Schirm tragenden Arm unter. Ich denke mir: „Was für ein Bild! Wie im Film! Zwei wildfremde Menschen gehen in engem Körperkontakt (der Schirm war leider nicht sehr groß) im prasselnden Regen unter einem Regenschirm auf einsamen Straßen!" Ich schmunzele in mich hinein. Wir haben uns nichts zu sagen. Dem jungen Mann hat es wohl die Stimme verschlagen! „Ich muss zur Subway", erwähne ich so nebenbei. „O.K., ich bringe Sie hin", kommt die Antwort. Im Gleichschritt marschieren wir flott ungefähr zwanzig Minuten, dann kommen wir an der Subway Station an. Am oberen Treppenabsatz sehen wir hinunter auf eine Masse von Menschen, die dort den Regen abwarten. Erschreckt bleibe ich kurz stehen und murmele leise: „Wie soll ich durch diese Wand aus lauter menschlichen Körpern hindurch kommen?" Mein Kavalier kann Gedanken lesen. Er sagt: „Ich bringe Sie bis zur U-Bahn". So geschieht es dann auch. Er bahnt sich einen Weg durch diese in sich geschlossene Menge und zieht mich hinterher. Am Abgang zur U-Bahn verabschieden wir uns. Dankbar lächelnd schaue ich ihm in die Augen und sage: „Thank you, my love!" Kurz entschlossen umarme ich ihn. Erstaunt, aber nicht abweisend, lächelt er zurück. Dann gehen wir auseinander. Nie wieder werde ich ihn wiedersehen, aber die Erinnerung wird lebendig bleiben. Und diese ist doch ganz etwas Schönes. Wie wunderbar können doch menschliche Begegnungen sein, wenn man unkonventionell handelt. Wenn Humor und eine grundsätzliche Liebe zu den Menschen aus den Augen sprechen, kann eigentlich nichts schief gehen.

In der Station ‚DAWANGLU' angekommen, regnet es jetzt mit Blitz und Donner immer noch. Ich warte, wie die vielen Anderen im Schutze der Überdachung. Eine geschlagene Stunde stehe ich so.

Als es nur noch tröpfelt, eile ich zur Wohnung. Dort verläuft der Abend wie gewohnt.

12. Juni 2013

Nach den üblichen Morgenstunden beschleicht mich ein ungutes Gefühl, als müsse ich den ganzen Tag nur in der Wohnung verbringen. Heute ist der Feiertag des ‚Drachenbootfestes'. Auf meinen Wunsch hin, sucht Roland die Geschichte des Drachenbootfestes im Internet „VeduChina" und druckt sie für mich aus. Ich zitiere sie:

„Das Drachenbootfest"

„Der 5. Mai nach dem chinesischen Mondkalender ist ein wichtiges Volksfest, das das Drachenbootfest genannt wird. Dieses Fest ist mit dem Namen des großen chinesischen Dichters Qu Yuan eng verknüpft.

Qu Yuan lebte von 340 v. Chr. bis 278 v. Chr. im Staat Chu während der Periode der Streitenden Reiche, auf dem Gebiet der Literatur in jener Zeit ragen die Gedichte von Qu Yuan hervor. Unter seinen vielen Gedichten sind ‚Li Sao' (Das Klagelied), ‚Tian Wen' (Himmelsfragen) die bekanntesten. In seinen Gedichten schuf er durch Stilanleihen bei Volksliedern eine neue poetische Gattung, die Chu Ci (Chu–Balladen), welche einen großen Einfluss auf die spätere Dichtung ausübte.

Da der Dichter Qu Yuan über ein umfangreiches Wissen verfügte, diente er als einer der höchsten Beamten beim Fürsten Chu Huaiwang und zählte zu den engsten Vertrauten seiner Majestät. Durch Verleumdung verlor er das Vertrauen des Herrschers und wurde verbannt. Er gab trotzdem seine Hoffnung nicht auf und wartete darauf, dass der Fürst ihn wieder mit Regierungsgeschäften betrauen würde.

Leider übertrug dieser die leitenden Posten nur den Ungeeigneten, und zwar auch im militärischen Bereich, so dass seine Truppen im Krieg vernichtet wurden. Er verlor sein ganzes Land, musste flüchten und starb schließlich in der Fremde. Als Qu Yuan vom Tod des Herrschers erfuhr, war er verzweifelt. Er nahm einen großen Stein fest in seine Arme und sprang damit in den Miluo-Fluss. Er verübte am Abend des 5. Mai Selbstmord.

Die Nachricht vom Tod des großen Dichters verbreitete sich schnell im Flussgebiet. Die Einwohner verfielen in tiefe Trauer und dachten an die Zeit, in der Qu Yuan die Regierungsgeschäfte im Staat weise geleitet hatte. Deshalb ruderten die Männer mit ihren Booten auf den Miluo-Fluss hinaus, um die Leiche von Qu Yuan zu finden, während Frauen und Kinder am Ufer in pyramidenförmig gefaltete Bambus- oder Schilfblätter eingewickelte Klebreisklößchen in den Fluss warfen. Alle hofften, dass die Fische damit von der Leiche Qu Yuan abgelenkt würden und diese somit unversehrt blieb.

Die Einwohner im Staat Chu trauern Jahr um Jahr um Qu Yuan. Jährlich am 5. Mai rudern die Männer ihre Boote auf den Miluo-Fluss hinaus. Jede Familie bereitet Klebreisklößchen, die in Bambusblätter eingewickelt werden, wie jene, die damals in den Fluss geworfen wurden. Mit der Zeit entwickelte sich im Flussgebiet des Miluojiang, später auch in anderen Gegenden, aus dieser Tradition ein jährliches Fest, das auch das Bootsrennen einschloss. So entstand das Drachenbootfest in China."

Nachmittags verlasse ich doch noch die Wohnung. Wir brauchen ein Toastbrot. Ich verlängere meinen Rückweg, um meine Beine zu bewegen. Leider brauchen sie täglich sehr viel Auslauf. Wenn sie diesen nicht bekommen, werden sie schwer und schmerzen. Als ich in einer Straße mit verschiedenen Läden gehe, streift mein Blick ein Friseurgeschäft. Ohne lange zu überlegen trete ich ein. Drei junge Männer befinden sich darin. Sie sind sehr höflich, sprechen aber kein Englisch. Ich frage nach dem Preis für Waschen, Schneiden und Föhnen. Der junge Mann an der Kasse erläutert mir die Preisliste. Da mir die Preise nicht so hoch erscheinen, bitte ich also um Waschen, Schneiden und Föhnen. Der andere freundlich lächelnde Mann gibt mir zu verstehen, ihm in den ersten Stock zu folgen. Mit einer kurzen Erklärung nimmt er meine Tasche, versperrt diese in einem Safe und streift mir dessen Schlüssel um mein Handgelenk. Jetzt habe ich sein Chinesisch verstanden. Das Waschen der Haare ist sehr angenehm. Ich liege dabei bequem auf dem Rücken. Dann trocknet er gekonnt meine Haare mit einem Handtuch. Der dritte junge Mann tritt heran. Er wird meine Haare schneiden. Er fragt mich, wie ich sie haben möchte. Ich erkläre ihm ganz ausführlich, wie ich mir die Frisur vorstelle. Dabei betone ich ein paar Mal, indem ich auf meine Nackenhaare zeige, dass er diese nur ein wenig kürzern soll. Ich zeige ihm, dass mehrere Haarspitzen hinter den Ohren hervorschauen sollen. Er hat verstanden und fängt bei den Haarspitzen an. Mich trifft fast der Schlag. Mit einem großen Schnipp-Schnapp schneidet er hinter dem linken Ohr sämtliche Haarspitzen in großzügiger Länge weg. Mir wird klar, er hat genau das Gegenteil verstanden. Ich gebe mich auf. Jetzt noch zu reklamieren hat keinen Sinn, er muss ja die andere Seite angleichen. Ich schließe die Augen und überlasse mich meinem Schicksal. Er gibt sich wirklich Mühe. Ich denke mir, wenn er so weiter macht, werde ich nicht mehr viele Haare auf dem Kopf haben. Da ich die Haare immer sehr kurz trage, macht mir dies nicht allzu große Sorgen. Sorge habe ich nur, wie ich hinten aussehen werde? Um meinen Nacken weht ein verdächtig frisches Lüftchen. Um es kurz zu machen: mein Nacken wird sicher so aussehen, wie ich es absolut nicht leiden kann. Als ich nach dem Föhnen die Augen öffne, und mich im Spiegel erblicke, sieht der Schnitt gar nicht mal so schlecht aus. Doch dann kommt der kleine Handspiegel für den Hinterkopf. Nein, ich erzähle nicht weiter. Wie froh bin ich, dass mich hier in China niemand kennt!"

Zurück in der Wohnung bewundern Grandma und Yini meinen neuen Kopf. Xiao Ai beäugt mich misstrauisch und ist sich nicht sicher, ob ich es wirklich bin. Die restlichen Stunden des Tages bleibe ich brav und folgsam bei ihnen im Wohnraum.

13. Juni 2013

Grandma wird heute wieder abreisen, d.h. ich fühle mich wieder voll und ganz für den Haushalt zuständig. Um sieben Uhr beginne ich damit. Ich staube die Möbel ab, kehre den Boden im Wohnraum und in der Küche und wische diese, zusammen mit dem Fußboden im Bad und in meinem Zimmer. Aufräumen muss ich heute nicht, das hat Grandma schon vor sieben Uhr erledigt. Ich lege noch die Wäsche von Xiao Ai und Yini zusammen und gehe dann einkaufen. Neben dem gewohnten Autolärm höre ich heute noch etwas anderes. Es ist eine kräftige Männerstimme, die alles übertönt. Was der Mann ruft, hört sich für mich jedes Mal gleich an. Einige Meter weiter sehe ich ihn auf dem Bürgersteig stehen und an einer Maschine große Messer schärfen. Ich bleibe vor ihm stehen, höre und sehe ihm zu. Als er fertig ist, frage ich ihn, ob ich ihn fotografieren darf. Ich darf. Er stellt sich in Pose und ruft dabei mit witzigem Gesicht seinen Werbeslogan. Obwohl ich ihn nicht verstehen kann, klingt es wie: „Ich schärfe Dein Beil, dann ist es wieder ganz geil!" Ich bedanke mich ganz herzlich und gehe weiter. Im

Supermarkt kaufe ich alle Zutaten, die ich benötige, um gefüllte Paprika zum Mittagessen zu kochen.

Als ich vom Einkaufen zurückkomme, sind auch Roland, Yini und Xiao Ai schon auf. Grandma bricht auf und verabschiedet sich von uns allen. Möglicherweise sehe ich sie wieder, denn Yini erwähnte in meinen ersten Tagen hier, dass wir, d.h. sie, Xiao Ai und ich, einmal für ein paar Tage zu ihren Eltern fahren werden. Ein paar Minuten nach Grandma verlässt Roland die Wohnung. Ich setze mich zu Xiao Ai und spiele mit ihr mit den Bauklötzen. Yini ist in der Küche und bereitet das Essen für das Kind zu. Später gehe ich in die Küche und koche das Mittagessen. Roland kommt zum verabredeten Zeitpunkt vom Büro nach Hause und wir essen zusammen.

Nachmittags gehen Mutter und Kind aus. Yini sagt, dass es Xiao Ai seit gestern dauernd ein wenig übel sei. Ich habe nichts davon bemerkt. Xiao Ai ist mit ihrem heiteren und witzigen Gemüt ein richtiger Sonnenschein. Und wie klug sie ist! Ich nütze die Zeit und bügle schnell zwei Hemden für Roland. In Anwesenheit von der Kleinen ist mir das heiße Bügeleisen eine Gefahr für sie. Es darf mir nichts passieren, was Xiao Ai in irgendeiner Form schadet. Ich erinnere mich ungern daran, was sich an dem Tag zutrug, als Grandma zu Besuch gekommen war. Beide saßen in trauter Zweisamkeit auf dem Sofa. Dieses Bild von ihnen gefiel mir. Ich holte meinen Fotoapparat, setzte mich neben die beiden und knipste sie von der Seite. Als ich das Bild im Display anschaute, erschien es mir ohne Blitzlicht nicht gut gelungen. Ich knipste ein zweites Mal mit Blitzlicht. Während der Blitz aufleuchtete, sah mir Xiao Ai geradewegs in die Kamera. In diesem Moment kam Yini aus der Küche und zeigte sich sehr verärgert darüber. Sie erklärte mir, dass der Blitz den Augen des Kindes sehr schade. Ich entschuldigte mich ein paar Mal dafür. Am liebsten wäre ich im Erdboden versunken. Ein paar Tage lang kam ich nicht los davon, mir vorzuwerfen, dass ich nicht an das gedacht hatte. Das Frauchen, das nicht wollte, dass ich ihr witzig aussehendes Hündchen fotografiere, weil es seinen Augen schade, hätte mir ein Beispiel sein müssen. Diese Begebenheit war mir inzwischen vollkommen entfallen gewesen.

Ich hätte Lust noch einen Spaziergang zu machen. Da aber Yini beim Weggehen sagte, sie würde beim Zurückkommen an die Türe klopfen, fühle ich mich verpflichtet, in der Wohnung zu bleiben. Vielleicht hat sie keinen Schlüssel mitgenommen? Um halb acht Uhr abends höre ich, wie sich ein Schlüssel im Türschloss dreht. Yini kommt mit dem Kind zur Türe herein. Ich begrüße die beiden, aber komischerweise bin ich Luft für Yini. Ihre Launen zerren manchmal sehr an meinen Nerven, obwohl ich mich bemühe, diese ganz bewusst nicht wahrzunehmen. Auch das Kind benimmt sich etwas befremdlich mir gegenüber. Erst als Xiao Ai und ich wieder auf dem Sofa sitzen, und ich ihr vorlese, wird sie wieder zutraulicher. Yini bereitet inzwischen in der Küche die Abendmahlzeiten für Xiao Ai zu.

Um zwanzig Uhr verlasse ich, nachdem Roland bereits vom Büro zurück ist, die Wohnung. Es ist schon dunkel. Trotzdem ist es mir ein Bedürfnis, ziellos zu gehen und durchzuatmen, um nicht in der Welt, in der ich momentan lebe, zu ersticken. Damit meine ich nicht das Land China! Unten auf der Straße empfängt mich ein lauer Sommerabend. Er versöhnt mich ein bißchen. Ein wenig lässt sich neben den Autoabgasen dieser Sommer riechen. Ich freue mich darüber und atme tief ein. Dann schlage ich einfach eine Richtung ein und gehe los. Meine Gedanken kreisen im Kopf. Während der letzten Woche, als Grandma zu Besuch war, hat die Familie kaum etwas mit mir gesprochen. Im Gegensatz dazu war ich gezwungen zuzuhören, wie sich Yini und ihre Mutter stundenlang unterhielten. Ihr intensiver und temperamentvoller Austausch verursachte in mir eine aufkommende Abneigung gegenüber der chinesischen Sprache. Je länger ich zuhörte, umso mehr taten mir die hart gesprochen Worte und die misstönende Melodie dieser Sprache in den Ohren weh. Ich habe das Gefühl, dass es Yini nicht gepasst hat, dass ich in dieser Zeit drei Besichtigungstouren unternommen habe. Wie kommt sie dazu? Bin ich hier eine moderne Sklavin? Ich neige dazu, nachzugeben, wenn eine Notwendigkeit besteht. Aber es bestand keine Notwendigkeit, da Grandma da war. Ich gestehe, ich habe Frust. Meist gelingt es mir, bei Problemen jedweder Art, auch eine komische Seite zu entdecken. Dadurch bleibt mir größtenteils meine innere Ruhe erhalten. Aber jetzt bin ich in China, und ich befürchte, dass mir hier diese göttliche Gabe verloren geht. Das Gehen beruhigt mich. Nach etwa einer Stunde kehre ich wieder in die Wohnung zurück.

14. Juni 2013

Der Tag beginnt mit meinem Frühjob und verläuft bis und über die Mittagszeit wie immer. Da ich heute nicht koche, muss ich auch nicht vormittags einkaufen gehen. Während Yini für Xiao Ai die Mahlzeiten zubereitet, widme ich mich dem Kind. Xiao Ai packt ihr Küchengeschirr aus und wir kochen wie die Mama. Später, als das Kind gegessen hat, bekommen wir beiden Frauen die bestellten Speisen an die Tür geliefert. Das ist sehr praktisch, aber leider auch nicht sehr abwechslungsreich.

Am späten Nachmittag verlassen wir drei fast gleichzeitig die Wohnung. Ich gehe schon voraus und hole den Aufzug auf unser Stockwerk. Yini folgt mit dem Kind. Sie wollen in die Spielräume der Früherziehung gehen. Ich muss zum Supermarkt. Es fehlt uns Toiletten- und Küchenpapier, und ich brauche eine Gesichtscreme. Im Supermarkt ist um diese Zeit nicht soviel los wie zu den Stoßzeiten. Im Pflege- und Kosmetikbereich sehe ich mir die Cremen für Frauen genau an. Es gibt die gleichen

Markenprodukte wie in Deutschland. Sie erscheinen mir fast teurer als in Deutschland. Ich versuche die Beschreibung zu lesen, die mich überfordert. Da ich eine Beimischung von Aufhellern vermute, entschließe ich mich nicht zu einem Kauf. Ich gehe zu den Regalen mit den Babycremen. Hier wird zwischen Buben und Mädchen unterschieden. Ich wähle eine für die Buben. Es ist den Chinesen zuzutrauen, dass die Cremen für Buben – die kleinen Prinzen – qualitativ besser sind, als die für Mädchen.

Bevor ich den Supermarkt verlasse, will ich noch meine Ananasstücke an dem großen Tisch für das „gemeine Volk" essen. Ich hole mir, wie sonst auch, zwei kleine Holzstäbchen von der Sushi-Theke. Die Verkäuferinnen kennen mich schon und lächeln mir freundlich zu. Der Tisch ist relativ sauber. Ein Mann ist, wie ich schon beobachten konnte, für diesen Tisch verantwortlich.

Zwar etwas voluminös mit dem Toilettenpapier bepackt, will ich doch noch nicht zurück zur Wohnung gehen. Ich bummle um den großen quadratischen Block, in dem sich neben dem Supermarkt auch noch andere Geschäfte befinden und stoße auf den großen Platz vor der Stadtautobahn. Ich wundere mich darüber, was hier heute los ist. Auf einer überdachten Bühne, ist das Programm schon in vollem Gange. Die vielen niedrigen Kunststoffstühle davor sind alle besetzt. Auf der Bühne zeigen junge Akrobaten ihr Können. Vier Mädchen spielen schwungvoll mit Rolle und Seil, nach ihnen jongliert ein stämmiger Bursche mit einem schweren und großen Blumenübertopf, nach diesem baut ein etwas schmächtiger Kerl mit Hilfe seines Partners eine waghalsige Treppe aus roten Stühlen, und beschließt seine Vorführung, indem er auf dem letzten Stuhl noch einen Handstand vollzieht und nach diesem wirbelt ein junger Mann drei Keulen kunstvoll durch die Luft. Alle Vorführungen werden von ohrenbetäubender Musik begleitet. Da mir schon der Kopf brummt, entschließe ich mich, auf weitere Vorführungen zu verzichten.

Mein Heimweg führt an dem Abgang zur Subway vorbei. Mir fällt ein, dass die Dauerfahrkarte, die mir Yini mit Guthaben zur Verfügung stellte, bei meiner letzten Fahrt leer geworden ist. Ich gehe hinunter in das zweite Untergeschoss und stelle mich an der Warteschlange vor der Kasse an. Als ich überraschend schnell drankomme – täglich bin ich sehr beeindruckt darüber, wie fleißig, geschickt und flink die Chinesen in ihren jeweiligen Arbeitsbereichen sind – lasse ich sie mit dreißig Yuan, knapp vier Euro, auffüllen.

Als ich in der Wohnung ankomme, steht wieder meine Zimmertüre offen, obwohl ich sie zugemacht hatte. Da wir alle schon unter der Sommerhitze in der Wohnung leiden, will Yini, dass meine Zimmertüre tagsüber offensteht. Wenn ich in der Wohnung bin, habe ich damit kein großes Problem, wenn ich auch manchmal gerne ungestört sein möchte. Aber wenn ich nicht in der Wohnung bin, mag ich das nicht, denn die Katze „Schau-Schau" hält sich zu gerne in meinem Zimmer auf. Seitdem sie es mir heimgezahlt hat, dass nicht sie sondern ihre Genossin Mi-Mi die erste Nacht auf meinem Bett schlafen durfte, traue ich ihr nicht mehr über den Weg. Ich schließe also die Türe, wenn ich zum Einkaufen oder Spazieren oder auf Besichtigungstour gehe. OK, ich sage nichts, denn ich bin ja nur Gast hier. Aber es missfällt mir.

Wie jeden Tag füttere ich die beiden Katzen. Um achtzehn Uhr fordern sie mit lautem Miauen ihre Tagesration ein, und wehe, man ist um diese Zeit nicht zur Stelle! Etwas später kommen auch Yini und Xiao Ai nach Hause. Ich spiele wieder mit dem Kind, damit seine Mutter in Ruhe sein Abendessen zubereiten kann.

15. Juni 2013, Samstag

Es ist nicht so, dass mir manchmal nicht zum Heulen ist. Es sind dies die schwachen Minuten, in denen ich mir gestatte, über mich nachzudenken. Bald werde ich vierundsechzig Jahre alt. Wo sind nur die Jahre hingekommen? Wie konnte ich nur ein Leben lang mich selbst vergessen?

Obwohl heute mein Samstag, mein freier Tag ist, kann ich nach Frühjob und Frühstück die Wohnung nicht verlassen. Yini bat mich gestern Abend auf den Gemüselieferanten zu warten. Dass Yini jetzt immer das Gemüse über das Internet bestellt, ist angenehm für mich. Meine Einkaufstasche ist nicht mehr so schwer. Es ist kurz nach elf Uhr, als ich endlich aufbrechen kann. Ich will heute den „Temple of Heaven" besichtigen.

Mit der ‚U 1‘ fahre ich bis ‚DONGDAN‘, dann steige ich in die ‚U 5‘ um und fahre bis ‚TIANTAN DONGMEN‘. Dort frage ich ein junges Pärchen, welcher Ausgang zum ‚Temple of Heaven‘ führt. Sie sind sehr nett und gehen mit mir den Weg bis nach oben. Dort empfängt uns eine stark befahrene Straße mit ihren Abgasen. Sie sagen mir noch, dass sich gleich um die Ecke die Kassenschalter befinden würden. Ich bedanke mich bei den beiden, die schon wieder mit sich beschäftigt sind. Ungeniert zeigen sie ihre Verliebtheit. Ganz selten kann man dies in der Öffentlichkeit beobachten. Bis jetzt fiel mir nur einmal ein junges Pärchen in der U-Bahn auf, das ein wenig verschämt zärtlichen Körperkontakt austauschte.

Mir schlägt die Hitze ins Gesicht. Meine Kleidung klebt feucht am Körper. An den Schaltern stehen nur wenige Menschen an. Ich kaufe ein Ticket für fünfunddreißig Yuan und zahle zehn Yuan extra für einen kleinen Führer, der mir ohne mein Verlangen durchgereicht wird. Ich gehe durch die übliche Kontrolle und dann in ein großzügiges, ziemlich frei gehaltenes, grünes Parkgelände hinein. Neugierig auf das, was mich erwartet, bleibe ich am Rand des Weges stehen und lese in dem Führer:

„Im ‚Temple of Heaven‘ hielten die Kaiser der Ming und Qing Dynastien ihre Zeremonien für die Verehrung des Himmels und für die Bitten um gute Ernten ab. Die Anfänge der Bauten gehen zurück zur Regierungszeit von Kaiser Yongle (1420) der Ming Dynastie. Südöstlich gelegen an der Zhengyang Gate of Beijing ist der ‚Temple of Heaven‘, der Opferaltar für die Kaiser der Ming und Qing Dynastien. Die Fläche dieser Anlage beträgt 273 Hektar.“

Meine Absicht, mich länger an die Fersen einer chinesischen Reisegruppe zu heften, gebe ich auf, als ich am Ende des Rasens Flötenmusik höre. Es ist ein arges Gedudel und hört sich echt chinesisch an. Etwas abseits, im Schatten von Zypressenbäumen, stehen fünf Personen und spielen auf chinesischen Flöten. Vier Frauen und ein Mann sind ganz in ihre Musik vertieft. Die Finger der Frauen bewegen sich mit einer Schnelligkeit, der ich geistig fast nicht folgen kann. Die des Mannes gehen nur halb so schnell auf und nieder. Stoisch übt er gegen diese Konkurrenz an. Sie spielen nicht zusammen, sondern jeder für sich. Trotzdem fließt die Musik gut ineinander und hört sich nicht disharmonisch an. Die Flöten sehen anders aus als bei uns in Deutschland. Das Mundstück steckt in einem kleinen Kürbiskörper, von dem drei Bambusrohre abgehen. Das mittlere mit den Löchern ist länger als die beiden anderen. Ich höre zu, bis die Frauen eine Pause einlegen. Dann fasse ich mir ein Herz und frage eine von ihnen, ob sie mir ein Notenblatt schenken würde. Sie verneint, gibt mir aber freundlich den Tipp, ihr Notenblatt zu fotografieren. Sie nimmt es in die Hand und hält es mir solange vor die Kamera, bis ich die Umrisse des Blattes im Display sehe und knipsen kann. Auf meine Frage, wieviel so eine Flöte koste, sagt sie: „Vierhundert Yuan". Das sind umgerechnet ungefähr fünfzig Euro. Ich bedanke mich ein paar Mal herzlich und verabschiede mich. Wieder wundere ich mich, wie freundlich und unkompliziert die Menschen hier sind, wenn man Kontakt mit ihnen aufnimmt.

Obwohl aus dem gegenüberliegenden Rasenbereich auch leise Flötenmusik zu mir herüberklingt, entscheide ich mich weiterzugehen. Über ein paar Treppen trete ich in einen offenen Holzbau ein, auf dessen Brüstung über die ganze Länge Männer und Frauen sitzen. Der Holzbau, eine Art überdachter Korridor, ist mit herrlichen Mustern und Ornamenten farbig bemalt, wobei die Farbe blau vorherrscht. Die Männer und Frauen spielen voller Begeisterung Karten und trinken dazu Tee, den sie sich in einer Thermosflasche mitgebracht haben. Ich schaue eine Weile zu und amüsiere mich über ihr Lachen und ihre Ausrufe, die ich gerne verstehen würde. Ihre Heiterkeit steckt mich an. Ich mache ein Foto und folge dann den Richtungen des Korridors. Es ist sehr angenehm darin. Erstaunlicherweise zieht um die Ecken ein frisches Lüftchen und die tiefer nach unten gezogene Überdachung wirft angenehmen Schatten.

Es dauert nicht lange und ich höre wieder Musik. Ich freue mich und denke mir: „Das ist nicht ein ‚Temple of Heaven', sondern ein ‚Temple of Music'!" Nach ein paar Schritten sehe ich eine kleine Menschenansammlung, deren Blicke alle zu einer Musikgruppe gerichtet sind, die auf einem mit Platten belegten freien Platz steht. Eine nicht mehr ganz junge Frau singt ihre Lieder ins Mikrofon. Sie wird von einem Schlagzeuger und einem Mundharmonikaspieler begleitet. Es klingt nach moderner Musik, die aber nicht westlich ist. Ein Mann löst sich aus dem Publikum, geht über ein paar Stufen zu ihnen auf den freien Platz hinunter und beginnt hingebungsvoll zu tanzen. In langsamen Schritten, sich wiederholenden Drehungen und schmiegsamen Armbewegungen verliert er sich ganz in der Musik. Ich nähere mich ihm, um ihn zu fotografieren. Da packt mich ein Übermut, der mich in meinem Leben auch schon so manches Mal in peinliche Situationen gebracht hat. Ich beginne mit ihm zu tanzen. Er bemerkt es und freut sich darüber. Dauernd seinen Blick auf mich geheftet drehen wir uns mal hier hin und mal dort hin, wobei er mich hin und wieder zärtlich bei der Hand nimmt. Dann ist das Lied zu Ende. Unser Tanz leider auch. Die Zuschauer klatschen. Jetzt ist mir mein Tun doch etwas peinlich. Ich verschwinde schnell aus dem Blickfeld.

Obwohl ich mir sage, dass dies, dass ich getanzt habe, hier in China nichts Außergewöhnliches ist, beschleunige ich ein wenig meine Schritte. Wie oft konnte ich schon beobachten, wie ungeniert und zwanglos die etwas älteren Menschen hier leben. An einem geeigneten Platz tun sie, wonach ihnen gerade ist und was ihnen Freude macht. Sie zieren sich nicht. Die jungen Menschen machen auf mich einen anderen Eindruck. Sie sind sehr kultiviert, sehr zurückhaltend und immer sehr gut angezogen. Aber freundlich, hilfsbereit und unkompliziert sind sie alle.

Entlang des Korridors ziehen sich zu beiden Seiten halbhohe Brüstungen. Auf ihnen sitzen jetzt nur Frauen, die handarbeiten und zugleich ihre kunstfertigen Stücke anbieten. Hauptsächlich sind es Tiere und Püppchen. Einige Frauen haben auch sehr schöne Taschen gehäkelt oder gestrickt und sind wahre Meister darin. Ach, wie gerne würde ich eine kaufen. Aber ich habe mich dummerweise bei Antritt meiner Reise für einen kleinen Reisekoffer entschieden.

Wieder höre ich Musik! Sie kommt von einer sehr kleinen, älteren Frau, die ein keckes rotes Hütchen auf hat. Um ihre schmalen Schultern trägt sie einen breiten, roten Glitzerschal. Mit ihrer sehr hohen, leider etwas scharfen Stimme, singt sie Volkslieder und auch klassische Lieder. So scheint es mir jedenfalls. Ihre begleitende Hintergrundmusik kommt aus ihrem Kassettenrekorder. Ist sie mit ihrem Gesang fertig, animiert sie die auf der Brüstung sitzenden Zuschauer, auch etwas vorzutragen. Aber keiner geht darauf ein. Ich könnte schon etwas singen, deutsche Volkslieder oder auch jiddische

Lieder, aber ich tue es nicht. Ich würde das jetzt wirklich als zuviel des Guten empfinden. Die kleine Frau macht einen glücklichen Eindruck.

Ich gehe die letzte Gerade des Korridors entlang, weiter den leichten Anstieg der zu einem großen Platz führt, in dessen Mitte in erhabener Größe der ,Temple of Heaven' thront. Ein überwältigender Anblick. Ich setze mich auf die Marmorstufen und betrachte in andächtig. So ein erstaunliches, wunderschönes Bauwerk der chinesischen Architektur. Im Text des Führers lese ich:

„The Hall of Prayer for Good Harvests is one of Beijing's symbolic constructions, and is also the most famous temple in the world. Its excellence does not only lie in its exquisite design, but also attributes to the fact that its constructional structure represents ancient Chinese philosophy and astronomic knowledge."

In einer unerträglichen Backofenhitze mühe ich mich über die ,Danbi Bridge' zur ,Chengzhen Gate', weiter zum ,Imperial Vault of Heaven' bis zum ,Circular Mound Altar'. Im Zypressenwald krachen die Peitschen in ihrem Widerhall. Es sind nicht nur Könner am Werk, sondern auch Anfänger. Ich sehe ihnen eine Weile zu. Um meinen ,chinesischen Nacken' weht ein angenehm frisches Lüftchen. Ich schlendere weiter und erreiche die hohen Marmorstufen, die zum ,Circular Mound Altar' hinaufführen. Um den Altar mache ich eine große Runde. Bei den Stufen hinab merke ich, wie aalglatt dieser weiße Marmor ist. Schon rutscht eine junge Frau vor mir aus und fällt hin. Ich gehe sehr vorsichtig, denn die Sohlen meiner Turnschuhe, die ich im Supermarkt für umgerechnet fünf Euro vor einiger Zeit gekauft habe, sind inzwischen schon ziemlich abgelaufen.

Als ich den Zypressenhain auf der anderen Seite durchstreife höre ich zorniges Frauengeschrei. In der Nähe eines uralten Fahrradtransporters steht ein Paar mittleren Alters in gehörigem Abstand zueinander. Die Frau hält dem Mann eine Standpauke, die kein Ende nehmen will. Der Mann verteidigt sich nicht, steht nur betroffen da. Was kann er hier nur angestellt haben? Frech sind diese Weiber hier!

Etwas weiter kreuzen zwei Frauen meinen Weg, die Kleidung und Kopftuch nach islamischer Kultur tragen. Vor vielen hundert Jahren kamen Menschen islamischen Glaubens von Zentralasien über die Seidenstraße ins Land und blieben. Vielleicht gehören diese beiden Frauen dem Volk der Uiguren an, die ebenfalls dem Islam anhängen. *„In Peking leben etwa 250.000 Muslime. Die älteste Moschee ‚Niujie Mosque‘ in Peking wurde 996 n. Chr. errichtet, während der ‚Liao Dynastie‘. Die Armeen von*

‚Genghis Khan' zerstörten sie um 1215. Sie wurde aber wieder aufgebaut.[17]

Ich entschließe mich zurückzugehen und erreiche wieder den hölzernen farbenreichen Korridor. Die kleine alte Dame singt noch immer frisch und munter. Auf dem Platz, auf dem ich mit meinem chinesischen Partner das Tanzbein geschwungen habe, spielt jetzt eine vierköpfige Bläsergruppe. Um diese steht ein größerer Chor, der dazu singt. Die Melodie und der Ausdruck des Gesanges klingen für meine Ohren etwas patriotisch. Auf dem Tisch sehe ich zwei Stöße von Notenheften. Als sie nach einem Lied eine kurze Pause machen, gehe ich zu ihnen und frage sie, ob ich ein Liederheft kaufen könne. Ich suche mir ein Heft mit den mir unverständlichen Zahlen und Strichen und zahle dafür ungerechnet drei Euro fünfzig.

Ich gelange wieder zum Anfang des Korridors, auf dessen Brüstung sich vor Stunden die Kartenspieler ausgebreitet hatten. Jetzt sind sie nicht mehr da. Stattdessen stehen in der ganzen Länge dieses Korridorteiles sehr viele Menschen dicht an dicht. Es sind hauptsächlich Männer. Ich drücke mich

---

[17] „Insider's Guide to Beijing 2007", (Adam Pillsbury) Immersion Guides General Enquiries: 5820 7100 editor@immersionguides.com, ISBN 7−116−05004−3/F.232

durch sie hindurch, da ich sehen will, warum sie hier stehen. Da entdecke ich den Chorleiter, der gerade etwas mit zwei Akkordeonspielern bespricht. Ich setze mich auf die Brüstung, neben einen großen etwas älteren Mann, der sein langes graues krauses Haar zu einem Zopf gebunden hat und warte. Dieser Mann sieht sehr gut aus! Da kommt der Einsatz des Dirigenten und alle beginnen zu singen. Und was ich jetzt zu hören bekomme, raubt mir den Atem. Tränen steigen mir in die Augen, und ich kämpfe mit mir, um nicht loszuheulen. Sie singen alte wehmütige Lieder. Ich schließe meine Augen. Die Stimmen der Männer haben ein Volumen, das den ganzen Raum erzittern lässt, und sie sind wunderschön. Sie sind erfüllt von Wehmut, von Schmerz, von einer Kraft, dass ich Gänsehaut bekomme. Gefühlvoll nehmen sie ihre Stimmen zurück, um sie dann wieder voll erschallen zu lassen. Unglaublich, mit welcher Hingabe und mit wieviel Herzblut diese ungefähr einhundertfünfzig Männer und ungefähr vierzig Frauen ihre Lieder durchleben! Ich öffne wieder meine Augen, denn ich möchte sie filmen. Mit meiner laufenden Kamera wandere ich langsam von einem Gesicht zum anderen. Wenn die Männer meinen Blick spüren, schauen sie liebevoll lächelnd in die Kamera. Welch glücklichen Gesichtsausdruck sie haben! Ich bleibe über eine Stunde bei ihnen. In dieser Zeit erklingt nur ein einziges Lied, das sich durch witziges Dazwischenrufen der Männer lustig anhört.

Als der Chorleiter eine Pause einlegt, verlasse ich schweren Herzens die Örtlichkeit. Die Luft ist noch erfüllt von den Schwingungen der wundervollen Stimmen. Ich würde am liebsten bleiben bis sie ihr Repertoire zu Ende gesungen haben. Aber inzwischen ist es schon Abend geworden. Ich muss den Heimweg antreten, denn ich möchte nicht, dass sich meine Gastfamilie Sorgen macht.

Zurück in der Wohnung berichte ich Roland und Yini von meinem Tag. Als ich ihnen von den singenden Männern erzähle, hole ich das erstandene Liederheft hervor und zeige es Yini. Sie blättert das Heft durch. „Bitte übersetze mir den Titel des ersten Liedes", sage ich zu ihr. Sie schmunzelt und sagt: „Er heißt: „Sing einen Song für die kommunistische Partei!" O je, da wird aber der Papa von meiner Enkeltochter, dem ich es als Geschenk mitbringe, Augen machen!

16. Juni 2013, Sonntag

Es regnet! Noch ganz verschlafen schaue ich ungläubig auf diesen ‚Novembertag'. So bezeichne ich die Tage, die voller Smog sind. Ich versäume heute also nichts. Ich bleibe noch ein wenig im Bett liegen und denke an den gestrigen Tag.

Die wehmütigen Lieder der vielen Männerstimmen klingen immer noch in mir nach. Bis jetzt war dies das schönste Erlebnis für mich hier in

China und wird wohl auch das schönste bleiben. Dass Männer so bezaubernd singen können! Drücken sie damit einen unbezwingbaren Schmerz aus? Wenn das, was ich bis jetzt zwischen Mann und Frau beobachten konnte, Normalität ist, dann wundert mich das nicht. Die chinesischen Männer führen kein leichtes Leben. Auf Grund des Männerüberschusses ist es schwierig für sie eine Frau zu finden. Daher leben sehr viele Männer allein. Noch dazu können sich die Frauen aus dieser Überzahl die besten Heiratskandidaten aussuchen. Als Heiratskandidat gilt, wer eine eigene Wohnung vorzuweisen hat. Hat ein Mann sein Glück gefunden, kann er sich sicher nicht darauf ausruhen. Ich vermute, dass er täglich damit konfrontiert ist, sich sein Glück zu erhalten. Die Konkurrenz schläft nicht!

Heute ist ‚Vatertag'. Yini mag es, wenn ich mich total in die Familie einbringe. Aber mag ich es auch? Leider nein. Ich habe mich in meinem Leben soviel eingebracht, dass ich mittlerweile ganz geizig mit meiner Zeit geworden bin. Aber heute ist ein besonderer Tag. Ich werde mich also heute voll und ganz der Familie widmen. Er beginnt und verläuft wie üblich. Xiao Ai kommt heute voll auf ihre Kosten, was sie sichtlich genießt.

Am späten Nachmittag geht Yini in die Küche, um zur Feier des Tages ein Fondue zuzubereiten. Roland und ich sitzen auf der Couch und sehen Xiao Ai zu, wie sie in einem Meer von bunten Kunststoffbällen im aufgeblasenen Planschbecken, das auf dem Kunststoffholzboden zu unseren Füßen aufgebaut ist, badet. Lustig und übermütig robbt sie zwischen den Bällen herum. Die Bälle, die dann in hohem Bogen davonfliegen, sammeln wir auf und werfen sie ins Becken zurück. Um dem Kind Abwechslung im Spielen in der Wohnung zu bieten, überlegt sich Yini immer etwas Neues. Vor ein paar Tagen kam ihr die Idee, sich feinen Sand in die Wohnung liefern zu lassen. Die ersten fünfzehn Kilo hat sie bereits mühevoll in der Dusche gewaschen, um sie von etwaigem Gift zu befreien. Der nasse Sand liegt jetzt zum Trocknen auf dem Balkon, und ist ein Anreiz für die Katzen. In Punkto Gift misstraut Yini dem chinesischen Staat total. Ihrer Meinung nach steckt es überall. Nicht nur in der Luft, sondern auch in Lebensmitteln, in Kleidung und allem Sonstigen, was der Mensch zum Leben braucht.

Während Roland und ich mit dem Kind spielen, finden sich doch einige Minuten, in denen er mir ein wenig von seiner Arbeit erzählen kann. Am morgigen Montag nimmt seine Firma fünf neue Projekte in Angriff. Ganze Stadtteile werden neu erstellt. So wie es in Deutschland z.B. in der Gründerzeit war, so geschieht es jetzt auch in China. Nur ist China einhundert Jahre später dran. Der Kommunismus unter Mao warf das Land weit zurück. In der Kulturrevolution wurde wertvolles geistiges und künstlerisches Gut mutwillig zerstört. Trotzdem wird Mao sehr verehrt.

Abends um halb acht Uhr gibt es das Festessen. Wir essen nacheinander in der Küche, da Yini den Topf mit der kochendheißen Fonduesuppe wegen Xiao Ai nicht auf den Tisch stellen will. Zur Feier des Tages esse ich heute zu Abend. Ich tue das sonst nicht, weil es mir nicht bekommt. Ich tunke die verschiedenen Gemüsesorten in das Fondue und anschließend in eine scharfe Soße. Alles ist sehr scharf, schmeckt aber ausgezeichnet. Schon während ich esse, merke ich, wie meine Augen schwer werden und zu schmerzen beginnen. Dies hält auch noch an, als ich später das Geschirr wasche. Punkt einundzwanzig Uhr zieht sich die Familie wie jeden Tag in das Schlafgemach und in Xiao Ais Bad zurück. Ich räume wie jeden Abend nochmals die Wohnung auf und gehe danach ebenfalls in mein Zimmer.

17. Juni 2013

Um sechs Uhr morgens bin ich schon hellwach. Ich schlafe wirklich sehr gut in diesem großen Bett. Mein erster Blick zum Fenster zeigt mir eine vom Regen sehr sauber gewaschene Luft. Ich verschiebe meinen Frühjob auf später und gehe kurz ins Bad. Mein Spiegelbild erschreckt mich. Ich habe große schwarze Augenringe. Auch schmerzen die Augen immer noch, wenn auch nicht mehr so stark wie gestern Abend. Dieses scharfe Fondue hat sicher diese Reaktion in meinem Körper ausgelöst. Nach meiner Katzenwäsche schleiche ich mich leise aus der

Wohnung. Ich will zum Fluss und weiter zum Park, um genügend frische Luft zu tanken.

Flotten Schrittes marschiere ich dahin. Ich überquere die stark belebte Stadtautobahn und biege in die Seitenstraße ein, die zum Fluss führt. Genau in der Mitte dieser Straße ist heute der Bürgersteig, in einer Länge von ungefähr fünfzig Metern, mit grünen Kunststoffplanen abgesperrt. Dieser kleine Gemüsemarkt scheint immer montags abgehalten zu werden. Auf dem Bürgersteig, in zwei knapp auseinanderliegenden Reihen, liegt ordentlich und übersichtlich sortiert eine Vielzahl von sehr frischem Gemüse und tadellosem Obst. In der Mitte der beiden Reihen ist ein schmaler Gang für die Kundschaft. Zu Beginn der Reihen steht ein Tisch mit einer Waage. Ein junger Mann bedient sie. Ganz fix wiegt er das Gemüse ab und errechnet mit einer unglaublichen Schnelligkeit mittels eines kleinen Rechencomputers den Preis. Das Geld wirft er achtlos auf einen bereits vorhanden Geldscheinhaufen neben sich. Die Kunden sind ältere Leute.

Im Park, der sich dem Fluss entlang zieht, ist schon allerhand los. Eine große Gruppe älterer Menschen macht Tai Chi. Mit ihren Schwertern zerschneiden sie in formvollendeten Bewegungen die Luft. Eine andere, ebenfalls große Gruppe von Frauen gemischten Alters marschiert in Zweierreihen zur Musik. Der Musik und dem Schritt angepasst machen sie gymnastische Übungen. Ein Mann geht in die Hände klatschend seines Weges. Etwas abseits steht ein jüngerer Mann und bläst in ein Instrument, das einer Trompete ähnlich sieht. Ich drehe eine große Runde und gehe wieder zurück zur Wohnung.

In der Wohnung schlafen noch alle. Leise erledige ich die üblichen morgendlichen Arbeiten. An den schwarzen Möbeln kann man deutlich die Umweltverschmutzung feststellen. Jeden Morgen liegt auf ihnen Staub. Dazu kommen noch die Katzenhaare, die in der Wohnung herumfliegen. Zwischen neun und halb zehn steht Roland auf und geht in die Arbeit. Das Ehepaar hat einen Tagesrhythmus, der mich umbringen würde. Sie gehen nie vor halb drei Uhr zu Bett.

Um zehn Uhr ist die klare Luft draußen verschwunden. Autoabgase bilden wieder den üblichen Nebel. Es weht aber auch sehr viel schlechte Luft vom umliegenden Land in die Stadt herein. Dort stehen die Fabriken. Das große Heizkraftwerk in unmittelbarer Nähe gibt angeblich keine schadstoffhaltige Luft ab.

Am frühen Nachmittag erscheint Roland unerwartet in der Wohnung. In den Mittagsstunden erkundigte er sich über die Platzvergabe im „Internationalen Kindergarten". Darüber will er Yini gleich berichten. Er erfuhr, dass für den Septemberbeginn bereits alle Plätze vergeben sind. „Das ist nicht schlimm", sagt Yini zu mir herblickend, „denn in diesem Jahr wollen wir Xiao Ai, die jetzt zwei Jahre und vier Monate alt ist, noch nicht in den

Kindergarten geben. Im August findet ein ‚Tag der offenen Türe' statt, und da können wir das Kind für den September 2014 anmelden." Roland und Yini wollen in Ruhe abwägen, welcher Kindergarten für Xiao Ai am Vorteilhaften wäre. Zu dem „Internationalen Kindergarten" gibt es noch den „Deutschen Kindergarten" und den „Montessori Kindergarten". Ich frage die beiden, ob der Weg zu den jeweiligen Kindergärten weit ist? Yini antwortet: „Ja, alle drei kann man nicht zu Fuß erreichen. Wenn wir uns für einen Kindergarten entschieden haben, werden wir in direkter Nähe eine Wohnung suchen und umziehen." Ich staune, wie flexibel sie in dieser Sache sind.

18. Juni 2013

Nach dem Morgenjob gehe ich Einkaufen. Es ist kurz vor acht Uhr, und es ist so heiß, wie der heißeste Hochsommertag in Deutschland. Über mir ist ein fast wolkenloser Himmel. Ein paar kleine zerrissene Wolken trödeln im hellen und offenen Universum herum. Sie wissen nicht, ob sie sich gleich oder etwas später zu einer finsteren Meute zusammenrotten sollen. Noch zeigt die Sonne gnadenlos, zu was sie fähig ist. Wenn man sich ihr ungeschützt aussetzt, sind ihre heißen Strahlen fast nicht zum Aushalten. Aber mit zunehmendem Autoverkehr werden die Abgase ihr wieder einen Schleier überziehen. Dann ist es wie in einem Backofen. Die Menschen leben damit. Für die Männer ist es nicht leicht. Auch in der größten Hitze tragen sie lange schwarze Hosen und ein klassisches Sommerhemd. Die Frauen können sich besser schützen. Erhobenen Hauptes tragen sie ihre großen Sommerhüte zu luftigen, aber korrekt geschnittenen Kleidern. Die Männer, die tagsüber auf den Bürgersteigen leben, da ihre Armut sie zum Sammeln von Packpapier, Kartons, Styropor oder Kunststoff zwingt, legen sich in ihren freien Stunden auf die Ladefläche ihres Fahrradtransporters oder unter einen schattigen Baum. Wenn ich an diesen vorbeigehe und ihre entspannten Gesichter betrachte, würde ich sie am liebsten fotografieren. Ich tue es nicht. Ich fühle, dass ich kein Recht habe, in ihr Sein einzudringen.

Beim Bäcker kaufe ich Vollkorntoast für Xiao Ai und Milchtoast für mich und im Supermarkt Frischkäse, Sahne, Brokkoli und Lauch. Das Gemüse benötige ich heute zum Kochen von einem Brokkoliauflauf und einem Lauchgemüse für unser Mittagessen. Die anderen Gemüsesorten für das Kind, sowie Obst für uns alle hat Yini über Internet bestellt. Es wird wieder an die Tür geliefert.

Mittags, als ich mit dem ausführlichen Waschen des Gemüses beschäftigt bin, ruft Roland an, dass er nicht zum Essen kommen kann. Ich verschiebe das Kochen auf den Abend. Yini bestellt für uns beide eine Reisnudelsuppe, die nach einer halben Stunde an die Tür geliefert wird. Dazu esse ich als Vorspeise eine kleine Schüssel voll Porridge, das Yini jeden Tag frisch zubereitet.

Knapp zwei Stunden spiele ich mit Xiao Ai. Wir kochen mit ihrem Puppengeschirr und spielen dann mit den Bauklötzen. Yini sitzt in Reichweite an ihrem Laptop. Womit sie sich beschäftigt weiß ich nicht. Ich frage sie nicht und sie erzählt es mir auch nicht. Manchmal, wenn sich Xiao Ai ganz im Spielen verliert, werfe ich einen Blick auf Yini. Wenn ich sie so dasitzen sehe mit ihrem schönen schwarzen langen Haar, ganz vertieft in ihren Computer, steigen ambivalente Gefühle in mir hoch: Frust und Verständnis. Wortlos sage ich dann zu ihr: „Mädchen, es tut mir leid, dass es zwischen uns zweien nicht so richtig klappt." Dann denke ich nach, was mich zu dem Entschluss bringt, weiterhin still und leise, aber doch eigensinnig um meine freien Stunden zu kämpfen. Mir tut es leid, dass wir keinen liebevollen Draht zueinander finden. Aber vielleicht erwarte ich einfach zuviel! Unsere Kulturen sind zu unterschiedlich. Es mag daran liegen. Um halb fünf unterbreche ich sie und sage: „Yini, ich gehe jetzt eine Sommerhose kaufen. In dieser Hitze ist mir meine schwarze Jeans zu warm. Sie klebt sofort an mir, sobald ich draußen unterwegs bin." „O.K.", antwortet Yini etwas kühl.

Um halb sechs Uhr bin ich wieder in der Wohnung zurück. Ich füttere die Katzen und bereite dann das verschobene Mittagessen zu. In der Zeit, in der ich koche, gibt Yini dem Kind das Abendessen. Roland kommt nach Hause. Während er isst und Yini sich wieder mit ihrem Laptop beschäftigt, spiele ich bis ungefähr zwanzig Uhr mit Xiao Ai. Dann löst mich Roland ab, und ich gehe in die Küche, um das Geschirr abzuwaschen.

19. Juni 2013

Meinen Morgenjob kann ich heute nur bedingt erledigen. Das Wischen der Böden verschiebe ich auf den Nachmittag, denn Yini und Xiao Ai schlafen noch und ihre Schlafzimmertüre steht weit geöffnet. Es soll die kühle Luft der Klimaanlage, die im Wohnraum steht, in das Zimmer hineinströmen. Dieser Schlafraum, der nach Südost ausgerichtet ist, heizt sich bei starker Morgensonne sehr schnell auf. Die Wände, selbst die Außenwände dieses Wohnturmes bestehen aus dünnem Beton. Sie schützen weder vor Kälte, noch vor Hitze, noch vor Lärm. Als vor ein paar Wochen die Wohnung über dieser renoviert wurde, hörte es sich an, als wenn die Handwerker in Roland und Yinis Wohnung arbeiten würden.

Um halb zwölf Uhr kommt Roland nach Hause. Wir fahren mit einem fest gebuchten Mietauto, ein neuwertiger schwarzer Audi, und dessen Fahrer zum Internationalen Krankenhaus. Zu den Taxis gibt es als Alternative auch Mietautos, deren Kosten am Monatsende Online abgerechnet werden. Xiao Ais umfassende Kinderimpfung ist heute fällig. Da Yinis Mann hier in China Ausländer ist und in einer ausländischen Firma arbeitet, ist sie und das Kind bei ihm krankenversichert. Wäre sie mit einem chinesischen Mann verheiratet, müsste sie die Kosten bar bezahlen.

Das Krankenhaus, das auch „family-hospital" heißt, ist ein moderner Bau mit einem großen Kuppeldach aus Plexiglas. Ich lasse meinen Blick kreisförmig durch dieses Kuppeldach schweifen und sehe statt dem Himmel nur dicht aneinander stehende Wohntürme. Wie überwältigend schön mag dies in der Nacht aussehen, wenn deren unzählig hell erleuchteten Fenster durch dieses Kuppeldach scheinen. Wir gehen an einem „Costa Cafè" vorbei und fahren mit der Rolltreppe hinauf in den ersten Stock. Die Innenaufteilung ist mit der runden Empore, von der man in die einzelnen medizinischen Abteilungen, sowie in kleinere Restaurants eintreten kann, weiträumig und übersichtlich gehalten. Alles ist hell und offen. Meine Gastfamilie geht in den medizinischen Bereich für Kinder. Ich bleibe auf der Empore stehen. Während ich warte, sehe ich mich um. Auf einem Plakat hinter der Praxisglaswand finden sich Kurzbiografien mit Fotos der hier behandelnden Ärzte. Einen gehobenen Status haben eine chinesische Ärztin und ein amerikanischer Arzt mit arabischem Aussehen und arabischem Namen. Ich lese und staune über deren langjährige Ausbildung und mehrjährige Erfahrungen im Ausland, hauptsächlich in Amerika. Aus den Praxisräumen tönt Kindergeschrei. Yini kommt mit Xiao Ai heraus. Xiao Ai ist es nicht, welche weint. Als ich frage, ob Xiao Ai die Spritze schon bekommen habe, sagt Yini: „Xiao Ai hat sich geweigert, aber geweint hat sie nicht. Die Ärztin gab uns den Rat, noch ein wenig zu warten und Xiao Ai auf die Spritze vorzubereiten." Nach ein paar Minuten kommt die Ärztin heraus. Sie unterhält sich mit Yini und redet so nebenbei beruhigend auf Xiao Ai ein. Dann gehen alle wieder in die Behandlungsräume hinein.

Damit mir die Wartezeit nicht langweilig wird, fahre ich mit der Rolltreppe in das Parterre und bestelle im ‚Costa Cafè' einen großen Becher Mokka. Er schmeckt ausgezeichnet, süß und stark. Danach begebe ich mich wieder hinauf zu den Praxisräumen. Ich beobachte die Menschen, die geschäftig hin und her gehen. Ein junger Mann in einer braunen Arbeitskleidung nähert sich. Plötzlich bleibt er stehen und macht eine tiefe Verbeugung als zwei feine Herren, wohl höhergestellte Personen des Krankenhauses, erscheinen. Sie würdigen ihn keines Blickes. Ein paar Sekunden verharrt er so in seiner Körperhaltung. Erst als die Herren an ihm vorbei sind, richtet er sich wieder auf.

Endlich ist Xiao Ai fertig. Wie ich höre, hat sie nicht geweint. Sie ist ein sehr tapferes kleines Geschöpf. Ich habe sie inzwischen sehr liebgewonnen. Wir verlassen das Krankenhaus durch den rückwärtigen Eingang, denn unser Mietauto wartet dort in einer Straße. Auf der Rückfahrt fallen mir in diesem Stadtteil niedrige, ältere Mietshäuser auf. Sie erinnern an Wohnsilos. „Wann wurden diese gebaut?" frage ich Roland. „Ich vermute in den achtziger Jahren", antwortet er. Doch insgesamt ist die Wegstrecke, hin und zurück, von modernsten Hochhäusern gesäumt, die wohl erst in den letzten Jahren errichtet wurden.

Wieder an unserem Hochhaus angelangt, eilt Roland in einen nahe gelegenen Imbissladen und holt für uns ein Reisgericht mit Hühnchen. Wir setzen uns auf die Steinbrüstung am Eingang und verzehren unser verspätetes Mittagessen. Es schmeckt sehr gut. Roland kann nicht bleiben, er muss wieder ins Büro. Wir fahren mit dem Aufzug hinauf in die Wohnung. Die restlichen Stunden des Tages verlaufen wie gewohnt.

20. Juni 2013

Mein Morgenjob ist wieder ohne das Wischen der Böden, da die Klimaanlage läuft und die Schlafzimmertüre offensteht. Dafür hänge ich eine ganze Kompanie Socken von Roland auf. Bei all meinen Arbeiten bemühe ich mich, sehr leise zu sein. Eigentlich wollte ich heute zum Fluss und weiter in den Park gehen, da meine Beine sich schwer und taub anfühlen. Sie reagieren sofort auf diese Weise, wenn ich zu wenig Bewegung habe. Stattdessen muss ich auf den Gemüseboy warten. Ich gehe ins Bad und betrachte mein Spiegelbild.

Meine Gesichtshaut ist schon seit Tagen sehr trocken, obwohl ich mehrmals am Tag die Bübchencreme auftrage. Für eine alternde Frauenhaut scheint sie nicht ideal zu sein. Mein rasanter Schnitt am Hinterkopf muntert mich mittlerweile jeden Morgen auf, denn ich freue mich, dass die Haare zu jeder Stunde eine Winzigkeit nachwachsen. Inzwischen mache ich es schon wie ‚Schulmeisterlein Wuzz‘.[18] Dieser drehte und wendete alle Gegebenheiten, um sie dann so ansehen zu können, dass sie ihn unentwegt in Freude versetzten, mochten diese auch noch so normal sein. Also freut es mich, dass Yini und ich uns gestern Abend ein wenig unterhalten konnten. Meine Gedanken bleiben am gestrigen Abend hängen. Xiao Ai wollte nicht bedient werden, sondern selber essen. Konzentriert und ausdauernd übte sie mit ihrer Gabel. Ihren süßen kleinen Mund zu treffen, war nicht einfach für sie. Dies nahm sie so in Anspruch, dass sie dabei ganz auf ihre Mutter und mich vergaß. Wir konnten daher ungestört reden. Yini sprach über ihre Stimmungsschwankungen, unter denen sie sehr leide, und dass ihre Mutter schon oft erzählt habe, dass sie ein sehr schwieriges Kind gewesen war. Ich wusste nicht so recht, was ich darauf antworten sollte, denn Launen toleriere ich nicht. Mir fiel nichts

---

[18] „Schulmeisterlein Maria Wutz in Auenthal", Erzählung von Jean Paul, 1790 geschrieben. Wikipedia, 3/2025

anderes ein, als zu sagen, dass sie halt so geboren wurde und dies zu ihrer Persönlichkeit gehöre. War das eine indirekte Entschuldigung ihrerseits?

Bis zum späten Nachmittag ziehen sich die Stunden wie gewohnt hin. Yini und ich wechseln uns entsprechend ab, so dass das Kind keine Sekunde unbeaufsichtigt ist. Ich wundere mich oft über Yinis Überängstlichkeit, und staune darüber, dass diese auf Xiao Ais Persönlichkeit keine Auswirkung hat. Dieses kleine, gutherzige Kind erscheint mir ungewöhnlich klug in seiner Verhaltensweise. Anfangs, als nach spätem Aufstehen Mutter und Kind schweigend auf der Couch saßen, da es die Babyflasche mit Wasser austrinken musste, konnte ich das Verhalten des Kindes nicht einschätzen. Irgendwie verhielt es sich abwartend, wobei es die Mutter aufmerksam beobachtete. Mittlerweile weiß ich, dass dieses kluge Persönchen geschickt mit der alltäglichen schlechten Laune der Mutter umzugehen versteht. Was ich außerdem immer als sehr ungewöhnlich empfand und noch immer empfinde ist, wie das Kind reagiert, wenn ihre Mutter überreagiert und eine Strafpredigt hält. Es fühlt sich kaum betroffen, hört nur zu und lächelt dabei etwas belustigt. Wie es diesem kleinen Wesen gelingt zu differenzieren, ist unglaublich. Welch festen Charakter dieses Kind doch hat. Es ist in ihm schon eine große Weisheit angelegt.

Um halb fünf Uhr gehe ich zum Supermarkt. Als ich ins Freie trete, bin ich überrascht, wie heiß es ist. Ich schlage den Weg ein, bei dem der Bürgersteig durch die zusammengewachsenen Bäume sehr schattig ist. Gegenüber den Kassen im Supermarkt gibt es eine Nähabteilung für Reparaturen an Kleidungsstücken. Ich gebe meine frisch erstandene Sommerhose zum Kürzen ab. Ich verzichte auf einen wohltuenden Fußmarsch und kehre wieder zur Wohnung zurück. Xiao Ais Gemüse, das Yini ihr zum Abendessen kochen will, wartet darauf, von mir gewaschen zu werden.

Abends, um halb neun Uhr, kommt Roland mit Tragetaschen bepackt nach Hause. Er war noch einkaufen. Als er diese an Yini und Xiao Ai weitergibt, wendet er sich mir zu. Überrascht, dass er sich heute ein paar Minuten Zeit für mich nimmt, berichte ich ihm, dass Yini und ich uns inzwischen wieder ein wenig angenähert haben. Sichtlich erleichtert freut er sich darüber. Dann fragt er mich, ob der Wasserboy schon die zwei üblichen fünf Kilo schweren Wasserkanister gebracht hätte. Ich verneine. „Er wird sicher noch kommen", sagte Roland. Er kommt auf das Thema Wasserversorgung in Peking zu sprechen und erzählt mir, dass die Stadt sehr unter Wassermangel leide. Obwohl es im Juni sehr viel regnete, was ungewöhnlich war, würde es nicht zur Versorgung der Bevölkerung reichen. Über Rohre wird es vom Jangtsee und von den Flüssen im südlichen Landesinneren nach Peking geleitet.

21. Juni 2013

Punkt sechs Uhr morgens werde ich wach. Ich mache mich schnell fertig und verlasse leise die Wohnung. Ich muss marschieren. Ich vermisse Stille und Natur. So ein Landkind wie ich würde in der Stadt eingehen. Mein Zufluchtsort ist der Fluss und der Park, und dort gehe ich auch heute wieder hin. Von der Fußgängerbrücke sehe ich hinunter auf die Stadtautobahn. In Richtung „Verbotene Stadt" ist schon dichter Verkehr. Mitten drin fährt langsam ein Tanklastwagen, der die Fahrbahnen mit Wasser besprüht. Dadurch soll sicher das Aufweichen des Teerbelages durch die Hitze eingedämmt werden.

Im Park halten sich heute auch viele jüngere Menschen auf. Manche von ihnen dehnen und strecken den Körper, dass es mir schon vom Zuschauen weh tut. Ein Mann übt auf einer Querflöte aus Holz geduldig Tonleitern. Ein anderer steht im Kung-Fu Kampf mit einem nicht sichtbaren Gegner. Die Tai-Chi-Gruppe stimmt sich meditativ ein und die Gymnastikgruppe durchquert mit Musik und mit verschiedenen Körperbewegungen in langsamem Schritt auf gepflasterten Wegen die Grünanlagen.

Ich gehe mit strammen Schritten eine große Runde. Für Übungen bin ich zu faul, denn es ist jetzt um halb sieben Uhr schon sehr schwül. Mit dem Taschentuch tupfe ich mir von Zeit zu Zeit die Schweißtropfen vom Gesicht. Dass meine Kleidung tagsüber immer feucht ist, daran habe ich mich schon gewöhnt. Wie man sich doch an alles gewöhnen kann, wenn es keine Alternative gibt!

Wieder zurück in der Wohnung erledige ich meinen Frühjob, frühstücke und lege die Socken zusammen. Diese von den Katzenhaaren zu befreien stellt meine Geduld sehr auf die Probe. Um halb elf Uhr stehen Yini und Xiao Ai auf. Roland ist schon vor gut einer Stunde ins Büro verschwunden. Der Alltag beginnt und zieht sich in gewohnter Weise bis zum Spätnachmittag hin. Darüber zu schreiben ist müßig. Als ich das Gefühl habe, dass ich genug geholfen und genug auf das Kind aufgepasst habe, sage ich zu Yini: „Ich muss jetzt zum Supermarkt und von der Schneiderei meine Hose abholen." „Bring noch zwei große Tomaten mit", bittet mich Yini. Ich nehme die Haushaltsgeldbörse, die Roland inzwischen wieder ein wenig aufgefüllt hat und gehe.

Im Supermarkt suche ich aus dem großen Berg von riesigen Tomaten zwei aus und hoffe, dass ich den gewünschten Reifungsgrad gewählt habe. Dann fällt mir ein, dass wir keine Bananen und auch keine Schokolade mehr vorrätig haben. Ich kaufe vier Bananen und zwei Tafeln Ritter Sport Schokolade. Ich bezahle und gehe dann zu der Nähabteilung.

Vor der Holzbrüstung, hinter der die Näherinnen arbeiten, stehe ich lange. Ich merke nicht, dass ich mich an einer der wartenden Schlangen hätte angliedern müssen. Da ich dazwischenstehe, komme ich auch nicht dran. Ein

Mann spricht mich an und fragt: „Can I help you?" Ich verneine dankend und denke: was will er mir denn helfen? In dem Moment registriere, was ich falsch mache. Wie höflich doch dieser Mann mit seiner Formulierung war. Er vermied zu sagen: „Madam, Sie stehen falsch!" Bis jetzt haben sich immer nur Männer oder ganz junge Mädchen hilfsbereit verhalten. Von Frauen habe ich es noch nicht erlebt. Ich vermute, dass diese, weil sie hart arbeiten, keine Lust auf Solidarität haben. Endlich bin ich dran, bekomme meine Hose und zahle umgerechnet ungefähr drei Euro dafür.

Das Warten hat mich hungrig gemacht. Ich gehe zur Sushi-Theke und kaufe mir eine Portion. Dann setze ich mich an den Tisch des einfachen Volkes und beginne zu essen. Nicht weit von mir sitzt auf der Bank an der Wand der Mann, der für die Sauberkeit dieses Tisches verantwortlich ist. Seine Arbeit ist, die Essensreste wegzuräumen, ihn abzuwischen und den Boden darunter und daneben zu kehren. Damit ist er den ganzen Tag ausgelastet. Es dauert nicht lange, da merke ich, ich kann die Sushis gar nicht alle aufessen. Sie sind zu viele für mich. Während ich kaue, habe ich den Mann dauernd im Blickfeld. Er sieht müde und krank aus. Immer wieder wischt er sich den Schweiß von der Stirn. Er tut mir leid. Ich gehe zu ihm hin und biete ihm meine restlichen Sushis an. Er lächelt freundlich und winkt ab. Schade, ich kann sie nämlich auch nicht mehr essen. Ich warte noch ein wenig am

Tisch und lasse dann beim Gehen die Packung in dem großen Abfalleimer verschwinden.

Ohne zu ahnen, was mich in der Wohnung erwarten wird, kehre ich zurück. Ich leere meine Tasche aus und sage zu Yini. „Ich habe auch noch Bananen und Schokolade gekauft, da wir nichts mehr vorrätig haben." Ihr Gesichtsausdruck sowie ihre Gesichtsfarbe verändern sich und ‚ihr Fass läuft augenblicklich über'. Oh, denke ich mir, das hätte ich wohl nicht machen sollen. Es beginnt eine Auseinandersetzung, die es in sich hat. Yini kann nicht mehr an sich halten und fragt mich mit strenger Stimme:

„Wieso kaufst Du Bananen und Schokolade. Ich habe Dich nicht darum gebeten."

Ich rechtfertige mich: „Aber wir haben doch keine Bananen und keine Schokolade mehr vorrätig. Ich habe doch das alles nicht nur für mich gekauft. Die Bananen sind doch auch für Xiao Ai und die Schokolade für Roland, der doch gerne Schokolade isst. Und bitte erinnere Dich, Du sagtest anfangs, ich darf mir alles kaufen, was ich gerne essen würde."

„Wir brauchen keine Bananen und Schokolade", kontert Yini.

„Doch", antworte ich, „ich brauche Bananen für meine Knochen. Wenn ich jeden Tag eine oder zwei essen würde und wenn ich jeden Tag eine Tafel Schokolade essen würde, dann könnte ich Deinen

Vorwurf verstehen. So aber nicht! Geht es Dir um das Geld, Yini? Da bitte ich Dich zu bedenken, dass Du, da ich ja kein Abendessen esse, Dir schon dadurch viel Geld sparst."

„Nein", (Yini ist jetzt ziemlich sauer, denn ich habe den wunden Punkt getroffen) „es geht mir hier um das Prinzip. Bananen braucht der Mensch nicht, weil der Körper sich alles, was er braucht, aus den anderen Essen herausholt. Und Schokolade braucht der Mensch schon gleich gar nicht. Ich habe zu Roland gesagt, er darf jetzt nur noch einmal in der Woche Schokolade essen. Schokolade ist unnütz. Die Eltern meiner Eltern waren sehr arm. Sie hatten nie genug zu essen. Sie haben immer gehungert und viel gearbeitet. Darum geht es mir."

Mir verschlägt es die Sprache. Ich sage nichts mehr. Ich schaue sie nur noch wortlos an. In dem Moment, als Yini ihre Großeltern ins Spiel bringt, fällt sämtlicher, wochenlang aufgestauter Frust und momentaner Ärger von mir ab. Dieses lausige Argument bringt mich fast zum Lachen. Ich schweige und gehe in mein Zimmer.

Abends im Bett denke ich nochmals über die Auseinandersetzung nach. Ich wundere mich über mein Gefühl. Mein Herz ist voller Mitleid und Liebe für Yini. Nicht die Spur von Frust oder Ärger ist in mir. Irgendwie verstehe ich sie. Ich funktioniere nicht so, wie sie sich das vorgestellt hatte und immer noch vorstellt. Den Status einer Großmutter zu erfüllen, habe ich mich täglich bemüht und kann guten Gewissens sagen, dass ich diesem Anspruch Genüge getan habe. Den Status einer Mutter für sie einzunehmen, so wie sie es mir anfangs antrug, habe ich still verweigert, weil ich darin nur Selbstaufgabe gesehen habe. Dadurch haben wir in unserem Zusammensein einen Weg eingeschlagen, der nur so zu gehen war, wie wir ihn bis jetzt gegangen sind. Ich bin überzeugt, dass es Grand-Mères gibt, die glücklich sind, wenn sie sich hundertprozentig in die Gastfamilie einbringen. Ich bin keine von diesen. Zu viel Zeit und zu viel Geld hatte ich in meinem Leben schon verschenkt.

22. Juni 2013, Samstag

Es regnet! Welche Kapriolen das Wetter in Peking zeigen kann! Dem Wettergott sei Dank! Er verhindert, dass die Stadt an ihrem Smog erstickt.

Roland, Yini und Xiao Ai stehen heute schon früher auf als sonst. Sie machen einen Ausflug zu einem Bauernhof. Diesmal nicht in die Berge, sondern in eine Gegend in der Nähe des Flughafens. Dort ist alles flach und es gibt viel Vegetation.

„Wer es sich leisten kann, wohnt dort", sagte Roland gestern, als er mich über das heutige Vorhaben informierte. In dem Moment wurde ihm bewusst, dass ich zu diesem Ausflug nicht eingeladen worden war. Die Frage, warum ich nicht dazu eingeladen worden bin, konnte er von meinem Gesicht ablesen. Ich wäre schon gerne mitgefahren, um mehr von diesem erstaunlichen, unfassbar unterschiedlichen und geschichtsträchtigen Land China, in dem es nur so von Menschen wimmelt, kennenzulernen. Gezwungenermaßen erklärte er dann, dass diese Fahrt von seiner Firma organisiert wurde, und dass er in dem Moment der Anmeldung nicht an mich gedacht hätte. Kurzerhand steckte ich die Enttäuschung darüber hinweg und überlegte, was ich besichtigen könnte und entschied mich für den ‚Taoist-Tempel‘, der zugleich das ‚BEIJING FOLK CUSTOM MUSEUM‘ ist.

Nachdem die Familie gegangen ist, bringe ich die Wohnung wie gewohnt in Ordnung. Es regnet immer noch. Daher kann ich mich nicht recht zu einem Aufbruch durchringen. Ich beschließe, noch ein wenig zu warten und in der Zeit drei Herrenhemden zu bügeln. Der Regen hält an, hält mich jetzt aber, bei dem Gedanken an das U-Bahn fahren, nicht mehr zurück. Ich freue mich darauf, mit der Subway durch die Schächte zu donnern.

In ‚JIANGUOMEN‘ steige ich in die U 2 um und fahre eine Station bis ‚CHAOYANGMEN‘. Ich suche den East-Exit, also Ausgang Richtung Osten. Eine lange und steile Rolltreppe führt ins Freie. Nun weiß ich nicht, ob ich mich nach links oder nach rechts wenden soll. Ich werde auf einen wartenden jungen Mann aufmerksam, der deutsch aussieht. Ich spreche ihn in meiner Muttersprache an. Er versteht mich nicht. In Englisch erklärt er mir, dass er aus Russland komme. Ich zeige ihm auf dem Stadtplan, wohin ich will. Daraufhin sagt er, gleich komme seine englische Freundin, die chinesisch sprechen und mir sicher irgendwie weiterhelfen könne. Es dauert nicht lange, da kommt sie auch schon. Ich frage sie nach dem „Folk Custom Museum". Sie weiß es auch nicht, spricht aber sofort auf Chinesisch eine junge Dame an. Diese erklärt mir, indem sie mir die Richtung weist: „Immer gerade aus, ungefähr sieben Gehminuten." „O.K., thank you!" Ich ziehe los. Nach ungefähr sechs Minuten überfallen mich Zweifel. Ich sehe kein Museum. In kurzen Abständen frage ich zwei Passanten und werde zweimal in eine falsche Richtung geschickt. Dann habe ich Glück. Eine junge Dame zeigt mir in etwa vierhundert Metern Entfernung (Luftlinie) den höchsten Wohn- und Geschäftsturm in diesem Viertel. Daneben befinde sich das Museum. Nun, wäre ich statt sechs Minuten sieben Minuten gegangen, hätte ich das Hinweisschild zum Museum gesehen.

Der Eintritt kostet zehn Yuan, das sind einen Euro fünfundzwanzig Cent. Das Museum ist eine Klosteranlage. Ich trete ein und finde mich urplötzlich in einem Ort der Ruhe und Stille wieder. Wenige Besucher sind hier. Ich kaufe Räucherstäbchen. Langsam gehe ich im Säulengang von einem ‚Department' zum anderen. In diesen ‚Departments' stehen lebensgroße Gipsfiguren, wobei eine davon alle anderen überragt. An den seitlich angebrachten

Informationstafeln lese ich, dass die dargestellten Figuren symbolhaft für Sichtweisen im Volksglauben des Daoismus, auch Taoismus, stehen. Ich notiere mir drei ‚Departments':

„Department for Demons and Monsters": „Demons and Monsters are kinds of devil that often harm people in the dead of night. The department controls and supervises them an forbids them to wander and bewilder people."

"Department of Betrayal": "The ancients classified the ‚concept of Betrayal` into five types namely, betrayal of heaven, of earth, of rulers, of kin, of teachers. This department undertakes to teach people to remain filial to their kin. The descendants have a duty to feed, to love and to respect their kin. Such is a full expression of the fine tradition that the Chinese people have cultivated based on deep centiments fortified along blood lines."

"Longevity Department": "Longevity is a universal desire. Taoist belief holds that people should refrain from slaughtering domestic animals and should live frugally and control their sensual desires."

Vorbei am ‚DONGYUE TEMPLE' durchstreife ich die Klosteranlage, deren Bauten alle aus Holz sind. Ziemlich am Ende befinden sich Museumsräume sowie ein Verkaufsraum. Die Museumsräume sind einzelne offene Zimmer, in denen hinter Glasscheiben die Artefakte [Buddhafiguren, Zahlungsmittel unterschiedlicher Jahrhunderte,

Musikinstrumente, ein Nachbau in Holz der gesamten Klosteranlage bis ins kleinste Detail, im Maßstab (?)] ausgestellt sind. Im Verkaufsraum gibt es Drachen in allen Größen. Sie sind aus Marmor und im Preis sehr teuer. Einer, ungefähr fünfzig Zentimeter lang, kostet umgerechnet etwa achttausend Euro. Viele interessierte Käufer sind in dem Laden.

Ich strebe wieder dem ‚DONGYUE TEMPLE' zu. Da höre ich das langsame Schlagen einer dunklen Trommel. Ich trete in den Tempel ein. Sehr junge Taoist-Mönche streifen sich gerade rote und blaue, bodenlange Umhänge um. Dann gehen sie zu ihren Instrumenten und stimmen sich auf eine musikalische Götterverehrung ein. Die Querflöte als Soloinstrument wird begleitet von einer mittelgroßen Trommel, von Schellen, von Holzschlaginstrumenten und einigen anderen, die mir unbekannt sind. Fünf Mönche spielen eine halbe Stunde lang meditative Musik. Sie ist beruhigend. Aber lieblich ist sie nicht! Von Zeit zu Zeit ist der lange Ton einer Klangschale zu hören. In der Nähe des Tempeleingangs sitzt ein Mönch, der diese bedient. Verbeugt sich ein kniender Besucher in Ehrfurcht dreimal tief vor der großen Buddhafigur, schlägt er auf die Klangschale. Ich bewundere den Ernst dieser Gläubigen sehr. Die Lehren des Daoismus würdigen sie mit Respekt und Achtung.

Ich gehe wieder zurück zur Subway. Im Gegensatz zum Hinweg habe ich jetzt mit der Orientierung kein Problem. Ich lasse meine Augen umherschweifen und präge mir die Bauten und deren Anordnung aufmerksam ein. Der Stadtteil ‚CHAOYANGMEN' wirkt auf mich sehr aufgelockert, übersichtlich und großzügig gehalten. Ich komme aus dem Staunen nicht heraus. Diese supermodernen und sehr hohen Wohn- und Geschäftstürme, die größtenteils spiegelverglast sind und oft geografische Muster aufweisen, faszinieren mich. Ein Bau ist in der Außenfassade sehr edel. Über dem noblen Eingang steht der Schriftzug ‚Plastische Chirurgie – Krankenhaus'. Schon allein am großzügigen, im Rund gehaltenen Zugang mit Treppen aus hellem Marmor, kann man erahnen, dass darüber nur sehr reiche Chinesen und Ausländer schreiten. Mich interessiert, wie wohl dieses Krankenhaus innen aussehen mag. Ich steige die paar Treppen hinauf, gehe durch die sich automatisch öffnenden Glastüren hindurch und stehe in einem Foyer, in dem ich mich sofort deplaziert fühle. Es ist sehr groß, sehr hell, sehr sparsam möbliert. Lederne, sehr exklusive Sitzmöbel stehen in einer gediegenen Anordnung auf weißem Marmor. Mich treffen erstaunte Blicke aus unglaublich schönen schwarzen Augen. In diesen lese ich: „Was haben Sie hier zu suchen? So arm wie Sie aussehen!" Gut, gut, ich gehe ja schon!

Spät am Abend bin ich wieder vereint mit meiner Gastfamilie. Roland erzählt mir, ich hätte nicht viel versäumt. Es gab nichts Besonderes zu sehen. Auch wären viele Kinder weinerlich gewesen. Bei dem Regen hätte es ihnen allen nicht viel Spaß gemacht. Eigentlich brauche ich keine Vertröstung, denn *ich* hatte einen sehr interessanten und schönen Tag.

Vor dem Einschlafen lese ich noch über den Daoismus (Taoismus) nach. Ich zitiere aus dem Heft GEO EPOCHE:[19]

„Daoismus" „Neben dem Konfuzianismus bedeutendste Strömung der chinesischen Philosophie. Sie geht im Wesentlichen zurück auf Texte, die zwei legendäre Meister verfasst haben sollen: Zhuangzi (um 350 v. Chr.) und Laozi, dessen ihm zugeschriebene Lehren frühestens im 4. Jahrhundert v. Chr. zusammengestellt worden sind. Der Daoismus – auch Taoismus – blieb sowohl als Philosophie wie als eigenständige religiöse Bewegung oder als Bestandteil der Volksreligion in China überaus lebendig."

23. Juni 2013, Sonntag

Schon früh am Morgen spürt man die kommende Hitze des Tages. Ich erledige meinen Morgenjob und setze mich dann ans Bett in meinem Zimmer, um Englisch zu lernen. Mit der Sprache komme ich nur sehr langsam voran. Die Hoffnung, mit Yini viel sprechen zu können, um mein Englisch zu verbessern, hat sich zerschlagen, da das Kind volle

---

[19] GEO EPOCHE Nr: 8, „DAS ALTE CHINA"

Aufmerksamkeit für sich beansprucht und es nicht leiden kann, wenn sich Erwachsene unterhalten. Was meine Vorstellung von diesem Grand-Mère Job angeht, hat sich diese bis jetzt nicht erfüllt. Ich hatte mehr Hilfestellung bzw. mehr Tipps in Bezug auf das Kennenlernen der Stadt und der chinesischen Kultur erwartet. Vor allem hatte ich erwartet, mehr Zeit für mich zu haben und nicht nur den Erwartungen Yinis ausgeliefert zu sein.

Gestern Abend habe ich mit Roland vereinbart, dass ich heute hauptsächlich in der Wohnung bleiben werde, also keine Besichtigungstour unternehme. So warte ich, bis die Familie aufsteht. Kurz nach zwölf Uhr ist es mir möglich, endlich mit Roland zu sprechen. Ich sage: „Roland, ich will nicht den ganzen Tag in der Wohnung sitzen. Ich gehe jetzt in den Park, um dort ein bis zwei Stunden den Sonntag zu genießen."

Es ist sehr heiß. Im Park setze ich mich in den Schatten und lausche dem Zikadengesang. Ihnen gefällt diese Hitze. Wie viele Tierchen mögen es wohl sein, die solch ein monotones gezirptes Konzert veranstalten können? Ich schließe die Augen und genieße die Natur, die jetzt nur aus der sengenden Hitze und dem Zikadengesang besteht. Sonst ist nichts zu hören. Manchmal gehen Männer leise vorbei, die sich schließlich auf eine schattige Bank setzen oder legen. Ich denke: Arme Männer! So ohne Frau und Familie zu sein, was ist das für ein Leben für Euch? Ich gehe bald wieder zurück zur Wohnung mit dem Vorsatz, den Rest des Tages der Familie zu widmen.

In der Wohnung finde ich nur Roland und Xiao Ai vor. Yini ist gerade zum Einkaufen weggegangen. Ich setze mich zu den beiden auf die Couch. Zu dritt bauen wir mit den Bauklötzen immer wieder eine Stadt auf, die, kaum ist sie fertig, Xiao Ai mit Begeisterung zerstört. Das macht nichts, wir bauen sie dann anders wieder auf und haben wenigstens eine Beschäftigung. Wir sprechen dabei über Verschiedenes. Doch dann wirft Roland so nebenbei ein paar Sätze dazwischen, die mir die Luft nehmen. „Yini hat sich beklagt. Sie sagt, Du würdest Dich zu wenig dem Kind widmen. Sie müsse kochen und auch noch dazu auf das Kind aufpassen. Auch könne sie nicht am Laptop arbeiten." Ich schaue ihn entsetzt an und bin sprachlos. Am liebsten würde ich aufstehen, für immer gehen und dabei sagen: „Ihr könnt mich mal!" Da ich aber in China bin, kann ich das nicht. Ein paar Sekunden schnappe ich regelrecht nach Luft. Am liebsten würde ich hervorstoßen, was mir auf der Zunge liegt. „Deine Frau übertreibt!" Ich tue es nicht. Sich zu beherrschen, habe ich schon früh gelernt. Außerdem will ich nicht, dass bei dem Ehepaar wegen mir ein Streit entbrennt. Ich sammle mich. Was ich dann zu sagen habe, klingt allerdings doch ziemlich verärgert: „Wie kann Deine Frau nur so etwas sagen? Seit Tagen sitzt sie an ihrem Laptop, und ich spiele in der Zeit mit dem Kind. Und wenn Yini für das Kind kocht, weil ja auch nur sie selbst für das Kind kochen will, und Xiao Ai unbedingt dabei auf ihrem Rücken sitzen muss, kann ich das nicht verhindern." Am liebsten würde ich noch hinzufügen: Dem Kind muss nicht jeder Wunsch erfüllt werden! Als Mutter muss man auch mal nein sagen können! Aber ich verzichte darauf. Da kommt Yini mit schwerem Rucksack vom Einkaufen zurück. Roland und ich lassen von dem Thema ab. Ich gehe zu ihr hin, um ihr etwas abzunehmen. Es tut mir leid, dass sie so schwer schleppen musste und ich frage sie: „Warum hast Du mir nicht gesagt, dass ich mit Dir gehen soll. Wir hätten alles zu zweit heimgetragen." „Ich hatte nicht vor, soviel zu kaufen", entgegnet sie mir kurz.

Mir ist ganz komisch zumute! Das Gefühl, nicht zu genügen, kratzt an meinem Selbstbewusstsein. Noch nie ist mir im Leben diese Unzufriedenheit an meiner Person passiert. Ich bin verunsichert. Hat Yini vielleicht doch recht? Ich beginne mein Leben zu reflektieren: Vierundzwanzig Jahre habe ich im Büro einer anspruchsvollen Schreinerwerkstatt gearbeitet. Zeitgleich habe ich viele Jahre Haus und Tiere versorgt, wenn meine Freundin in Urlaub fuhr. Neben Hunden, Katzen, Enten, zwei Pferden, Hühnern war auch je nach Jahreszeit der Nachwuchs des vorgenannten Geflügels arbeitsintensiv aufzuziehen. Zweieinhalb Jahre habe ich als Maschinenhelfer in Schicht in einer Pharmafabrik geschuftet, um den Tod meiner Mutter 2001 seelisch gesund zu überstehen. Als ältere Frau der Knecht eines deutlich jüngeren Maschinenführers zu sein, war nicht gerade lustig!

Seit 2011 arbeite ich stundenweise in einem Übersetzungsbüro für Englisch, und werde nach meiner Rückkehr aus Peking diese Arbeit fortsetzen. Nirgends gab es Probleme!

Ich gehe in mein Zimmer. Mir reicht es heute. Um auf andere Gedanken zu kommen, nehme ich den Bildband der ‚Verbotenen Stadt' zur Hand. Ich tauche ein in diese zauberhafte Märchenwelt, die einmalig auf der ganzen Welt ist, und konzentriere mich auf den englischen Text. Ich weiß nicht, wieviel Zeit inzwischen vergangen ist, als ich zunehmend wahrnehme, dass Roland mit seinen Eltern skypt. Ich begebe mich in den Wohnraum, um, wie schon einige Male, mit seinen Eltern ein paar Worte zu wechseln. Sie sind wirklich sehr nett. Sie bedauern sehr, dass sie ihr Enkelkind schon lange nicht mehr gesehen haben. Roland hört mit und hat plötzlich die Idee, dass Xiao Ai Oma und Opa „Hänschen klein" vorsingen könnte. Das tut dieses kleine liebe Geschöpf auch bereitwillig. Es stellt sich so vor das Laptop hin, dass seine Großeltern es sehen können und beginnt zu singen. Ich komme immer mehr ins Staunen, als Xiao Ai das Lied in deutlicher deutscher Aussprache und korrekter Melodie bis zum Ende singt. Ich freue mich sehr darüber, denn das ist mein Verdienst. Fast jeden Tag habe ich ihr dieses Lied vorgesungen, habe sie animiert mitzusingen. Jetzt bin ich doch überrascht, wie gut sie es alleine singen kann. Die Großeltern freuen sich darüber. Auch Roland und Yini. Ich erwarte, dass ein gewisser Satz von Roland kommt:

Das hat die Grand-Mère unserer Xiao Ai beigebracht. Ich warte umsonst.

In der Nacht werde ich wach. Ich schaue auf die Uhr. Es ist drei Uhr morgens. Ich höre, wie das Ehepaar heftig streitet. „Why are you angry with me? Why are you angry with me?" dringt in wütendem Ton durch meine Zimmertüre. Was soll das? Dann erreicht mich im Halbschlaf ein paar Mal das Wort „money". Was ist da los? Ich will schlafen! Trotzdem ist mir, als hätte der Streit etwas mit mir zu tun. Ist es, weil ich gesagt habe, dass ich am Ende des Aufenthaltes Geld für die geleisteten Hausarbeiten verlangen werde? Ach, es ist mir egal, weswegen sie streiten. Ich fühle kein schlechtes Gewissen, und gleite wieder hinüber in das Reich der Träume.

24. Juni 2013

Wie die Zeit vergeht! Ich gehe schon um sechs Uhr aus dem Haus. Um diese Zeit muss ich nicht sehr lange auf den Aufzug warten. Später, ungefähr ab acht Uhr, dauert es oft sehr lange bis er kommt. In diesem Wohnturm gibt es neben den Wohnungen auch Büroräume. Bis der Aufzug bis zum achtunddreißigsten Stockwerk alle Angestellten befördert hat und dann beim Abwärtsfahren bei mir im neunundzwanzigsten Stock stehenbleibt, vergehen oft zwanzig Minuten und mehr. Mein Ziel an diesem erwachenden Tag ist der kleine Bürgersteigmarkt zwischen der Fußgängerbrücke und dem Fluss. Ich möchte für mich von dem eigenen Geld drei Bananen, eine kleine Gurke, eine Tomate und zwei Äpfel kaufen.

Es geht sehr eng zu, auf diesem kleinen schmalen, aber mit sehr frischen Waren ausgestatteten Gemüsemarkt. Ich nehme mir die Sachen selbst. Dann stelle ich mich an der langen Warteschlange, die nur aus älteren Leuten besteht, vor dem Abrechnungstisch an. Es gibt sie also doch, die älteren Menschen hier in Peking, die tagsüber nicht zu sehen sind. Erst jetzt fällt mir auf, dass ich tagsüber, außer auf dem Spielplatz, kaum Kinder gesehen habe. Der junge Mann ist wieder sehr fix im Wiegen und Kassieren. Im Nu bin ich dran und zahle für alles umgerechnet einen Euro fünfzig.

Ich gehe weiter zum Park, um im zügigen Tempo noch eine Runde zu drehen. Sehr viele Menschen sind schon da. Eine Frau spielt ein Lied auf ihrer Trompete zu Ehren des Flusses. Ein Mann steht an einem Baum und schreit ein „OHM" zum Himmel hinauf, solange er die Luft anhalten kann. Ein anderer macht Dehnübungen, indem er sein Bein auf das hohe Metallgeländer ausstreckt. Die Tai Chi-Gruppe sowie die Gymnastikgruppe bringen sich in Position. Wieder andere marschieren flotten Schrittes dahin und klatschen dabei in die Hände. Alle machen sie, was sie wollen und keiner schert sich darum.

Wieder zurück in der Wohnung läuft die Zeit bis zum Aufstehen von Mutter und Kind nach dem üblichen Schema ab. Ab halb elf widme ich mich den beiden. Mittags, als Xiao Ai gerade konzentriert in ihrem Malbuch die Figuren ausmalt, beginnt Yini ein Gespräch mit mir. Sie spricht die Schwierigkeiten an, die wir beide haben. Dabei wirbt sie um viel Verständnis. Ich gehe liebevoll auf sie ein, haben sich doch schon vor drei Tagen mein Frust und meine Enttäuschung in Luft aufgelöst. Ich zeige mich auch sehr kooperativ und schenke ihr meinen Tag bis einundzwanzig Uhr.

25. Juni 2013

Es ist sechs Uhr morgens und draußen blitzt und donnert es. Ich fühle mich sehr gut ausgeschlafen, springe aus dem Bett und beginne sofort mit meinem Morgenjob. Um acht Uhr bin ich fertig. Ich trinke ein Glas warmes Wasser aus dem Wasserbehälter, esse eine Banane, schleiche aus der Wohnung und bin schon auf dem Bürgersteig.

Das Gewitter hat inzwischen aufgehört. Die Luft ist so frisch, dass es ein wahrer Genuss ist, sie einzuatmen. Ich fühle mich glücklich, könnte wie ein Kind den Bürgersteig entlang hüpfen. Warum tue ich es eigentlich nicht? Kein Mensch würde sich darüber wundern. Ganz bewusst ziehe ich durch die Straßen, lasse meine Blicke an den Hochhäusern hinauf bis zum milchigen Himmel und wieder hinuntergleiten. Ich genieße, wie kühler Luftzug um meinen Hals fächert. Ich bin in Peking! Ich lebe! Wie schön doch das Leben ist! Ich schlage den Weg zum Bäcker ein, kaufe das Frühstücksangebot von Kaffee und Sandwich, steige die Stufen in das Café in den ersten Stock hinauf, setze mich ans Fenster und sehe hinunter auf die Kreuzung. In Scharen strömen die Menschen von der Subway herbei, überqueren inmitten des dichten Verkehrs diagonal die Kreuzung und streben weiter in Richtung ihrer Arbeitsstelle. Manchmal entdecke ich unter ihnen einen Europäer, meist älteren Jahrgangs. Ich bleibe solange sitzen, wie es mir von der Zeit her möglich ist. Dann gehe ich wieder zurück in die Wohnung, um da zu sein, wenn Yini und Xiao Ai aufstehen.

Sie schlafen noch. Ich setze mich ans Bett und erstelle mir einen Plan. Seit gestern weiß ich, dass Yini und Xiao Ai früher als beabsichtigt zu Yinis Eltern fahren werden. Es war einmal die Rede davon, dass ich mitfahren würde. Es hätte mich interessiert, wie die Stadt aussieht, wie die Landschaft dort aussieht, wie dort gelebt wird. Aber wie gesagt, es war einmal die Rede davon! Dieses verfrühte Aufbrechen von Yini und Xiao Ai bedeutet auch für mich eine frühere Rückkehr nach Deutschland. Gut, dass ich mir die Option, den Flug umbuchen zu können, offengehalten habe. Allerdings kostete es mich ungefähr zweihundert Euro. Ich könnte darauf bestehen, bis zum meinem bereits gebuchten Flug hier zu bleiben. Aber das wären ungefähr zwei Wochen mit Roland alleine in der Wohnung. Das will ich nicht und ganz sicher will das Roland auch nicht.

Also werde ich eher fliegen. Ob ich bis dahin noch alles unterbringen werde, was ich mir vorgenommen habe? Ich möchte noch einmal zum großen Markt. Vielleicht finde ich noch eine Reisetasche? Dann will ich zu dem Park mit den Ruinen des ‚Alten Sommerpalastes'. Auf jeden Fall will ich aber den ‚Sommerpalast' besichtigen. Dann würde mich noch das Militärmuseum reizen. Pediküre und Maniküre wären auch noch wünschenswert. Jedenfalls wird die Zeit wie im Fluge vergehen.

Die folgenden Stunden des Tages schenke ich meiner Gastfamilie. Ab einundzwanzig Uhr gehört die Zeit wieder mir. Ich weiß, ich bin dumm, dass ich trotz allem so großzügig mit meiner Zeit und auch mit dem Wert meiner Arbeitsleistung zugunsten der Gastfamilie umgehe. In meinem Leben war ich schon immer so dumm! Taktvoll bis zur Selbstverleugnung zu sein, lässt mich oft handeln, was mir fast immer in vielerlei Hinsicht zum eigenen Nachteil und Schaden ist. Ich durchschaue das Kriterium, und trotzdem verhalte ich mich so.

26. Juni 2013

Es ist jetzt zweiundzwanzig Uhr dreißig. Ich beginne meinen Eintrag in das Tagebuch. Bis jetzt, außer dem morgendlichen Spaziergang in den Park, habe ich den ganzen Tag, in Bezug auf Anwesenheit und Haushalt, der Familie gewidmet.

Mein Abflug nach Deutschland steht fest. Ich fliege am 3. Juli, also heute in einer Woche. Yini hat dies gestern Abend noch gemanagt. Ich bat sie darum. Ob sie und Roland selber darauf gekommen wären? Ich hätte es zu gerne getestet. Aber das Risiko, doch nicht eher fliegen zu können, war mir schließlich doch zu groß.

Ich bin froh, dass ich dreizehn Tage eher abreisen kann. Wenn ich im Haushalt arbeite, läuft mir der Schweiß über das Gesicht. Meine Kleidung ist den ganzen Tag durchnässt, so heiß ist es außerhalb und innerhalb der Wohnung. Dann bringe ich mich seit Montag voll in der Familie ein, und das ist sehr anstrengend für mich. Es ist nicht die Arbeit im Haushalt, die mich an meine Grenzen bringt, es ist, dass ich es in meinem Innersten nicht akzeptiere, dass ich keine Zeit für mich habe. Jedoch habe ich mich aus freien Stücken dazu durchgerungen. Zum einen, weil ich sehen will, wie sich Yini verhält, zum anderen, weil ich schon sehr viel Tagebuch geschrieben habe, also bereits sehr viel Text für ein eventuelles Buch besitze. Um noch Englisch zu lernen, bin ich zu erschöpft. Ja, so hätte es sich Yini vorgestellt, dass ich den ganzen Tag der Familie zur Verfügung stehe. Aber für mich wäre das nicht zum Aushalten gewesen, hätte ich mich von Anfang an darauf eingelassen.

Xiao Ai ist wirklich ein sehr liebes Mädchen. Mit ihrer Klugheit überrascht sie mich immer wieder. Ein sehr ungewöhnliches Kind. Ich bin gerne mit diesem kleinen reizenden Geschöpf zusammen und empfinde die Zeit mit so einem kleinen Engel als sehr wertvoll. Allerdings hat dieser kleine Engel es bis jetzt noch nicht gelernt, sich alleine mit etwas zu beschäftigen. Zu sehr war und ist das Kind auf seine Mutter fixiert, und natürlich auch auf die Großmutter, die es neben der leiblichen Mutter wie ihr eigenes betreut hatte, bis ich auf der Bildfläche erschien. Und ich sollte dann das Kunststück fertigbringen, dass das Kind die Aufmerksamkeit nur mir schenkt, damit Yini ungestört tun kann was ihr beliebt, obwohl sie nur zwei oder drei Schritte entfernt sitzt. Leider eine nicht zu erfüllende Erwartung.

27. Juni 2013

Zu müde für einen Eintrag in das Tagebuch. Den ganzen Tag der Familie geschenkt.

Erwähnenswert ist, dass Yini jetzt ausgesprochen nett zu mir ist. Ihre Welt mit mir ist nun in Ordnung. Noch dazu wird sie morgen mit Xiao Ai für eine längere Zeit zu ihren Eltern fahren. Und darauf freut sie sich schon sehr. In der Stadt, in der ihre Eltern leben, wäre es nicht so heiß und die Luft auch viel besser wie hier in Peking. Und sie würde ihren Vater nach so langer Zeit wieder sehen. Inzwischen habe er sich schon wieder gut von dem Schlaganfall erholt.

Während des Tages war Yini einmal so heiteren Gemütes, dass sie mir eine Liebeserklärung machte: „Wir lieben Dich", sagte sie, „und solltest Du nicht zu Deinem Mann zurückkehren, dann komme zu uns. Es wäre uns eine Freude, wenn Du mit uns leben würdest." Oh Gott, das hätte ich nicht erwartet! Ganz gerührt dankte ich Yini, sie meinte es ehrlich. Dass sie so ihre Gedanken und Gefühle offenbart, bewegt mein Innerstes. Alles Negative ist vergessen, alles ist gut. Ich bin wieder voller Dankbarkeit und Liebe. Aber ich denke, ich kehre lieber zu meinem Mann zurück! In meinem Haus bin ich mein eigener Herr, hier wäre ich nur ein Hausmädchen, noch dazu eines, das in die Jahre gekommen ist.

28. Juni 2013

Was ist los mit mir? Zurzeit werde ich immer schon um halb fünf Uhr früh wach. Ist die Hitze daran schuld? Ich lese im Bett bis um sechs Uhr. Dann stehe ich auf, erledige meinen Frühjob und mache Frühstück. Heute wird ein sehr anstrengender Tag für mich werden. Yini bat mich, sieben mit Fleisch gefüllte Paprika in Tomatensoße und dazu Reis zu kochen. Paprika, Fleisch und Tomaten besorgte ich gestern im Supermarkt.

Um acht Uhr fange ich mit der Zubereitung an. Inzwischen beherrsche ich den Herd mit seinen großen Gasflammen und bin es schon gewöhnt, alles mit dem Wok zuzubereiten. Mit einem Wok, an dem die Gasflammen außen herum bis über die Hälfte hochzüngeln, kann man wirklich gut arbeiten. Es macht mir auch nichts mehr aus, täglich ein bis drei Küchenschaben zu erschlagen. Hier in China geht alles ein wenig pragmatischer zu.

Um elf Uhr kommt Yinis Cousine, um die ganze Familie mit dem Auto abzuholen. Roland fährt auch mit und bleibt bis Sonntagabend bei den Schwiegereltern. Gerade rechtzeitig bin ich mit dem Kochen fertig. Ich decke den Tisch. Es schmeckt allen sehr gut. Was übrig bleibt, nimmt Yini mit zu ihren Eltern. Ihr Vater ist schon neugierig darauf, denn er ist derjenige, der kocht. Wie ich bis jetzt erfahren habe, kochen in China hauptsächlich die Männer. „Sie können es besser, als die Frauen", sagte einmal Yini zu mir.

Ungefähr um dreizehn Uhr fahren alle weg. Der Abschied ist kurz und ohne Sentimentalität. Yini überreicht mir als Abschiedsgeschenk zwei sehr schön gewebte Kissenbezüge. Sie weist mich darauf hin, dass sie in den typischen Farben Chinas gearbeitet sind: rot, gelb, grün braun, wobei das warme Rot überwiegt. Nun bin ich alleine in der Wohnung und komme mir sehr komisch dabei vor. Das Vertrauen meiner Gastfamilie, mich alleine hier zu lassen, schon auch mit dem praktischen Zweck, dass die Katzen durch mich versorgt sind, finde ich doch achtenswert. Ich betrachte dies nicht als selbstverständlich und danke ihnen in Gedanken. Ich bringe die gesamte Wohnung in Ordnung. Um halb vier Uhr bin ich fertig.

Ich stehe am Fenster und sehe hinaus. Es ist sehr diesig und grau und sieht nach Regen aus. Am liebsten würde ich mich ins Bett legen und schlafen. Ich tue es nicht, gehe stattdessen zur Pediküre. Die Damen kennen mich schon und zeigen sich sehr eifrig. Es bedient mich der einzige junge Mann unter ihnen. Geschickt arbeitet er an meinen Füßen und lackiert mir auch auf meinen Wunsch meine Zehennägel mit rotem Nagellack. Dann sitze ich und warte bis der Nagellack fest und trocken wird. Ich schaue hinaus auf das Treiben in dieser typisch chinesischen Geschäftsstraße. Emsig gehen die Menschen hin und her. Nur ein einziges Mal bekomme ich ein Kind zu Gesicht. Es geht mit seiner Mutter vorbei. Manchmal spuckt oder rotzt ein Mann ungezwungen auf den Bürgersteig. Es sind dies Männer, die nicht mehr jung sind. Bei den ganz jungen habe ich dies bis jetzt nicht erlebt. Warum die junge sympathische Chefin des Ladens nicht das Trockengerät auf meine Zehen stellt, fällt mir gar nicht auf, so sehr bin ich von dem Leben draußen fasziniert. Endlich, nach zwei Stunden, bin ich fertig. Ich zahle umgerechnet zehn Euro fünfzig. Da ich beim letzten Mal dummerweise Trinkgeld hergegeben habe, was, wie ich erst danach zufällig im Beijing-Führer las, nicht üblich ist, sehe ich mich jetzt auch wieder veranlasst, Trinkgeld herzugeben. Der junge

Mann schaut, wie damals das junge Mädchen, das mich bediente, verdutzt drein.

Als ich in die Wohnung zurückkehre, erwarten mich Mi-Mi und Schau-Schau schon mit vorwurfsvollem Miauen. Ich füttere sie, bügle dann fünf Herrenhemden und lasse mich danach ins Bett fallen. Trotz Regen ist es noch sehr schwül. Ich bin schweißgebadet. So ist der Sommer hier in Peking! Vor dem Einschlafen lese ich noch über den ‚Beijing International Sculpture Park' nach, den ich morgen besichtigen möchte.

29. Juni 2013, Samstag

Um drei Uhr dreißig werde ich mit einem Schlag wach und bin putzmunter. Herrlich, ich bin alleine in der Wohnung! Wie ich das genieße! Ich mag grundsätzlich sehr gerne nur in meiner eigenen Gesellschaft sein. Dann regen sich in mir meine Lebensgeister, werden immer aktiver, bis sie schließlich vor lauter Übermut die ganze Welt einreißen könnten. Ich lese bis um sechs Uhr, stehe dann auf und frühstücke. Wie schön, kein Frühjob! Ich werde aber trotzdem noch die restlichen vier Hemden für Roland bügeln. Als ich damit fertig bin, hängen neun frisch gebügelte Hemden rund um den Lampenschirm. Ich freue mich für Roland, dass er damit einige Zeit versorgt ist.

Es ist noch zu früh um aus dem Haus zu gehen. Um mir die Zeit zu vertreiben, packe ich alle meine Mitbringsel nach Deutschland in die eine Hälfte meines Trollis. Dann lese ich nochmals den Text über den Skulpturenpark, brate mir als zweites Frühstück den übrig gebliebenen Reis mit Ingwer, Lauch und Zwiebeln und gehe dann, nachdem ich gegessen habe, aus dem Haus.

Heute bekomme ich sogar einen Sitzplatz in der Subway 1. Manchmal steht ein junger Mann oder ein junges Mädchen auf, um mir den Sitzplatz anzubieten. Bis zur ‚Station Yuquanlu' sind es viele Haltestellen. Kurz vor dem Aussteigen höre ich plötzlich Musik. Inzwischen weiß ich schon, dass sich Bettler auf diese Weise oft anmelden bzw. auf sich aufmerksam machen. Die Musik wird lauter. Ein junger Mann bewegt sich sitzend auf einem Rollbrett durch den Waggon. Er hat eine Behinderung am Bein. Er spricht jeden Fahrgast an. Als er zu mir kommt und sieht, dass ich eine Ausländerin bin, weiß er nicht so recht, was er tun soll. Ich gebe ihm zwei meiner kleinsten Scheine, umgerechnet ungefähr dreißig Cent. Er schaut mich erstaunt an. Ich sehe, dass er in seiner Hand nur zehn Yuan-Scheine hält. Er bedankt sich trotzdem und rollt weiter. Ich sehe ihm nach und bin mir nicht ganz sicher, ob er wirklich eine Behinderung hat.

Die U–Bahn erreicht die ‚Station Yuquanlu'. Ich steige aus, steuere auf den südlichen Ausgang zu, da der ‚Beijing International Sculpture Park' südlich der

Station liegt. Oben, zwischen Wohntürmen und Straßen stehend, weiß ich nun doch nicht, in welche Richtung ich gehen soll. Ich bräuchte einen Kompass! Ein junger Mann kommt mir entgegen. Ich frage ihn und er schickt mich in eine Richtung, die mir gleich als die falsche erscheint. Ich gehe sie aber trotzdem. Nach einem guten Kilometer, entlang einer schnurgeraden zweispurigen Straße, kehre ich um. Da sehe ich auf der gegenüberliegenden Seite eine Skulptur aus den Bäumen herausragen. Das muss der Park sein.

Ich überquere eine Fußgängerbrücke und erreiche dann nach etwa fünfhundert Metern den Eingang des Parks. Das Besucherticket kostet zehn Yuan, umgerechnet einen Euro fünfundzwanzig. Ich informiere mich auf der Tafel und übersetze den englischen Text wie folgt:

„Im Park stehen zweihundert Skulpturen aus mindestens vierzig Ländern der Erde. Aufgeteilt ist er in Themen, wie 'Spring Ceremony', 'Butterfly Flies Down the Jade Spring' und in 'Future Music Fountain Plaza'. Das ganze Parkgelände mit vielen unterschiedlichen Baumarten soll den Menschen die Begriffe Kultur, Ecologie, Landschaft und Kunst näherbringen."

Ich beginne meinen Rundgang. Auf breiten Sandwegen schlendere ich im Schatten von Bäumen vorbei an verschiedensten, sehr großen Skulpturen: drei Läuferinnen mit dünnen abstrakten, sehr langen

Körpern; dann eine Gruppe Musikanten in blitzendem Edelstahl; etwas weiter ein riesiger Saxophonist, dargestellt nur mit Kopf und einer Hand, in der er das Saxophon hält. Es folgen viele Bronzebüsten mit einer Texttafel von weltberühmten Komponisten, Wissenschaftlern, Entdeckern und Schriftstellern. Zwischen den Bäumen steht eine ungefähr drei Meter hohe Flötenspielerin, wieder in blitzendem Edelstahl. Einige Meter danach eine sehr interessante Skulptur. Sie zeigt eine kniende Frau mit einem Vogel auf ihrem rechten abgewinkelten Ellenbogen. Sie beugt sich vor, um ihr kleines, vor ihr stehendes Kind zu küssen. Eine andere, ungefähr drei Meter hohe Skulptur beeindruckt mich sehr. Dargestellt ist eine Asiatin mit sehr edlen Gesichtszügen. Sie kniet. Aus ihrem leeren Unterleib, ein großes rundes Loch, wächst eine Blüte (Lotusblume). Die Bildhauerarbeiten sind alle sehr ausdrucksstark.

Ich gelange an einen künstlich angelegten See. Er grenzt an eine große Fläche mit Spielgeräten für Kinder. Ich erreiche das Ende des Parks, folge dem großen halbkreisförmigen Weg, der mich auf der anderen Seite wieder zurück zum Eingang Nord führt. In der Nähe des Eingangs sehe ich auf dieser Seite eine große Fläche, die mit Trimm Dich-, Gymnastik- und Sportgeräten für Senioren großzügig ausgestattet ist. An zwei Tischtennisplatten wird eifrig gespielt. Der Park ist sehr groß. Ich schätze ihn ungefähr zwei Kilometer lang und ungefähr achthundert Meter breit.

Ich nähere mich wieder der Subway ‚Station Yuquanlu' und kann mir ein Lächeln nicht verbeißen. Wie auf einer Hühnerstange aufgereiht sitzen dort auf einem Metallgeländer sechs Männer. Sie sind alle im Rentenalter und langweilen sich. Hier haben sie ein wenig Unterhaltung, genießen visuell die Frauen im Allgemeinen, aber doch im Besonderen ‚junges Fleisch'.

In der Wohnung warten schon die Katzen auf mich. Da ich ihre Essenszeit gehörig überschritten habe, sind sie sehr sauer auf mich. Ich verteidige mich und sage zu ihnen: „Ich kann doch auch nichts dafür, dass alle weg sind. Ihr müsst jetzt schon mit mir zufrieden sein." Seitdem mir Schau-Schau aus Rache auf mein Bett gekackt hat, weiß ich, wie schlau Tiere sind. Sie können wirklich denken.

Ich gehe ins Bad und dusche mich. Jetzt in der Sommerzeit muss man sich jeden Tag duschen. Ich wundere mich immer über mein Haar. Trotz Sonnenhut fühlt es sich richtig schmutzig an. Danach lege ich mich auf mein Bett zum Ausruhen. Obwohl ich den ganzen Tag als sehr schön und interessant empfunden habe, und ich eigentlich auch nicht traurig bin, muss ich plötzlich weinen. Vielleicht ist es nur die fast zehn Wochen lange Anspannung, die von mir abfällt. Ich weiß es nicht. Ohne Schluchzen laufen mir die Tränen in Bächen über das Gesicht. Heute lasse ich es zu. Heute ist niemand da, der sie sehen könnte. Wie einem kleinen Kind war mir oft danach, nach meiner toten Mama zu weinen. Heute tu ich es.

Um halb acht Uhr gehe ich nochmals aus dem Haus. Ich muss raus! Ich ersticke am Lärm, an dem Gestank und an der Hitze in dieser lauten Stadt. Ich überquere den Fluss nicht wie üblich auf der geraden Brücke, sondern gehe an ihm etwa vierhundert Meter entlang bis zur weißen Bogenbrücke. Ein junges Pärchen sitzt eng umschlungen darauf und genießt seine Zweisamkeit. Ich betrete den Park. Viele Menschen schlendern so wie ich darin herum. Ich höre Musik und gehe dieser nach. In einem schönen Kleid steht eine etwas ältere Frau da und singt in ihr Mikrofon. Die begleitende Musik kommt aus ihrem Kassettenrekorder. Ich setze mich auf die Stufen, auf der schon mehrere Männer sitzen und höre zu. Ihre Lieder klingen sehr wehmütig. Ich denke, dass sie Liebeslieder singt. Das tut sicher diesen einsamen Männern sehr gut.

30. Juni 2013, Sonntag

Ich übertreffe mich. Seit drei Uhr bin ich schon wach und völlig ausgeschlafen. Während ich lese und schreibe, registriere ich, dass der übliche Gestank an Stärke zunimmt. Kommt das vom Katzenklo oder verbrennen die Chinesen wieder etwas Undefinierbares? Vielleicht verbrennen sie heimlich, still und leise ihre kommunistische Vergangenheit?

„Nach dem Machtwechsel im März 2013, ist jetzt im ,Reich der Mitte' Xi Jinping der Staatspräsident, der neue starke Mann. Er steht Partei und Armee vor. Xi

Jinping bewegt sich sicher zwischen kommunistischen Dogmen und weltpolitischen Visionen, und er demonstriert die Stärke einer Weltmacht."[20]

Ich schließe ein wenig den Spalt von meinem dauernd geöffneten Fenster. Wenn der Gestank nicht nachlässt, muss ich im Katzenklo nachsehen. So sehr ich die Katzen auch mag, kann ich es nicht leiden, wenn wir zeitgleich auf unserem Thron sitzen. Dies kommt öfter vor, als mir lieb war. Wenn ich muss, müssen sie auch. Direkt mysteriös ist das! Da das Bad sehr klein ist, befindet sich das Kotzenklo, das unter das Waschbecken geschoben ist, direkt neben den Füßen desjenigen, der auf der Toilette sitzt, d.h. die Katze hat einen dauernd im Blick, und der sagt so Einiges. Das ist nicht lustig!

Wie seltsam! Gestern weinte ich wie ein Kind, später lachte ich wie ein Kind. Ich suchte unter Rolands Büchern – seine Leidenschaft sind Bücher – nach einer leichten Lektüre zum Einschlafen. Da entdeckte ich von Philip Roth den Roman ‚Portnoys Beschwerden'. Da liefen mir vor lauter Lachen die Tränen über das Gesicht.

Ich stehe um sieben Uhr auf, ziehe das Innenrollo hoch und blicke auf einen grauen suppigen Novembertag. Noch einmal, und dies heute das letzte

---

[20] Zeitung Mangfall Bote, vom 31.12.2013/1.1.2014, Jahresrückblick 2013

Mal, erledige ich meinen Morgenjob. Umweltstaub und Katzenhaare legen sich auf alles in der Wohnung. Ich entferne die braunen Bällchen aus dem Katzenklo und säubere die Badausstattung. Ich bin froh, bald wieder in Europa zu sein. Inzwischen weiß ich es sehr zu schätzen, was es bedeutet, eine Deutsche zu sein und in Deutschland zu leben. Was für ein schicksalhaftes Glück. Schon das allein könnte ausreichen, um ein Leben lang zufrieden zu sein.

Um elf Uhr verlasse ich die Wohnung. Mit der U1 fahre ich zu ‚THE MILITARY MUSEUM OF CHINESE PEOPLE'S REVOLUTION'. Die U-Bahn ist wie immer sehr voll. Ich habe meine Atemschutzmaske um und meinen Sonnenhut auf. Sicher hat mich die Maske vor einer möglichen Erkrankung geschützt. Überhaupt bin ich dankbar, dass mir bis jetzt nicht das Geringste passiert ist. Ich bin nicht einmal gestolpert, und dies ist sehr leicht möglich. Auf dem Weg zum Supermarkt gibt es im Bürgersteig eine Platte, die locker ist. Wenn ich auf sie trat, durchzuckte es mich immer ein wenig. Ich schloss die Möglichkeit, in einen Schacht zu fallen, nicht aus. Gott sei Dank ist es nicht passiert.

Als ich am Ziel wieder ins Freie trete, bin ich überrascht, was hier los ist. Es empfängt mich dichtes Menschentreiben, Stimmengewirr, Lärm und Gestank. Ich drehe mich im Kreis, um das Museum zu erspähen. Mein Blick fällt auf einen sehr hohen braunen Bau, in typisch kommunistischer Bauweise. Er sieht wie ein überdimensionaler, schmuckloser

Kasten aus, mit einem etwas kleineren Kasten darauf, aus dem eine hohe Stange mit dem kommunistischen Stern herauswächst. Auf dem Bürgersteig der einen Seite des Museumsgeländes wird alles Mögliche angeboten: von Hand gefertigte Strickwaren, Militärspielzeug, Mao-Relikte, Melonenscheiben, gefüllte Pfannkuchen, Würstchen u.a. Ich lese auf einem Hinweisschild, dass sich der Eingang in das Militärmuseum um die Ecke befindet. Ich gehe dorthin und stelle mich um ein Ticket an. An der Kasse wird mein Pass verlangt. Der junge Mann sieht kurz hinein und reicht ihn mir lächelnd zurück. Für alle Besucher sei der Eintritt frei, erklärt er mir dann.

Vor mir liegt ein großer offener Rundbau, in dem verschiedene Typen von Panzern und Amphibienfahrzeugen stehen. Ich sehe ‚The US M41 155 mm Self–propelled Howitzer‘, daneben ein japanischer Panzer ‚The Japanese Typ 97 Tan‘, vielleicht eine Kriegsbeute. Ungefähr zwanzig Panzer und einige Amphibienfahrzeuge sind hier im Kreis aufgereiht. Der Anblick drückt auf mein Gemüt.

Ich gehe in die Halle mit den Kampf-Flugzeugen. Ich stelle mir die Piloten in ‚The Chinese A-5 Ground Attack Aircraft‘ und ‚The Chinese J-7 Fighter‘ sowie in den kleineren Typen wie ‚J-6‘ und ‚J-5‘ vor. Ich bin voller Bewunderung und voller Respekt für diese waghalsigen kampferprobten Piloten. Alle Flugzeuge haben auf dem Heckflügel und auf der Unterseite der Flügel den ‚Roten Stern‘. Zwischen diesen Kampf-

Flugzeugen steht auch eine sehr lange Rakete ‚The Chinese HQ-2 Surface-to-air Missile'.

Gegenüber der Halle mit den Kampf-Flugzeugen steht eine Halle mit mehreren Flak-geschützen und zwei alten tollen großen Limousinen, in schwarzem und dunkelgrauem Lack. Die beiden sind viel größer und wuchtiger als die heutigen Autos. Da sehr viele Leute davorstehen, kann ich den Text auf der kleinen Tafel nicht lesen. Ich nehme an, dass sie einmal Mao gehörten.

Wieder im Freien setze ich mich auf einen Stuhl in einer Sitzgruppe. Vor mir bäumt sich ein großes Monument mit Mao auf: ‚Mao im Kontakt mit seinem Volk.' Ich denke an seine wahnhafte Ideologie vom ‚Großen Sprung nach vorn'. Es verhungerten dadurch schätzungsweise dreißig Millionen Chinesen.[21] Es würde mich interessieren, ob er heute noch von dem chinesischen Volk verehrt wird. Es scheint mir so. Die Erinnerung an ihn wird auf jeden Fall hochgehalten. Um ihn nicht zu sehen, schließe ich die Augen. Ich horche in die Geräuschkulisse hinein. Meine Umgebung ist erfüllt von Stimmengewirr, Autolärm und sogar zaghaftem Zikaden-Gesang. Ich schieße noch ein paar Fotos und verlasse dieses, in seiner Sammlung relativ kleine Museum.

Nach dem Stadtplan müsste die Straße an dem Ausgang des Militärmuseums zum ‚BEIJING

---

[21] GEO EPOCHE Nr. 51, Das CHINA des Mao Zedong, 1893–1976, Seite 100.

YUYUANTAN PARK' führen. Langsamen Schrittes dränge ich mich durch die Menschen in diese Richtung. Zu beiden Seiten des Bürgersteiges sind Verkaufsstände aufgebaut. Gerne würde ich mir Pfannkuchen oder einen Melonenscheibenspieß kaufen. Aber alles wird so ohne Schutz vor den vorbeigehenden Leuten und noch dazu mit Abgasen angereichert angeboten, so dass es mich davor graust. Ich höre laute Musik und werde aufmerksam. Ein paar Schritte weiter sehe ich ein bettelndes Ehepaar, das sich ein Lager auf dem Bürgersteig errichtet hat. Der Mann liegt ausgestreckt über die halbe Bürgersteigbreite auf einer Decke. Um den Hals hat er eine lange, blutige Wunde. Sein Gesicht weist blutende Stellen auf, ebenso sein Fuß. Obwohl ich vor Schreck die Verletzungen ungeniert anglotze, bin ich mir nicht sicher, ob sie wirklich echt sind. Auch das Gesicht des Mannes sieht nicht sehr leidend aus. Seine Frau sitzt neben seinem Kopf. Der Mann hält ihre Hand. Beide sind mittleren Alters. Ich gebe nichts.

Es gibt sicher viel Armut in dieser modernen Stadt, aber sich so zur Schau stellen? Ich denke an die alte Frau auf der Fußgängerbrücke in dem Stadtviertel, in dem meine Gastfamilie lebt. Dieser Bettlerin habe ich schon öfters etwas in ihre Blechdose gegeben. Sie erbarmte mir jedes Mal sehr, wenn ich an ihr vorbei ging. Ich bin auch einem alten bettelnden Mann begegnet. Ich denke so manches Mal an ihn, an seine bittenden Augen. Er blieb kurz vor mir stehen und sah mich nur an. Ich gab ihm nichts, ging einfach an ihm vorbei. Die Erinnerung an ihn, sein stummer bittender Blick, plagen mich immer noch. Wie konnte ich nur so kalt sein?

Auf der anderen Straßenseite rückt ein weißer, sehr hoher, nur aus Treppen bestehender Bau immer näher. Mit seinem imposanten und ungewöhnlichen Aussehen nimmt er einen vorrangigen Platz in seiner Umgebung ein. Er trägt ein weit sichtbares, blaues Schriftband. In großen chinesischen Schriftzeichen und darunter in großen Buchstaben steht geschrieben, ‚Beijing World Art Museum'. Über diesem gewaltigen runden Treppenbau sitzt ein kleiner geschlossener Rundbau, aus dem eine dünne, sich nach oben verjüngende, weit in den Himmel zeigende Turmspitze herausragt. Wie sie so in den Himmel sticht, strahlt sie für mich eine Aggressivität aus. Jetzt sehe ich, dass die riesige betonierte leere Fläche, die sich der Straße entlang zieht, eine Art Vorplatz zum Museum ist. Mir fiel diese Leere – die so ungewöhnlich ist in dieser Stadt – sofort ins Auge, als ich von der U-Bahn Station herauf kam. Ich konnte sie aber nicht deuten. Menschen gehen auf der Betonfläche, die rundherum durch einen Zaun abgesperrt ist, spazieren.

Das Museum selbst ist der kleine Rundbau in erhöhter Position, zu dem man nur gelangen kann, wenn man diese vielen, relativ hohen Treppen überwindet. Ich überquere die Straße und strebe dem Einlass in dieses Museumsareal zu. Ein

Kontrolleur sieht mir schon entgegen. Ich begrüße ihn mit „Nihau" und frage, was der Eintritt kostet. Er antwortet mir auf Chinesisch. Da ich ihn etwas ratlos anschaue, winkt er mich einfach durch, ohne dass ich meine Tasche auf das Förderband des Röntgenapparats legen und ich etwas bezahlen muss. Dann steige ich die vielen Stufen hinauf, bis zum Eingang in die Ausstellungsräume. Oben angekommen zittern meine Beine. Ich betrete einen umlaufenden breiten Gang, in dem Bronzeskulpturen der wichtigsten Persönlichkeiten der chinesischen Kulturgeschichte stehen. Sie sind überlebensgroß dargestellt. Ich schreite eine Statue nach der anderen ab. Ihre ausdrucksstarken Gesichter und ihre Haltung beeindrucken mich sehr. Neben jeder einzelnen Figur ist eine Tafel mit der Kurzbiographie angebracht. Könnte ich nur öfters hierherkommen! Anhand dieser Persönlichkeiten würde ich viel über China erfahren. Aber mir rinnt die Zeit davon. Ich gehe wieder zurück zu den ersten beiden, um mir einige kurzgefassten Biographien abzuschreiben:

„GUAN ZHONG (725–645 B.C.) was a native of Yingshang. As a philosopher and politician of the Spring and Autumn Period his thinking was collected into the Book of Master Guan Zhong."

„Cai Lun (? – 121) born in Hunan Province, was the inventor of paper-making of the Eastern Han Dynasty. He was famous for the ,caihu paper'. Papermaking is one of the four great inventious of China."

In diesen ungefähr vierzig Persönlichkeiten, haben nur drei Frauen einen Ehrenplatz gefunden. Es sind dies:

„Li Qingzhao (1084 – ca. 1151) was a native of Shandong Province. She was well-known female poet of ci poem of the Southern Song Dynasty. Her poem is labeled as the ‚yi' an style."

"Huang Daopo (ca. 1245 - ?) born in Shanghai. Her famous ‚wunijing quilt' …" Sie erfand Textil-Techniken.

„Lin Qiaozhi (1901–1983) war eine Pionierin der Gynäkologie.

Ich verlasse den Museumsbereich und steuere den Park an, der nur ein paar Schritte entfernt davon liegt. In der großzügigen Aufteilung seiner Grünflächen zwischen dem lockeren Baumbestand wirkt er sehr einladend auf mich. Der sandige Hauptweg führt in gerader Linie zu der großen bronzenen Glocke mit ihren chinesischen Schriftzeichen. Ein paar Schritte weiter bleibe ich stehen und sehe hinauf zu den Drachen, die ein paar ältere Männer steigen lassen. Je höher, umso schöner für sie. Drachensteigen macht den Chinesen großen Spaß. Roland erzählte mir einmal in den seltenen Gesprächen, die wir führten, dass der Drachenbau eine uralte chinesische Kunst sei. Es gibt sogar Wettkämpfe. Beurteilt wird das Kunsthandwerk (Figur und Bemalung), die Flugeigenschaften (wie er sich im Wind bewegt) und die Flughöhe, die er im

Wettkampf erreicht. Je höher ein Drache steigt, umso mehr Punkte gibt es.

Während ich diesen älteren Männern zusehe, erwärmt sich zunehmend mein Herz für sie. Wenn ich davon absehe, dass sie ihren Auswurf ungeniert in jede beliebige Richtung spucken, bewundere ich, wie zufrieden sie sind. Sie sind glücklich mit Drachensteigen, mit Kartenspielen, mit Ma'tschangspielen, mit grünem Tee trinken. Sie arbeiten sehr fleißig und sind geduldig im Ertragen von Schimpfkanonaden ihrer Ehefrauen, denen sie stets alles recht machen müssen. Noch dazu können sie mit einer Inbrunst, Leidenschaft und Hingabe singen, dass einem die Tränen kommen. Meine Sichtweise ist subjektiv, aber bis jetzt bin ich zu keiner anderen gekommen.

Ich schlendere ziellos weiter. Ein paar Familien (mit nur einem Kind) sitzen in den Grünanlagen in großem Abstand zueinander und machen Picknick. Ich stoße auf einen Kanal, an dem einige Fischer sitzen. Eine Zierbrücke scheint die einzige Verbindung vom einen Parkgelände zum anderen zu sein. Ich setze mich auf einen Baumstumpf und breite den Stadtplan vor mir aus. Ich staune über die große Fläche, die dieser Park einnimmt. In ihm sind ein großer und ein etwas kleinerer See künstlich angelegt. Ich falte eilig den Plan zusammen, denn jetzt habe ich ein Ziel: ich will zu den Seen.

Im Bereich der Zierbrücke ist allerhand los. Ein kleiner bunter Markt mit Kleidung und Essbarem, Sitzgruppen und Spielgeräten für Kinder lädt zum Verweilen ein. Über die Zierbrücke kann man nur mit einem Ticket gehen. Ich stelle mich am Kassenschalter an und warte. Da zieht auf einmal Uringeruch in meine Nase. Neben mir steht ein etwa sechsjähriger Bub, der gerade seinen kleinen Penis in seiner Hose verstaut. Vor ihm ist eine große Lache. Die Mutter steht daneben und sieht ihrem Sohn zu. Ein Mann mit einem großen Besen tritt näher. Er steigt in die Lache hinein und kehrt seelenruhig weiter. Ich zahle schnell zwei Yuan (fünfundzwanzig Cent) und verschwinde aus der Duftwolke.

Auf Wegen quer durch Grünflächen, vorbei an einem größeren Toilettenhaus, dann weiter durch eine Allee erreiche ich schließlich den See. Er liegt im Dunst bzw. Smog. Weit entfernt auf der gegenüberliegenden Seite ist schemenhaft ein Fernsehturm zu erkennen. Überdachte Boote gleiten in grauem Dunstschleier auf dem ruhigen Wasser dahin. Ich setze mich auf eine Bank und betrachte den See, der eine große Ruhe ausstrahlt. Dann trete ich wieder auf den Rückweg an.

In der Wohnung angekommen, sind Mi-Mi und Schau-Schau nicht gut zu sprechen auf mich. Während ich sie füttere, verteidige ich mich und erzähle ihnen, dass heute das Herrchen nach Hause kommt.

Als Roland zurückkommt, schlafe ich schon längst. Ich träume von einer Konkubine des Kaisers, die sehr eifersüchtig auf mich ist und mich vergiften will.

1. Juli 2013, Montag

Meinen Aufenthalt in China möchte ich mit einem Besuch im ‚Sommerpalast' abschließen, der im Nordwesten von Peking, im ‚Haidian Distrikt', liegt.

„Sommerpalast" klingt schon als Wort so märchenhaft, dass ich mich sehr darauf freue, ihn zu sehen. Die Fahrt mit der U-Bahn, bei der ich zweimal umsteigen muss, dauert knapp eineinhalb Stunden. Je länger ich stadtauswärts fahre, umso leerer wird es im Waggon. Es gibt jetzt sogar freie Sitzplätze. Ich steige an der ‚Station Summer Palace' aus und gehe einfach den vielen Menschen nach. Es ist sehr heiß. Die noch jungen Bäume beidseits des Bürgersteiges neben einer verkehrsreichen Straße, die schnurgerade wie alle Straßen und Stadtautobahnen Pekings ist, geben nur wenig Schatten. Ich gehe an Verkaufsständen vorbei. Sie bieten Eis, große gebackene Kartoffeln, Säfte, Wasser und Obst an. Diese kohlrabenschwarz verrußten und von der Glut aufgerissenen Kartoffeln reizen mich sehr, sie zu probieren. Aber ich habe es mir verboten, etwas vom Straßenverkauf zu essen. So lasse ich es. Nachdem mir schon mehrere fliegende Händler ein dickes braunes Kuvert mit einem Plan ‚A Hand Painting of the Summer Palace' (Eine Handzeichnung des Sommerpalastes) zum Kauf angeboten haben, schlage ich bei einer jüngeren Chinesin zu. Dieser Plan, sehr aufwendig und farbig gestaltet, kostet zehn Yuan, umgerechnet Ein Euro fünfundzwanzig Cent. Parkplatzsuchende Busse und Autos fahren jetzt kreuz und quer über den Bürgersteig, was nicht ungefährlich ist.

An der Kasse am Eingang kaufe ich ein Ticket für dreißig Yuan. Es gibt auch Tickets, die teurer sind, denn in ihnen sind Besichtigungen weiterer Anlagen miteingeschlossen. Da ich nicht weiß, ob mir die Zeit und die Kraft dazu reichen werden, verzichte ich darauf.

Durch das Nördliche Palasttor betrete ich ein durch hohen Baumbestand schattiges Paradies. Eine Bogenbrücke lockt die Besucher an einzutreten in ein Reich, dessen Zauber in früheren Zeiten einmal nur den mächtigen Herrschern vorbehalten war. Oben, auf dem höchsten Punkt der Brücke, bleibe ich stehen und schaue einmal an ihrem linken und dann an ihrem rechten Geländer hinunter auf die Suzhou-Straße, die eigentlich ein Kanal ist. Die zu beiden Seiten des Kanals dicht aneinander gereihten, kleinen, niedrigen und bunten Häuser mit ihren geschwungenen Dächern sehen äußerst putzig aus. Hin und wieder ist an ihrer Anlegestelle ein kleines Boot befestigt.

Gerne würde ich hinunter gehen, würde eintauchen wollen in ein Leben am Fluss, auch wenn es nicht mehr authentisch ist, sondern nur auf Touristen und Besucher abgestimmt ist. Ich spüre eine Atmosphäre, die sehr fremdartig ist. Ich trenne mich von dem romantischen Anblick und schlendere weiter zu einem größeren Treppenaufgang. Ich steige ungefähr fünfundzwanzig Stufen hinauf und erreiche die Ebene der ‚Vier Großen Kontinente'. Dies ist eine Ansammlung von Palästen mit in typisch chinesischem Rot bemalten Wänden und Säulen und verspielten Dachkonstruktionen, mit leuchtenden blauen und grünen Verzierungen.

Über zu Treppen aufgeschichteten Felsen steige ich weiter hinauf in dieses Erholungsparadies der früheren Kaiser und ihrem Gefolge. Diese in ihrer Höhe unregelmäßigen Stufen strengen mich an. Im Vergleich zu vielen chinesischen Besucherinnen, die gekonnt mit high heels in diesem felsigen Gelände herumstöckeln, gestaltet sich mein Fortkommen in meinen bequemen Schuhen etwas mühsam. Ich beachte die Route auf dem gekauften Plan nicht, sondern nehme den Weg, der vor mir liegt. Er führt mich steil hinauf zu der ‚Mehr-Schätze-Pagode'.

Die sechzehn Meter hohe Pagode – sie steht auf einem großen Marmorsockel – ist vollständig verkleidet mit regenbogenfarbigen Kacheln mit Buddha-Reliefs. Sie ist gekrönt von einem kostbaren goldenen achtseitigen Dach mit sieben Gesimsen. Ich gehe ein paar Schritte hin und her und kann meine Augen nicht von diesem Gebäude lösen. Als ich endlich meinen Weg fortsetze, blicke ich Gott sei Dank auf den Boden. Noch ein paar Schritte und ich wäre ungefähr zwei Meter vom Marmorplateau ins Leere gefallen. Ich erschrecke gewaltig und wundere mich – wie schon oft – darüber, wie hier mit so manchen Gefahrenstellen locker umgegangen wird.

Fast glaube ich, es ist wirklich so wie die chinesische Geschichte zeigt, dass der einzelne Mensch, das Individuum, in China nicht viel gilt.

Ich setze meine Besichtigung fort. Wieder liegt ein Treppenaufgang vor mir. Mir wird ein wenig mulmig, denn ich fühle, wie die Kraft in meinen Beinen nachzulassen scheint. Ich reiße mich zusammen. Endlich erreiche ich den höchsten Punkt des ‚Berges der Langlebigkeit'. Mein Ziel ist der See am Fuße des Hügels. Ab jetzt wird es leichter, aber nur solange ich den Berg hinabgehe.

Ein erdiger Weg zwischen Sträuchern und Baumwipfeln führt hinunter zum See. Ich erreiche den ‚Pavillon des Buddhistischen Wohlgeruchs' und habe von seinem Plateau eine wunderschöne Aussicht auf den ‚Kunming-See'. Wie groß dieser See ist! Die Luft ist klar und man kann einzelne Fährboote darauf erkennen. Alles ist so ruhig hier. Diese Stille! Meine Augen schweifen über das Grün der Baumwipfel und bleiben an der bezaubernden, hölzernen Architektur der eng zueinanderstehenden, geschwungenen Dächer der Pavillons hängen.

Ich könnte stundenlang hier stehen bleiben. Wie schön doch die Welt ist! Welch ein Geschenk des Schicksals, dass ich das erleben darf. Ich bin einfach nur glücklich. Das Alleinsein macht mir gar nichts aus. Im Gegenteil, ich genieße es.

Beim weiteren Abwärtsgehen konzentriere ich mich auf den Weg. Wie schnell kann man stolpern oder Treppen hinunterfallen. Eine Steintreppe führt in die Korridore des ‚Pavillons des Herbstgewässers'. Die unterschiedlichen bunten und warmen Farben an den Balken, Friesen, Decken und Wänden betören die Sinne! Bildtafeln am obersten Deckenrand zeigen chinesische Landschaften, Lotusblumen und Szenen aus dem Leben der Menschen. Mir fehlen die Worte bei soviel malerischer Schönheit. Ein paar Meter weiter betrete ich einen kleinen Pavillon. Im Inneren üben sich ein paar Besucher in der Kunst der Kalligraphie. Ich sehe ihnen ein wenig zu. Dann setze ich meinen Weg hinunter zum See fort.

Am Ufer angekommen lehne ich mich an eine Balustrade und genieße lange diese überwältigende Natur. Bunte Drachenboote gleiten ruhig auf dem Wasser dahin. Welch paradiesischer Ort für die kaiserlichen Herrschaften in früheren Zeiten. Was für ein Glück, dass jetzt Menschen aus der ganzen Welt diesen Reichtum an Natur und kulturgeschichtlichen Bauten sehen dürfen. Ein Paradies in Gestalt eines mit vielen unterschiedlichen Pflanzen und Bäumen bewachsenen Berges, mit Tempeln, Türmen und Pavillons. Diese erstellt in unvergleichlicher Zimmermannskunst, erbaut nach der konfuzianischen Harmonie-Lehre. Viele Besucher spazieren den See entlang. Sie gehen in Richtung des ‚Marmorbootes' oder in die entgegengesetzte Richtung zur ‚Siebzehn-Bogen-Brücke'. Ich sehe auf meine Uhr und bin hin und her gerissen. Die Zeit würde noch reichen, um das ‚Marmorboot' zu besichtigen. Schweren Herzens verzichte ich, meine Beine sind zu schwer. Ich möchte es nicht riskieren, Krämpfe zu bekommen. Warum ich heute mit diesem Problem zu kämpfen habe, kann ich mir nur so erklären, dass ich meine Muskeln gestern zu sehr strapaziert habe. Ich setze mich auf eine Bank, falte meinen Plan auseinander und tröste mich mit dem Text über das ‚Marmorboot'.

„Dieses Schiff steht am westlichen Ufer des nördlichen Endes des Kunming–Sees. Es ist 36 Meter lang, aber nur der Rumpf ist aus Marmor, die Aufbauten sind aus Holz, die mit Marmormaserung bemalt sind. Die Kaiserin Cixi benutzte es als Aussichtspunkt auf den See."

Ein wenig genieße ich noch diesen herrlichen Flecken Erde im ‚Reich der Mitte'. Dann trete ich den Rückweg an. Es fällt mir nicht leicht, auf all das zu verzichten, was es noch zu sehen und zu bewundern gäbe. Ich steige wieder viele Treppen hinauf und danach wieder sehr unregelmäßige und unterschiedliche Treppen hinunter. Ganz bewusst nehme ich nochmals die Schönheit der Pavillons mit ihren farbenprächtigen Wandelgängen auf. Ich nehme die Eindrücke dieser märchenhaften Welt in mich auf, um sie nie mehr zu vergessen.

Als ich aus dem Museumsbereich heraus- und wieder eintrete in den Lärm und Gestank dieser Stadt, (wenn auch stark vermindert, da dieser Bezirk weit nordöstlich der Innenstadt liegt) bin ich ein wenig traurig. Ich glaube nicht, dass ich noch einmal hierherkommen werde. Noch immer stark beeindruckt strebe ich zur U-Bahn. Schnell holt mich wieder die Realität ein, als mir eine kleine Gruppe von Menschen auffällt, die den halben Bürgersteig versperrt. Viele weiße Blätter mit schwarzen kalligraphischen Schriftzeichen liegen in einem Halbkreis auf dem Boden. Davor sitzt ein Mann in eigenartig gekrümmter Haltung. Unbeeindruckt von den Zuschauern ist er tief versunken in der Kunst des Schönen Schreibens. Ich bin tief betroffen, als ich sehe, dass er mit den Zehen des einen Fußes den Pinsel hält und mit den Zehen des anderen Fußes das Papier. Ich suche seine Hände. Aber er hat weder Hände noch Arme. Ich schaue in sein Gesicht. Es ist sehr schön. Seine Aura ist voller Ruhe und Weisheit.

Als ich bei meiner U-Bahn-Station den gewohnten Weg zur Wohnung meiner Gastfamilie einschlage, ist das Trottoir vor einem Hochhaus abgesperrt. Zuerst kann ich mir den Grund dafür nicht erklären. Dann aber fällt mir der Mann auf, der an der Absperrung steht und mit weit nach hinten gelegtem Kopf nach oben schaut. Ich mache es ihm nach und mir bleibt fast das Herz stehen. Ungefähr im dreißigsten Stock hängen vier Fensterputzer an ihren Seilen, die bis auf den Bürgersteig herunterhängen. Ich sehe keinen Sitz an ihnen und ich erkläre es mir nur so, dass sie das Seil um ein Bein geschlungen haben. Möglicherweise halten sie das Bein am Körper angewinkelt, so dass es als Stütze dient. Sie sind so hoch oben, dass ich das nicht erkennen kann. In dieser Stellung säubern sie die großen dunklen Scheiben. Welch ein Todesmut muss in diesen Männern stecken!

Zurück in der Wohnung schimpfen Mi-Mi und Shou-Shou wieder sehr mit mir. Wie konnte ich sie nur so lange alleine lassen? Sie führen sich auf, als wären sie am Verhungern. Dabei steht immer im Bad genügend Trockenfutter und frisches Leitungswasser bereit. Mich wundert, dass sie dieses Wasser, das hier aus der Leitung kommt, mögen. Es schmeckt abscheulich.

Es ist schon halb neun Uhr abends, als Roland vom Büro heim kommt. Da er auf dem Heimweg in einem der vielen kleinen Restaurants schon zu Abend gegessen hat, nimmt er sich jetzt Zeit für mich. Zuerst erzählt er mir ein wenig über das Wochenende bei seinen Schwiegereltern. Dann aber wird seine Miene ernst. „Ich wollte es Dir schon lange sagen, warum Yini immer so schlechter Laune war." Ein wenig pocht mein Herz schneller, denn ich erwarte den üblichen Vorwurf. Doch es kommt ganz anders. Roland fährt fort: „Als Du zu uns kamst und meine Schwiegermutter dann nach ein paar Tagen zu ihrem Mann nach Hause gefahren ist, hat dieser gleich am nächsten Tag einen Schlaganfall bekommen. Darüber war Yini ganz bestürzt, nicht nur aus Angst um das Leben ihres Vaters, sondern auch aus dem Pflichtgefühl heraus, dass sie sich jetzt um den Vater kümmern müsse. Das konnte sie aber nicht, denn Du warst ja da. Wir wollten Dich nicht gleich wieder nach

Deutschland zurück schicken, und außerdem war es uns wichtig, dass Xiao Ai durch Dich mehr Deutsch lernt. Yini entschied sich dann, hierzubleiben und nicht mit dem Kind zu ihren Eltern zu fahren. Nun ist es aber in China so, dass ein Sohn oder eine Tochter, wenn sie sich nicht um die Eltern kümmern können, als Gegenleistung Geld zahlen müssen. Seit ihrer Entscheidung, hier zu bleiben, drängte mich meine Frau, ihren Eltern Geld zu überweisen. Yini forderte einen sehr hohen Betrag von mir, der mir nicht angemessen schien. Ihre Eltern sind nicht arm, sie haben ein ‚Hofhaus' und eine Eigentumswohnung. Ich aber war nur bereit, einen mir angemessen erscheinenden Betrag zu zahlen. Die Eltern haben das Geld nicht verlangt, auch würden sie es wahrscheinlich nicht ausgeben, sondern solange aufheben, bis wir es nach ihrem Tode wieder zurückerhalten würden. Mit diesen Argumenten widersprach ich Yini bei unseren Diskussionen, die sich ständig wiederholten. Ich konnte sie aber nicht überzeugen. Dies führte letztendlich dazu, dass sie, wie gesagt, immer schlechter Laune war."

Ich höre Roland zu, ohne ihn zu unterbrechen. Das alles hätte ich eher wissen müssen. Vielleicht hätte sich dann der ganze Aufenthalt anders gestaltet. Ich war zwar immer bestrebt, diese von Yini ausgehende negative Energie nicht aufzunehmen, muss aber gestehen, dass sie meinen Humor und meine Herzlichkeit dämpfte. Nun, es ist, wie es ist. Rolands Offenheit versöhnt mich so sehr, dass ich auf das Taschengeld, das ich für die geleisteten Arbeiten im Haushalt angedroht hatte zu verlangen, verzichte. Ganz ernst war es mir sowieso nicht damit gewesen. Wir besprechen noch den morgigen Tag und meine Abreise am Mittwoch. Er wird mich zum Flughafen bringen. Dann gehe ich in mein Zimmer, ich bin sehr müde und enttäuscht.

2. Juli 2013, Dienstag

Ein vorletzter, ganzer Tag in Peking. Ich bringe noch einmal die Wohnung in Ordnung und beginne dann mit den Vorbereitungen für meine Abreise. Nachmittags esse ich in der Garküche des Supermarkts Sushi und Ananasstücke. Dann kaufe ich noch Brokkoli und verschiedene Zutaten. Noch einmal, das letzte Mal, werde ich für Roland den Brokkoliauflauf kochen, der ihm immer so gut schmeckte.

Roland kommt wie immer sehr spät nach Hause. Als er mit dem Essen fertig ist, setzen wir uns auf die Couch und unterhalten uns. „Schade, dass sich das Zusammensein zwischen uns dreien nicht so optimal entwickelt hat", beginnt er. Ich sehe an seiner Mimik, dass es ihm wirklich leid tut. „Ja, Roland", antworte ich, „wenn Du ein wenig mehr mit mir gesprochen hättest, wäre es schon besser gelaufen." In meiner Stimme ist der leise Vorwurf nicht zu überhören. Obwohl ich weiß, dass von seiner Seite wirklich wenig Zeit für mich zur Verfügung stand, nehme ich es ihm doch etwas übel. „Ich weiß nicht, wie das werden soll, wenn Yini im Herbst mit dem Kind wieder zu mir nach Peking kommt. Sie schafft es nicht alleine mit dem Kind. Möglicherweise werden ihre Eltern wieder mit uns wohnen." Roland spricht das mehr zu sich selbst als zu mir. „Versuche es einfach wieder mit einer Grand-Mère", gebe ich ihm den Rat, „Ihr habt ja jetzt Erfahrung gesammelt. Und sicher gibt es auch Großmütter, die ganz glücklich sind, wenn sie sich voll in die Familie einbringen können. Mit mir hat ja das so nicht geklappt." Wir schauen uns an und wissen beide nicht, was noch zu sagen wäre. Da läutet das Telefon. Roland nimmt ab. Als ich merke, dass das Gespräch längere Zeit in Anspruch nehmen wird, verabschiede ich mich kurz. Ich räume die Küche auf und ziehe mich dann in mein Zimmer zurück.

3. Juli 2013, Mittwoch

Endlich ist der Tag da, an dem ich wieder in meine Heimat fliege. Ich bin froh darüber. Es war sehr interessant für mich, zehn Wochen in diesem so fremdartigen Land zu leben. Ich hätte gerne mehr gesehen und noch mehr erlebt. Es sollte nicht sein. Nun ist es Zeit zu gehen und das ist gut so.

Roland kommt pünktlich um zehn Uhr vormittags vom Büro nach Hause, um mich abzuholen. Ich verabschiede mich von Mi-Mi und Shou-Shou. Es kommt mir vor, als würde Mi-Mi, die ein paar Mal miaut, traurig sein. Aber vielleicht bilde ich mir das nur ein.

Unten auf der Straße hält zum Glück gleich ein Taxi. Roland fragt die Taxifahrerin, ob sie den Weg zum Flughafen kenne. Sie bejaht. Doch dann auf der Stadtautobahn, nimmt sie eine falsche Abzweigung. Wir fahren in eine andere Richtung und es sieht aus, als würde sich der dichte Verkehr zu einem Verkehrsstau auswachsen. Ich zwinge mich, nicht nervös zu werden. Roland sagt: „Wir haben noch genügend Zeit. Wir schaffen das schon!" Da bin ich mir nicht so sicher. Aber er sollte Recht behalten. Wir kommen rechtzeitig am Flughafen an. Roland geht mit mir ins Flughafengebäude. Er lässt meinen Koffer mit Schutzfolie ummanteln und begleitet mich noch bis zur ersten Kontrollstelle. Dort trennen wir uns. Wir verabschieden uns herzlich. Als Geschenk überreicht er mir ein kleines chinesisches Souvenir, das ich aber erst in Deutschland öffnen soll.

Während der Angestellte meinen Flugschein kontrolliert, spüre ich Rolands Blick in meinem Rücken. Ich drehe mich noch einmal um und sehe ihn sofort unter den vielen Reisenden, da er aufgrund seiner Größe alle überragt. Er lächelt und winkt mir zu. Ich freue mich darüber, dass er noch gewartet hat. Ich bleibe kurz stehen und grüße traurig zurück. Ob wir uns alle jemals wiedersehen?

Danksagung:

Von Herzen danke ich Roland und seiner Frau Yini (Namen geändert) für die zehnwöchige Gastfreundschaft; deren Tochter Xiao Ai für die Liebe und Freude, welche sie mir geschenkt hat; Frau Kristin Emmerinck von ‚Madame Grand-Mère' e.V., Prien am Chiemsee; Daniel Hinterberger für die formale Gestaltung.

März 2025

Irmgard Irro, geb. 24. 08.1949 in Straubing, Niederbayern, verheiratet, wohnhaft im Kreis Rosenheim, eine Tochter.

Veröffentlichungen:

Kurzgeschichten in der Zeitschrift „Torikage" in Japan und in deutschen Anthologien.

Sachberichte in den Zeitschriften „DER DEUTSCHE WEINBAU", „DER BÖHMERWALD", und in der „Preußischen Allgemeinen Zeitung"; sowie in den Jahrbüchern von „Ortelsburger Heimatbote".

„Pulver im Wurzelstock", Geschichte einer masurischen Familie 1927-1947, im Eigenverlag.

„Bayerische Kurzgeschichten – Skurriles aus dem wahren Leben", Books on Demand, ISBN: 978-3-7562-2219-3

„Ostpreußen – Meine Tagebuchnotizen", Books on Demand, ISBN: 978-3-7347-1302-6